Klaus Jost

# Gefährliche Gewalttäter?

## Grundlagen und Praxis der Kriminalprognose

Verlag W. Kohlhammer

1. Auflage 2012

Alle Rechte vorbehalten
© 2012 W. Kohlhammer GmbH Stuttgart
Umschlag: Gestaltungskonzept Peter Horlacher
Gesamtherstellung:
W. Kohlhammer Druckerei GmbH + Co. KG, Stuttgart
Printed in Germany

ISBN 978-3-17-022079-9

# Inhalt

Vorwort . . . . . . . . . . . . . . . . . . . . . . . . . . . . . . . . . . . . . . . . .  9

1  Gewalttaten – Hintergründe und der Umgang mit den Tätern . . . .  11

  1.1  Dimensionen von Gewalttaten . . . . . . . . . . . . . . . . . . . . . . .  15

  1.2  „Ursachen" für Gewalttaten . . . . . . . . . . . . . . . . . . . . . . . .  20

    1.2.1  Theorien und Hypothesen der Entstehung
          von Aggressionen . . . . . . . . . . . . . . . . . . . . . . . . . . .  20

    1.2.2  Multifaktorielle Erklärungen für Gewalttaten . . . . . . .  21

        1.2.2.1  Der Einfluss der Person . . . . . . . . . . . . . . . .  25

        1.2.2.2  Prägende Umwelteinflüsse . . . . . . . . . . . . . .  28

                  Erziehung und Sozialisation . . . . . . . . . . . . . .  28

                  Gewalthaltige Medienprodukte . . . . . . . . . . .  31

    1.2.3  Beispiel Amoklauf – ein multifaktoriell begründetes
          Gewaltverhalten . . . . . . . . . . . . . . . . . . . . . . . . . . . .  36

  1.3  Anmerkungen zur Prävention von Gewaltdelinquenz
      und zur Therapie von Tätern . . . . . . . . . . . . . . . . . . . . . . .  38

2  Zur Gefährlichkeit von Gewalttätern . . . . . . . . . . . . . . . . . . . . . .  41

3  Anlässe und Ziele sowie gesetzliche Vorgaben kriminalprognostischer Beurteilung von Straftätern . . . . . . . . . . . . . . . . .  50

4  Grundsätzliches zur Kriminalprognose von Straftätern . . . . . . . .  55

  4.1  Sind zutreffende, valide Kriminalprognosen überhaupt
      zu leisten? . . . . . . . . . . . . . . . . . . . . . . . . . . . . . . . . . . . .  55

  4.2  Einige wichtige fachliche Standards sachverständiger
      Kriminalprognosen . . . . . . . . . . . . . . . . . . . . . . . . . . . . . .  58

  4.3  Die Bedeutung von verhaltensbestimmenden Persönlichkeits-
      *und* Situationsfaktoren für Prognosebeurteilungen . . . . . . . .  61

5  Rückfallrisiken von Straftätern . . . . . . . . . . . . . . . . . . . . . . . . . .  63

  5.1  Erfahrungen und wissenschaftliche Erkenntnisse und ihre
      Bedeutung für die Einschätzung der Kriminalprognose . . . . . .  63

5.2 Das Wissen um bestimmte Delinquentengruppen
und sein Nutzen für die Prognosebeurteilung – am Beispiel
von Sexualstraftätern .............................. 70

6 Vorgehensweisen und Methoden der Kriminalprognose ......... 79

6.1 Zum intuitiven Vorgehen .......................... 79

6.2 Zu statistischen Prognosemethoden – empirisch-statistische
Einschätzung der Rückfallwahrscheinlichkeit ............. 80

6.3 Zu einzelfallorientierten, klinisch-idiographischen
Prognosemethoden ................................ 102
6.3.1 Klinische Prognosemethoden mit beschränkter
Anwendungsbreite .......................... 104
6.3.2 Klinische Prognosemethoden mit größerer
Anwendungsbreite .......................... 108
6.3.2.1 Dimensionen klinischer Prognose
nach Rasch und Konrad ................ 109
6.3.2.2 Prozessmodell klinischer Prognose nach Dahle . 112
6.3.2.3 Integrative klinische Prognose ............. 114

6.4 Die individuelle klinische Prognosebeurteilung
unterstützenden Methoden ......................... 117
6.4.1 Statistische Prognoseinstrumente der neuen Generation . 117
6.4.2 Prognosechecklisten – Prognostische Kriterienlisten ... 117
6.4.3 Operative Fallanalyse – Tatort- und Tathergangsanalyse . 120
6.4.4 Psychologische Testverfahren aus dem Bereich
der Persönlichkeitsdiagnostik .................... 122

7 Mindestanforderungen und aktuelle Qualitätskriterien
für kriminalprognostische Begutachtungen ................. 130

8 Darstellung zweier Begutachtungsfälle ..................... 138

8.1 Kriminalprognose eines inhaftierten Sexualdelinquenten .... 138
Sachverhalt und Fragestellungen ...................... 138
Modalitäten der Begutachtung, herangezogene Informations-
quellen, angewandte diagnostische und prognostische
Methoden ..................................... 139
Teil I: Untersuchungsergebnisse ...................... 140
Teil II: Befunde ................................. 150
Zusammenfassende Stellungnahme zum Gutachtenauftrag ... 158

8.2 Schuldfähigkeit und Prognose eines jungen Erwachsenen
nach einem Tötungsdelikt .......................... 160
Sachverhalt und Fragestellungen ...................... 160
Untersuchungsergebnisse ........................... 161
Beurteilung und Stellungnahme zum Gutachtenauftrag ...... 167

9   Anhang . . . . . . . . . . . . . . . . . . . . . . . . . . . . . . . . . . . .   171

Literatur . . . . . . . . . . . . . . . . . . . . . . . . . . . . . . . . . . . . .   186

Stichwortverzeichnis . . . . . . . . . . . . . . . . . . . . . . . . . . . . .   197

# Vorwort

*„Kriminalität ist ein Handeln aus Schwäche,*
*Ausdruck eines Scheiterns, Zeichen von*
*Ausweglosigkeit, ein Agieren angesichts nicht nur*
*unlösbarer, oft auch gar nicht benennbarer Konflikte."*
Eberhard Schorsch

*Prognostizieren von Verhalten ist nicht Orakeln,*
*nicht Wahrsagen, es ist ein begründetes und deshalb*
*berechtigtes Projizieren in die Zukunft.*

Dieses Buch ist aufgrund der in jüngster Zeit stattfindenden, raschen Entwicklung auf dem Gebiet der kriminalprognostischen Begutachtung von Delinquenten entstanden. In diesem Bereich werden die Schwerpunkte auf die Risikobeurteilung zur Gefährlichkeitseinschätzung von Gewaltstraftätern gelegt. Nicht zuletzt durch Gesetzesänderungen ist auch in Deutschland der Bedarf an entsprechenden sachverständigen Beurteilungen enorm gestiegen. Fachpsychologen für Rechtspsychologie und forensische Psychiater haben sich mit dieser ausgesprochen schwierigen und verantwortungsvollen Begutachtungsmaterie zunehmend zu befassen.

Das Buch setzt sich zunächst mit einigen grundlegenden Fragen auseinander, z. B. wer als Gewalttäter zu sehen ist, wie die Dimensionen von Gewalttaten zu beurteilen sind, von welchen Erkenntnissen wir zu Entstehungsbedingungen von Gewalttaten ausgehen können und worin eine kriminalprognostisch einzuschätzende Gefährlichkeit von Delinquenten zum Ausdruck gebracht wird. Studierenden wie auch dem Gutachter in der Praxis wird damit ein unverzichtbarer Wissenshintergrund für diese Art forensischer Tätigkeit vermittelt.

Aus Sicht des Sachverständigen werden grundsätzliche Probleme sowie die Bedingungen valider Kriminalprognosen erörtert, die auf wissenschaftlichen Erkenntnissen basieren müssen. Auch Grenzen der Voraussagbarkeit möglichen zukünftigen Verhaltens von Delinquenten werden aufgezeigt. Es wird dargelegt, warum Unsicherheiten, auch Irrtümer in der kriminalprognostischen Beurteilung und das Restrisiko eines Delinquenzrückfalls nie wirklich ausgeschlossen werden können. Das Dilemma eines solchen Restrisikos, auch bei nicht zu beanstandender Prognoseeinschätzung, bleibt bestehen. Eine letztlich als unrealistisch anzusehende Sicherheitserwartung in Teilen der Bevölkerung kann in einem Rechtsstaat mit dem Anspruch der Resozialisierung von Straftätern nicht befriedigt werden.

Verschiedene Vorgehensweisen und Methoden der Kriminalprognose, ihr Nutzen, aber auch ihre eingeschränkten Möglichkeiten in der praktischen Anwendung werden ausführlich dargestellt. Hierbei wird deutlich, was inzwischen als Standard anzusehen ist und erwartet wird, nämlich eine bestimmten Qualitätskriterien entsprechende, individuelle, d. h. am jeweiligen Einzelfall ausgerichtete Begutachtung unter gleichzeitiger Beachtung sogenannter Rückfall-Basisraten und der Hinzuziehung geeigneter statistischer Prognosemethoden. Es werden zahlreiche, international anerkannte Instrumente des risk assessment vorgestellt und entsprechende Materialien aufgeführt, die der Sachverständige je nach Falllage anwenden kann. Die geforderte Individualprognose begrenzt allerdings den Wert der mit diesen Instrumenten erhobenen Ergebnisse. Es folgen Ausführungen zu Methoden, die den Prozess der individuellen klinischen Prognosebeurteilung integrativer Prägung unterstützen können, zu Prognoseschemata, auch zur neuerdings propagierten Tatort- und Tathergangsanalyse mit der Möglichkeit von Rückschlüssen auf Entscheidungen und Verhalten eines Straftäters.

Die Leserinnen und Leser mögen es dem Verfasser nachsehen, dass in diesem Buch eine Konzentration auf einen allerdings sehr wesentlichen Ausschnitt der inzwischen überwältigenden Zahl von weltweiten Publikationen zur Kriminalprognostik erfolgte. Anders ist dies auch gar nicht möglich. Der ursprüngliche Plan, eine Reihe von Fällen kriminalprognostischer Beurteilung komprimiert darzustellen, wurde aufgegeben. Stattdessen wird in einem eigenen Kapitel exemplarisch und vergleichsweise eingehend von einem konkreten Begutachtungsfall berichtet. Hier war über eine Risikoanalyse die Eignung eines mehrfachen Sexualstraftäters für Vollzugslockerungen einzuschätzen. Eine weitere Fallberichterstattung erfolgt zu Fragen der Schuldfähigkeit und Prognose eines Delinquenten nach einem Tötungsdelikt.

Um den Text gut lesbar zu machen, wird bei der Bezeichnung von Personen hauptsächlich die männliche Form verwendet. Dies mag auch dadurch gerechtfertigt sein, dass im Hinblick auf die Begehung von Gewaltstraftaten das männliche Geschlecht überrepräsentiert ist.

Die Idee zum Buch entstand aufgrund von Nachfragen an den Autor zur Fortbildung von forensisch interessierten und tätigen Psychologen-Kollegen sowie durch seine Arbeit als Supervisor. Möge es dazu beitragen, die verantwortungsvolle und schwierige Aufgabe einer wissenschaftlich fundierten Kriminalprognostik zu erkennen bzw. deren Notwendigkeit zu sehen, die sich aus der Verpflichtung zur Resozialisierung von Straftätern und dem erforderlichen Schutz der Allgemeinheit ergibt. Emotionale Betroffenheit angesichts gravierender Straftathandlungen ist zwar sehr verständlich, aber eher selten ein guter Ratgeber bei der Suche nach Lösungen des Risikomanagements und der Vermeidung zukünftiger Gefährdung durch Menschen, die Straftaten begangen haben, inhaftiert und behandelt wurden und nun „in die Freiheit entlassen" werden sollen.

Mein Dank gilt Herrn Dr. A. Thiele für seine Anregungen und Hinweise im Rahmen eines kollegialen Austausches zu Fragen und Problemen der Kriminalprognose. Für die engagierte Unterstützung in der Realisierung des Buchprojekts möchte der Unterzeichner insbesondere Frau U. Merkel und Herrn Dr. R. Poensgen vom Kohlhammer Verlag herzlich danken.

Seligenstadt, im Herbst 2011                                                    Klaus Jost

# 1 Gewalttaten – Hintergründe und der Umgang mit den Tätern

Gewaltstraftäter sind gemeinhin Personen, deren delinquentes Handeln wesentlich durch Anwendung von Gewalt geprägt ist, sich gegen Personen oder Sachen richtet und diesen Schaden zufügt. Was aber ist Gewalt? In psychologischen Wörterbüchern findet sich der Begriff „Gewalt" entweder überhaupt nicht, oder es erfolgt der Verweis auf das Stichwort „Aggression". Tatsächlich ist „Gewalt" Gegenstand psychologischer Aggressionsforschung, und beide Begriffe werden weitgehend gleichgesetzt, wobei auffällt, dass es engere oder weitere Definitionen von Aggression und Gewalt gibt. Definitorische Schwierigkeiten ergeben sich auch durch Differenzen im Blick auf die Phänomene, die mit Aggression und Gewalt verknüpft werden. Es ist sicher ein Unterschied, ob man sich den Problemen von Aggression und Gewalt in einer Gesellschaft aus kriminologischer und strafrechtlicher Sicht nähert oder ob man sie von einer kriminalpolitischen Warte aus oder aus dem Blickwinkel der Psychologie und der Sozialwissenschaften sowie anderer Disziplinen betrachtet. Eine zunehmend weite Auslegung, die offenbar auch Rechtslehre und Rechtspraxis betroffen hat, wie Geerds (1983) beklagt, hat zur Verwässerung und zur unverhältnismäßigen Ausweitung der Begriffe geführt. Die Gefahr ihrer Unbrauchbarkeit besteht spätestens dann, wenn behauptet wird, das ganze soziale Leben sei von Gewalt durchsetzt. Dann wird vieles an menschlichem Verhalten – so auch akzeptable und sozial erwünschte Formen der Selbstbehauptung – unter dem Aspekt der Aggression diskutiert. Auch Machtausübung wird dann undifferenziert stets als Form von Gewalt gesehen und gedeutet. In der Tat tut sich die Psychologie schwer mit einer klaren Definition von Aggression und Gewalt. Im Grunde ist Aggression der übergeordnete Begriff, der auch eindeutig vom Begriff der Aggressivität als einer Aggressionsbereitschaft oder -absicht zu unterscheiden ist.[1]

Der Psychoanalytiker Erich Fromm (1977, 2003) differenziert zwei wesentliche Formen von Aggression:

- die gutartige Aggression als mögliche lebensverteidigende Reaktionsform (ein Potenzial, aber kein Trieb!) und
- die bösartige Aggression als zerstörerische, sozial schädliche Verhaltensweise.

---

1  Es ist sicher der Sache nicht dienlich, wenn in einem weiten Verständnis Aggression als ein „Sammelbegriff" sowohl für Aggressionsbereitschaft als auch für manifestes aggressives Verhalten und die damit assoziierten Begleitphänomene (Motive, Denkinhalte, Affekte) Verwendung findet.

Diese Differenzierung ähnelt sehr der Unterscheidung zwischen reaktiver und instrumenteller Aggression. Vor allem die zerstörerische und sozial schädliche Form von Aggression ist es, die uns im Rahmen kriminalprognostischer Einschätzungen von Gewaltstraftätern begegnet. Implizit erfolgt hierbei der Bezug auf einen engeren Aggressionsbegriff, in dem auf solche Verhaltensweisen abgestellt wird, die Menschen oder Sachen aktiv und zielgerichtet schädigen, sie beeinträchtigen oder in einen Zustand von Angst versetzen (Fürntratt, 1974; Verres & Sobez, 1980). Ähnlich wird Gewalt charakterisiert, nämlich als ein Handeln, das „darauf gerichtet ist, einen anderen Menschen, Gegenstände oder auch die eigene Person absichtlich physisch oder psychisch zu verletzen" (H.-J. Franz, 1998, S. 463). Der Psychiater Scharfetter (1976, S. 193) wird konkreter, wenn er formuliert, Aggression ist ein „Verhalten, das auf Vertreibung, Kränkung, Beschädigung, Verletzung oder Tötung eines Menschen, eines Tieres, einer Sache zielt". Ein Unterschied zu aggressivem Verhalten mag darin liegen, dass „Gewalt immer mit der Ausübung einer Angst und Unterdrückung erzeugenden Macht einhergeht" (M. Braun, 1996, S. 2). Körperliche und psychische Gewaltformen können differenziert werden, treten jedoch nicht selten zusammen auf.[2]

Wir unterscheiden die nicht manifeste von der manifesten Aggression. Die Forensik hat sich mit der manifesten, in Straftaten zum Ausdruck kommenden Aggression zu befassen, wenn verdachtsweise ein Zusammenhang mit einer psychischen Störung (z. B. Psychose, Verhaltens- oder Persönlichkeitsstörung) des Handelnden besteht und damit die Schuldfähigkeit des Delinquenten betroffen sein kann. Die nicht manifeste, d. h. die nicht oder noch nicht in *äußerem* Verhalten zum Ausdruck kommende Aggression einer Person – die sich im Denken, in der Fantasie, in Wünschen, im Affektiven abspielt – interessiert den Juristen und einen gegebenenfalls beauftragten forensischen Sachverständigen nicht minder, und zwar dann, wenn in der Vorgeschichte dieser Person aggressives Handeln bereits zu Straftaten geführt hat und sich die Frage nach dem *zukünftigen* Verhalten des Delinquenten stellt. Die kriminalprognostische Begutachtung von Gewalttätern hat den Fokus auf solche unter bestimmten Umständen „plötzlich zur Vorgestalt werdenden Phänomene nichtmanifester Aggression" (Lammel, 1995, S. 159) zu richten, wie überhaupt auf die Aggressions*bereitschaft* (Aggressivität) des zu begutachtenden Probanden, die als mehr oder weniger ausgeprägte Neigung zur Aggressionsäußerung in einem „Wechselspiel mit Phänomenen und Mechanismen der Aggressionshemmung" (Lammel, 1995, S. 159) gesehen werden kann.

---

2   Berichtenswert erscheint in diesem Kontext die Antwort des Psychiaters und Gerichtsgutachters Reinhard Haller in einem Interview „Über das Böse und seine vielen Facetten" auf die Frage, wie er das Böse definiere: „Ich sehe das Böse als einen aggressiven Akt, bei dem man die Integrität des anderen überschreitet, kein Einfühlungsvermögen aufkommen lässt, ihn entwürdigt oder gar entmenschlicht. Das muss sich nicht unbedingt im physischen Bereich abspielen, es gibt auch peinigende psychische Methoden. Manifest wird das Böse erst, wenn es zur Tat kommt" (Haller, 2010, S. 61).

Kriminologisch stellen Gewaltdelikte eine Delikt*gruppe* dar, in der weitere Deliktarten (z. B. Tötungsdelikte, Straftaten gegen die sexuelle Selbstbestimmung) und einzelne Tatbestände des geltenden Rechts (z. B. Mord, Totschlag, Vergewaltigung) differenziert werden. Die Tatbestände kennzeichnen Fälle von Gewalttaten. Im Zusammenhang mit Gewaltkriminalität wird auf eine eher enge, forensisch brauchbare Aggressions- und Gewaltdefinition Bezug genommen. Danach sind Gewalttäter Delinquenten, die bestimmte, phänomenologisch abgrenzbare Straftaten unter Gewaltanwendung begehen. Das Delikt ist von der Gewaltausübung geprägt. Unter dem Begriff der Gewaltkriminalität kann unterschieden werden:

- Gewalt gegen Personen oder entsprechende Vorstufen ausgeübten schweren Zwanges einer bestimmten Intensität (Geerds, 1983), wie Drohungen mit Gefahr für Leib und Leben (in Aussicht stellen von Gewalt)[3],
- Gewalt gegen Sachen (z. B. Vandalismus),
- Gewalt als Begleithandeln anderer Delikte (z. B. beim Einbruchdiebstahl).

Aus Vorstufen des schweren Zwangs gegen Personen resultiert nicht selten ein Gewalthandeln. Die hierbei entscheidenden Einflussgrößen sind Wille und Absicht des Täters während der Tat und das Verhalten des Opfers.[4]

Folgende Straftatengruppen werden allgemein mit Vorstellungen von Aggression und Aggressivität assoziiert[5]:

- Sachbeschädigung,
- Gemeingefährliche Straftaten (Brandstiftung u. a.),
- Körperverletzung,
- Raub, räuberische Erpressung pp.,
- Sexuelle Nötigung; Vergewaltigung (mit Todesfolge),
- Versuchter Mord und Totschlag,
- Vollendeter Mord[6] und Totschlag.

Bezeichnungen eines Gewaltdelikts wie Mord oder Totschlag sagen wenig über die Vorgehensweise des Täters und nichts über seine Handlungsmotive aus. Ohne dass damit eigene Straftatbestände gekennzeichnet werden sollen, werden

---

3    Gewaltstraftaten gegen Personen setzen voraus, dass Gewalt oder Drohungen mit Gewalt eine *bestimmte Intensität* annehmen und sich damit also deutlich von der einfachen Körperverletzung (z. B. beleidigende Ohrfeige) abgrenzen.

4    „Verhalten des Opfers" ist eine Variable, die das Geschehen beeinflussen kann, aber nicht muss. Eine Schuldzuweisung an das Opfer für das Tatgeschehen ist damit ausdrücklich nicht gemeint.

5    Zu den Straftaten(-gruppen), die in der Polizeilichen Kriminalstatistik (PKS) der BRD unter die „Gewaltkriminalität" subsumiert werden siehe Kapitel 1.1.

6    Geerds (1983, S. 324) spricht vom Mord „als dem besonders schwer und verwerflich gewerteten Fall der Vernichtung menschlichen Lebens".

z. B. beim Mord – auf Tatumstände sowie Ursachen und Motive des Täters abstellend – bisweilen einige differenzierende Bezeichnungen gewählt:

- Gemeinschaftlicher Mord (das Tötungsdelikt wird von mehreren Personen begangen),
- Eigennutz- oder Gewinnmord, Raubmord (zur Erlangung materieller Vorteile),
- Leidenschaftsmord (begangen aus starken Gefühlen, z. B. aus Hass, Eifersucht),
- Lustmord (aus Motiven sexueller Befriedigung),
- Angst- oder Deckungsmord (um Zeugen einer begangenen Straftat zu beseitigen).

Auch Sexualstraftaten wie z. B. sexuelle Nötigung und Vergewaltigung (§§ 177, 178 StGB) können sich unter dem Aspekt des Täters und seiner Motive recht unterschiedlich darstellen. Sie können homo- oder heterosexuell bestimmt, die intendierte Befriedigung kann sadistisch/masochistisch geprägt sein. Schwierig kann letztlich auch die Entscheidung darüber sein, ob ein den Straftaten gegen die sexuelle Selbstbestimmung zuzuordnendes Sexualdelikt wie ein sexueller Missbrauch eine *Gewalt*tat darstellt oder nicht. Es ist ein Unterschied, ob Sexualstraftäter ihre kindlichen Opfer versuchen zu Handlungen zu überreden oder zu verführen, ob sie situativ Druck und indirekten Zwang ausüben oder aber zur Durchsetzung ihrer Interessen unmittelbar Gewalt anwenden. Bei Gewalttaten gegen Kinder wie Erwachsene ist sicher auch entscheidend, „ob es sich um einfache körperliche Gewalt zur Überwindung des Widerstands handelt oder ob in qualifizierter Weise Werkzeuge eingesetzt werden, die dann zu wesentlichen Stützen des Tatgeschehens werden. Es geht hier um Fesselungsmaterialien […], Knebel, Waffen […], Materialien, die in den Körper des Opfers eingeführt werden sollen […]" (vgl. Kröber, 2006a, S. 144). Witter (1970, S. 211) trifft bei der Untersuchung von Sexualdelinquenten die Unterscheidung zwischen den „Delikten, bei denen eine deutliche aggressive oder sadistische Komponente im Handlungsvollzug zutage tritt, und denjenigen, die vorzugsweise das Merkmal der Schwäche tragen". Überwiegend Vergewaltigungsdelikte, selten auch pädophile Straftaten sind der erstgenannten Gruppe zuzurechnen. In die letztgenannte Gruppe gehören die Mehrzahl der pädophilen, insbesondere aber die exhibitionistischen und weitere sexuell motivierte Delikte, bei denen ein distanzierter oder kein unmittelbarer Kontakt zum Opfer besteht.

Zu den oben genannten tätermotivisch orientierten Differenzierungen von Mord ist anzumerken, dass dies im Grunde Versuche sind, ein womöglich entscheidendes Kriterium für die Tötungshandlung herauszustellen und sie damit gegenüber anderen Handlungen abzugrenzen. Aus psychologischer Sicht kann dies nicht befriedigen, weshalb ja auch im Strafverfahren beauftragte Sachverständige sich der Mühe einer umfassenden Erklärung dessen zu unterziehen haben, was zum Tatgeschehen geführt und beigetragen hat oder haben könnte. Abgesehen von solchen Gewalttätern, bei denen das natürliche Aggressionspotenzial abnorm gesteigert ist und ausagiert wird, stellt sich in einer Analyse von Person und Handlung nicht selten heraus, dass Täter, die ihre Interessen und Bedürfnisse mit Gewalt(anwendung) durchsetzen – und hierin auch noch bestärkt werden, indem sie „Erfolg" haben –, andere Formen der Zielerreichung nicht oder nicht ausreichend gelernt haben. Solche Gewalttäter weisen im Allgemeinen auch weitere Defizite auf. Es existieren Mängel in den Bereichen angemessene Selbstbehauptung, kooperatives und kompromissbereites Verhalten, Selbstkontrolle (Handlungsverzögerung und Impulskontrolle) sowie Empathie in andere. Eines der beobachtbaren Muster psychischer Struktur, das Väter bieten, die ihre Kinder sexuell missbrauchen, besteht in Empathieunfähigkeit, egozentrierter Befriedigung der eigenen sexuellen Bedürfnisse verbunden mit Sadismus (Kastner, 2009). Bei aller Kenntnis der Person bleibt die Frage, welche Umstände Gewalttaten begünstigen. Erst dann, wenn wir eine Analyse von Täter, Tathandlung und situativen Gegebenheiten leisten, sind wir der Realität ein Stück näher gekommen, die ansonsten nur recht plakativ mit einer Tatbeschreibung aus dem Strafgesetzbuch zu kennzeichnen ist. Bei allen gemeinhin den Gewaltstraftaten zugeordneten Delikten gilt, dass gerade bei gutachterlichen Einschätzungen zukünftigen Verhaltens eines Täters in jedem Einzelfall zu klären ist, welche Bedeutung Aggression und Gewalt im Kontext seines Straftathandelns haben und wodurch sie begünstigt werden können.

## 1.1 Dimensionen von Gewalttaten

Vier Berliner Oberschüler im Alter von 13 bis 15 Jahren sollen ein Mädchen vergewaltigt und die Tat mit der Handykamera gefilmt haben. Ein Mann soll seine Exfrau auf offener Straße und vor den Augen seiner beiden kleinen Kinder mit dem Messer getötet haben. Junge Strafgefangene sollen einen Mithäftling gequält, sexuell missbraucht und anschließend erhängt haben, weil sie angeblich sehen wollten, wie jemand stirbt. Weil ein 23-jähriger Schreiner zwei heranwachsende Kosovo-Albaner in einem Münchner U-Bahnhof auf das Rauchverbot hinwies, prügeln sie ihn nieder und treten auf ihn ein. Der jüngere von beiden sticht zehn Mal mit einem Messer auf den Oberkörper des Opfers ein. Der notoperierte Schreiner überlebt, er ist dauerhaft schwerbehindert. Die Täter werden wegen versuchten Mordes zu langjährigen Haftstrafen verurteilt.

Viele solcher Meldungen erreichen uns Tag für Tag über diverse Medien. Befragt man Personen in Deutschland nach ihrer Einschätzung zur Bedeutung von Gewalttaten in Deutschland, erhält man häufig die Antwort, dass diese zahlenmäßig zugenommen haben. Hierzu trägt sicher bei, dass wir in der Tat mit neuen, kaum zu fassenden Formen von Gewalttaten konfrontiert werden, die gerade deshalb besondere Aufmerksamkeit auf sich ziehen. Auch das bei Jugendlichen und Heranwachsenden anzutreffende, aus England stammende

„Happy Slapping" gehört hierzu, bei dem andere verprügelt, gequält und miss-braucht werden. Mehr noch, die so Geschundenen werden gleichzeitig mit der Handykamera gefilmt, die Bilder werden veröffentlicht und auch ins Internet gestellt. Solche neuartigen Gewaltphänomene, an denen die Täter ihren Spaß zu haben scheinen, tragen sicher mit zu dem *Eindruck* bei, dass eine quantitative und qualitative Steigerung gewalttätigen delinquenten Verhaltens in Deutschland besteht. Demgegenüber stellt die Polizeiliche Kriminalstatistik (PKS) in der Gewaltkriminalitätsbilanz eine positive Trendentwicklung fest, die zwar nicht beruhigen kann, sie lässt aber nicht (mehr) von einem weiteren Anwachsen der Gewaltkriminalität in Deutschland ausgehen. Als Entwarnung sollte dies allerdings nicht missverstanden werden.

Gewaltdelikte sind – abhängig von der Definition „Gewaltkriminalität" – an allen registrierten Straftaten mit deutlich weniger als 10 Prozent beteiligt. Mord und Totschlag einschließlich Versuche erreichen ca. 0,04 Prozent. Gewaltde-likte sind als seltene Ereignisse mit kleinen Basiswahrscheinlichkeiten zu sehen. Ihre Vorhersage ist auch aus diesen empirischen und statistischen Gründen schwierig.

Eine wichtige Informationsgrundlage zur Einschätzung der (Gewalt-)Krimi-nalität in Deutschland liefert die jährlich publizierte Polizeiliche Kriminalsta-tistik (PKS) des Bundeskriminalamts (BKA), die u. a. die einzelnen Deliktarten und ihr Vorkommen im Berichtsjahr aufführt. Es ist zu berücksichtigen, dass es sich bei der PKS um eine „Ausgangsstatistik" handelt, die Tatverdächtige „bei Abgabe an die Staatsanwaltschaft" erfasst. Sie führt angezeigte und durch die Polizei bearbeitete Straftaten sowie sanktionsbedrohte Straftatversuche auf. Die PKS sagt demnach (noch) nichts über tatsächlich abgeurteilte Delikte aus. Zahlen der PKS können durch Strafrechtsergänzungen oder -änderungen be-einflusst werden (z. B. Gewaltschutzgesetz seit 01.01.2002). Die Aussagekraft der PKS wird dadurch beschränkt, dass sie nur das sogenannte Hellfeld, d. h. *die der Polizei zur Kenntnis gelangte Kriminalität*, erfasst. Das sogenannte Dunkelfeld, d. h. *die der Polizei unbekannte Kriminalität*, kann im Zahlenwerk der PKS nicht dargestellt werden. Hell- und Dunkelfeld krimineller Handlun-gen hängen u. a. vom Anzeigeverhalten in der Bevölkerung sowie von der Verfolgungs- und Aufklärungsintensität der Polizei ab. Ein größer werdendes Hellfeld muss demnach nicht unbedingt Ausdruck faktisch anwachsender Kri-minalität sein. Die Aussagekraft betreffend stellt die Polizeiliche Kriminalsta-tistik also kein genaues Abbild der Kriminalitätswirklichkeit dar, „sondern eine je nach Deliktart mehr oder weniger starke Annäherung an die Realität" (PKS, 2009, S. 3).

Der **Tabelle 1.1** sind Zahlen zu einigen Straftaten(gruppen) des Jahres 2010 in der BRD (Vergleich zu 2009) unter besonderer Berücksichtigung von Delik-ten der Gewaltkriminalität zu entnehmen. Zunächst ist für alle in Deutschland polizeilich erfassten Straftaten des Jahres 2010 gegenüber 2009 ein Rückgang um 2,0 Prozent festzustellen. Pro 100 000 Einwohner ging laut PKS die Häu-figkeitszahl von 7 383 auf 7 253 zurück (−1,8 %). Unter „Gewaltkriminalität" subsumiert die PKS „Mord", „Totschlag und Tötung auf Verlangen", „Verge-waltigung und sexuelle Nötigung", „Raubdelikte" sowie „gefährliche und schwere Körperverletzung". Für die so definierte, überwiegend männliche Gewaltkriminalität hat sich der bereits im Jahr 2008 erstmals beobachtete Rückgang registrierter Gewaltdelikte (um –3,2 %)[7] auch im Berichtsjahr 2010 fortgesetzt (–3,5 %). Diese Entwicklung ist auf die rückläufigen Fallzahlen im Bereich von Tötungs- und Raubdelikten, insbesondere im Deliktbereich gefährliche und schwere Körperverletzung (–4,3 %), zurückzuführen. Für die in die Definition von Gewaltkriminalität nicht einbezogene vorsätzliche leichte Körperverletzung ist demgegenüber ein Anstieg der Fälle (+0,9 %) zu registrieren, wie er bereits in früheren Jahren anhaltend zu beobachten war. Interpretiert wird dies unter Hinweis auf „ein insgesamt gestiegenes Gewaltpotenzial in Teilen der Gesellschaft", „ein durch polizeiliche Sensibilisierung erhöhtes Anzeigeverhalten der Bevölkerung" und „eine Intensivierung der polizeilichen Ermittlungstätigkeit" (PKS, 2009, S. 8).

**Tab. 1.1:** Zahlen zu einigen Straftaten(gruppen) des Jahres 2010 in der BRD (Vergleich zu 2009) unter besonderer Berücksichtigung von Gewaltkriminalität (Quelle: Polizeiliche Kriminalstatistik [PKS])

| Straftaten(gruppen) | Zahl der erfassten Fälle | | Veränderung gegenüber Vorjahr |
|---|---|---|---|
| | 2010 | 2009 | |
| *Straftaten insgesamt* | 5 933 278 | 6 054 330[8] | –2,0 % |
| *Gewaltkriminalität insgesamt* | 201 243 | 208 446 | –3,5 % |
| *darunter:* Mord | 692 | 703 | –1,6 % |
| *darunter:* Mord i. Z. m. Raubdelikten Mord i. Z. m. Sexualdelikten | 51 13 | 49 14 | |
| Totschlag, Tötung auf Verlangen | 1 526 | 1 574 | –3,0 % |
| Vergewaltigung und sexuelle Nötigung[9] | 7 724 | 7 314 | +5,6 % |
| Raubdelikte | 48 166 | 49 317 | –2,3 % |
| gefährliche und schwere Körperverletzung | 142 903 | 149 301 | –4,3 % |
| vorsätzliche leichte Körperverletzung | 372 950 | 369 709 | +0,9 % |

7 Bis 2007 stieg die polizeilich registrierte Gewaltkriminalität über Jahre anhaltend an.
8 Im Jahr 2005 wurden noch 6,4 Millionen Straftaten polizeilich registriert.
9 Untergruppe der „Straftaten gegen die sexuelle Selbstbestimmung unter Gewaltanwendung oder Ausnutzen eines Abhängigkeitsverhältnisses", Anzahl im Jahr 2010: 15 373 (2009: 14 955; Veränderung: +2,8 %).

Wenn auch die Hellfeld-Daten der PKS „als Indikatoren der Entwicklung der Kriminalität nur begrenzt tauglich" sind (Brettfeld, 2006, S. 33), so bestätigt doch der neuerlich festzustellende Rückgang der Gewaltkriminalität insgesamt, der auch in der rückläufigen Zahl tatverdächtiger *Jugendlicher* zum Ausdruck kommt, Ergebnisse der sogenannten Dunkelfeld-Forschung. Wiederholt durchgeführte Opferbefragungen zeigen seit einigen Jahren einen Rückgang der Fallzahlen in diesem Bereich[10], ein Trend, der nun auch im Hellfeld sichtbar wird, aber offenbar in der Bevölkerung (noch) nicht wahrgenommen wird.[11]

Anlässlich der Vorstellung des Jahrbuches Sucht der Deutschen Hauptstelle für Suchtfragen (DHS) in Berlin am 26.04.2011 stellt der Direktor der Kriminologischen Zentralstelle in Wiesbaden Rudolf Egg fest, dass Alkohol die Hauptdroge Nummer eins bei Straftaten ist. Durch die enthemmende Wirkung des Alkohols fühlten sich viele Menschen mutiger und furchtloser, seien aber gleichzeitig auch leichter reizbar. Folge seien eine geringere Selbstkontrolle sowie eine erhöhte Aggressionsneigung, sogar bei ansonsten friedfertigen Personen. Alkohol stelle damit auch eine innere Bereitschaft für Gewalthandlungen her (dapd/dpa, offenbach-post vom 27.04.2011). In der Tat weist denn

---

10  siehe die fortlaufenden Forschungsberichte des Kriminologischen Forschungsinstituts Niedersachsen (KFN)

11  Auch die Polizei äußert sich vorsichtig: „Ob dieser [...] Rückgang der Fallzahlen im Hellfeld der Kriminalität eine Trendwende im Hinblick auf eine gesunkene Gewaltbereitschaft Jugendlicher indiziert, kann nicht abschließend beurteilt werden. [...] Die Eindämmung der Jugendgewalt erfordert weiterhin eine kontinuierliche Schwerpunktsetzung und eine Anstrengung der gesamten Gesellschaft, insbesondere in präventiver Hinsicht" (PKS, 2009, S. 11). Die Gewerkschaft der Polizei gibt zu bedenken, dass eine abnehmende Zahl junger Menschen auch zu weniger Gewalttaten in dieser Gruppe führt.

Dass eine womöglich stabile positive Trendwende der Gewaltkriminalität in der Bevölkerung so nicht wahrgenommen wird, hat sicher viele Gründe. Berichte über Taten sogenannter Intensivtäter (mindestens zehn Straftaten im Jahr), wie sie in relativ geringer Anzahl in allen deutschen Großstädten existieren (ca. 5 % der männlichen Personen im Alter von 14 bis 20 Jahren), erwecken bei nicht wenigen Menschen den Eindruck zunehmender Jugendgewalt. Besonders einzelne, in den Medien breit publizierte brutale Übergriffe auf Personen in der Öffentlichkeit wirken alarmierend und ziehen hohe Aufmerksamkeit auf sich. Sie scheinen eine neue Qualität von Gewalt deutlich zu machen: Die Wehrlosigkeit der Opfer führt hier nicht mehr zu einem Einhalt von Gewaltausübung. Die eigentlich zu erwartende Aggressionshemmung bleibt aus, und die Attacken auf das Opfer werden fortgesetzt. Die sich verändernden Lebenswelten lassen zudem neue Formen von Gewalt aufkommen, u. a. das Cyberbullying, bei dem unter Einsatz neuer Medien anderen Schaden zugefügt wird, das Happy Slapping („lustiges Schlagen"), bei dem bekannten oder unbekannten Personen Körperverletzungen beigebracht werden, die Szene mit einem Handy oder einer Kamera aufgenommen wird und die so erlangten Bilder anschließend (im Internet oder mit dem Handy) in der Öffentlichkeit verbreitet werden. Die Kenntnis derartiger Gewaltphänomene bleibt nicht ohne Wirkung auf die Urteilsbildung der Menschen, die in einer Informationsgesellschaft leben.

auch die PKS im Bereich von Gewaltkriminalität auf den hohen Einfluss konsumierten Alkohols hin. Die im Jahr 2010 aufgeklärten Fälle betreffend fanden 32,0 Prozent unter Alkoholeinfluss statt (2009: 33,1 Prozent).[12] Bei den gefährlichen und schweren Körperverletzungsdelikten lag der Anteil sogar bei 35,5 Prozent (2009: 36,2 Prozent). Unter Berücksichtigung aller registrierten Straftaten begehen 13,2 Prozent der Tatverdächtigen ein Delikt unter Alkoholeinfluss. In der Kategorie der Gewaltdelikte beträgt der Anteil der alkoholisierten Tatverdächtigen 31,8 Prozent und liegt damit deutlich über dem Durchschnitt. Hierin zeigt sich offenbar ein hohes Risiko des Alkoholkonsums, vor allem im Hinblick auf Straftaten aus dem Bereich der Gewaltkriminalität.[13]

Neben den in der Polizeilichen Kriminalstatistik 2010 unter die dort definierte Gewaltkriminalität subsumierten Delikten sind freilich weitere Straftaten anzusprechen, die im konkreten Einzelfall ein aggressives und gewalttätiges Handeln darstellen *können*.[14] Sie betreffen u. a. folgende Straftatengruppen (in Klammern Veränderungen im Jahr 2010 gegenüber dem Vorjahr 2009):

- Straftaten gegen die sexuelle Selbstbestimmung (–4,5 %)
  - sexueller Missbrauch (+0,9 %)
    *darunter*:
      sexueller Missbrauch von Kindern (+4,8 %)
  - sonstige sexuelle Nötigung (–0,8 %)
- Straftaten gegen die körperliche Unversehrtheit
  - Misshandlung von Schutzbefohlenen/Kindern (+7,0 %)
- Straftaten gegen die persönliche Freiheit[15] (–2,7 %)
- Sachbeschädigung (–9,6 %)

Nachdem hinsichtlich der Fallzahl des sexuellen Missbrauchs von Kindern laut PKS für das Jahr 2009 „der niedrigste Wert [...] seit 1993 zu verzeichnen" war (PKS, 2009, S. 9), wird für das Berichtsjahr 2010 ein Anstieg um 4,8 Prozent festgestellt (11 867 Fälle gegenüber 11 319 im Jahr 2009). Ebenso ist eine Zunahme an Fällen der Misshandlung von Schutzbefohlenen und Kindern zu

---

12 Auch die Deutsche Hauptstelle für Suchtfragen (Jahrbuch Sucht 2010, Daten zum Jahr 2008) publiziert, dass drei von zehn Gewaltdelikten (wie Körperverletzung, Totschlag oder Vergewaltigung) unter Alkoholeinwirkung verübt werden. Opfer seien meist Frauen und Kinder.

13 Geht man über die eher enge Definition der PKS von Gewaltkriminalität hinaus, so wird für Aggressionsdelikte unterschiedlicher Art angenommen, dass in 50 % der Fälle eine Alkoholproblematik im Spiel ist (Kastner, 2009).

14 Gerade bei Sexualdelikten gegenüber Kindern finden sich oft auch vergleichsweise weniger schwerwiegende, sogenannte „Hands-off-Delikte", die unter dem Gewaltaspekt von anderen Straftaten, wie Vergewaltigungen oder auch Jahre andauernden, gravierenden, innerfamiliären Missbrauchsfällen, zu unterscheiden sind und für die das Strafgesetzbuch dementsprechend mildere Sanktionen vorsieht.

15 u. a. Menschenhandel, Menschenraub, Freiheitsberaubung/Geiselnahme, Nötigung, Bedrohung

registrieren (+7,0 %). Nach Expertenmeinung spricht dies für eine Sensibilisierung der Bevölkerung im Hinblick auf die genannten Delikte. Ob sich auch ein Anstieg dieser Delikte in den Fallzahlen ausdrückt, ist fraglich. Ein nach wie vor bestehendes Dunkelfeld bei allen Straftaten gegen die sexuelle Selbstbestimmung wie auch im Deliktbereich der Misshandlung von Schutzbefohlenen und Kindern erschwert die Einschätzung tatsächlicher Straftatentwicklungen.

Sieht man von der zahlenmäßigen Ermittlung *gesetzlicher Tatbestände* einmal ab und fragt nach dem Kontext, in dem Gewalttaten stattfinden, so ist die am meisten verbreitete Form von Gewalt die Gewalt in Familien. Sie ist ein alltägliches Phänomen, wobei die Dunkelziffer familiärer Gewaltakte nach wie vor als hoch eingeschätzt wird. Wie eine Studie von Daly und Wilson (1988) feststellte, ist Mord eine extreme, aber relativ seltene Manifestation familiärer Gewalt. Bei allen familiären Gewalttaten spielt der Alkoholeinfluss eine bedeutende Rolle.

# 1.2 „Ursachen" für Gewalttaten

## 1.2.1 Theorien und Hypothesen der Entstehung von Aggressionen

Vor allem die zerstörerische und sozial schädliche Form von Aggression gibt uns mitunter Rätsel auf und lässt uns nach den Ursachen fragen. Welche Antworten gibt die Psychologie auf die Frage nach der Entstehung von Aggression?

Eine heute nur noch selten vertretene These ist die, dass Aggression einen Trieb darstellt, vergleichbar z. B. dem Nahrungstrieb oder dem Sexualtrieb. So sah es u. a. Sigmund Freud. Wie bereits Fromm (1977) eindrucksvoll darlegen konnte, sind Triebmodelle der Aggressionsentstehung nach heutigem Kenntnisstand jedoch nicht mehr aufrechtzuerhalten. Die Psychologin und Professorin für Sozialarbeit an der Universität Boston Sophie Freud, eine Enkelin Sigmund Freuds, hat die Position Fromms ausdrücklich unterstützt und die Triebtheorie verneint: „Mit Erich Fromm meine ich, daß der Mensch nicht instinktiv aggressiv ist, daß Aggression keine biologische Notwendigkeit ist, sondern von Menschen entwickelt wird [...]".[16]

Andere theoretische Vorstellungen gehen davon aus, dass Aggressionen Reaktionen darstellen, die in Situationen auftreten, in denen Menschen gehindert werden, ihre Bedürfnisse zu befriedigen und somit frustriert werden (Frustrations-Aggressions-Theorie). Auch diese Theorie der reaktiven Entstehung von Aggressionen gilt nur eingeschränkt. Gleichwohl vermag sie z. B. soziale Benachteiligungen als Einflussgrößen aggressiven Verhaltens zu erklären und Gewalt auch als Ausdruck gesellschaftlicher Schieflagen zu sehen. Die Frust-

---

16 „Ein Gespräch mit Sophie Freud", Die Zeit, Nr. 40, 24.09.1998

rationserlebnisse in einer leistungs-, erfolgs- und konsumorientierten Gesellschaft sind für benachteiligte Menschen zahlreich. Gewaltakte sind mitunter hilflose Versuche, auf sich und die eigene Lage aufmerksam zu machen. Die Hypothese erscheint begründet, dass „Perspektivlosigkeit [...] dann zu Gewalt führt, wenn in dieser Gewalt eine Perspektive gesehen wird" (Ostbomk-Fischer, 1994, S. 5).

Umfassendere Erklärungen der Entstehung persönlicher Dispositionen zur Aggressions- und Gewaltbereitschaft entstammen dem Gebiet der Psychologie, das sich mit Vorgängen des Lernens und dem Erwerb von Verhalten befasst. Sowohl im Hinblick auf die Entstehung als auch die Aufrechterhaltung aggressiver Verhaltensmuster scheinen Lernvorgänge (verschiedene Lernprinzipien) von großer Bedeutung. Vor allem die Theorie des sozialen Lernens hat zu dieser Erkenntnis Wesentliches beigetragen. Insbesondere Prozesse des Beobachtungs- und Vorbildlernens (Modelllernen) sind hieran beteiligt. Generell sind Einstellungen und beobachtbares Verhalten u. a. von Eltern, Erziehern, Freunden für das Erlernen eines Verhaltensrepertoires junger Menschen von großer Bedeutung. Negativmodelle, aber auch Versäumnisse des sozialen Lernens können in Konfliktsituationen deshalb zu aggressiven Lösungen führen, weil Alternativen nicht zur Verfügung stehen, d. h. nicht gelernt wurden. Womöglich wurde die subjektive Erfahrung gemacht, dass Gewalt eine sinnvolle und erfolgreiche Form der Bewältigung von Problemen, der Lösung von Konflikten und der Durchsetzung eigener Interessen darstellt (Hornstein, 1996).

Die Frage, warum sich Menschen in ihrer Bereitschaft zu aggressivem Verhalten unterscheiden, ist demnach – abgesehen von einer persönlichen Anlage – wesentlich aus ihrer Entwicklungsgeschichte, d. h. aus ihrer Lebens- und Lerngeschichte, heraus zu beantworten. Hierbei wird eine Vielzahl sehr unterschiedlicher negativer wie positiver Einflüsse bestimmend, wobei der Ausgang letztlich von der Interaktion, d. h. vom Zusammenwirken dieser Einflüsse, abhängig ist. Nicht zuletzt deshalb erfolgt insbesondere bei Tötungs- und Gewaltdelikten oder anderen besonders gefährlichen Straftaten vor Gericht eine eingehende Rekonstruktion der Biographie des Beschuldigten. Damit soll den Prozessbeteiligten ein Einblick in dessen psychische und soziale Entwicklung ermöglicht werden. Die Darlegung der psychischen und sozialen Entwicklung verfolgt letztlich auch das Ziel, einen möglichen erklärenden Zugang zu den Bedingungen der dem Beschuldigten angelasteten Tat zu finden. Wird die Rekonstruktion der Biographie nicht simplifizierend im Sinne von „pauschalisierenden sozialen ‚Deutungsmustern' und ‚Alltagstheorien'" (Böttger, 1993, S. 76), sondern differenziert genug geleistet, wird deutlich, dass die unterschiedlichsten Lebensverläufe und -bedingungen Gewalttaten hervorbringen können.

## 1.2.2 Multifaktorielle Erklärungen für Gewalttaten

Eine annähernd befriedigende Antwort auf die Frage, wie und unter welchen Bedingungen es zu Gewalthandlungen kommt, hat eine ganze Reihe von Faktoren in den Blick zu nehmen, wobei diese Faktoren sich gegenseitig beeinflussen. Nach einer frühen multifaktoriellen Analyse von Straftaten, die zur psychiatrischen Begutachtung Anlass gaben, sind Gewaltstraftaten durch die Beteiligung des akuten Affektes sowie durch die Charakteristika Alkoholmitwirkung und Zufallssituation gekennzeichnet (Bochnik, Legewie, Otto & Wüster, 1965). Sicher erfasst diese Analyse nur einen Ausschnitt des Erklärungsspektrums von Gewaltstraftaten. Für den Aggressionsforscher Selg (1993, S. 35) entsteht „die Bereitschaft Gewalt anzuwenden, [...] durch eine Verknüpfung von gesellschaftlichen, familiären und individuellen Bedingungen". Wenn wir uns nach den Gründen strafrechtlich relevanten Gewalthandelns fragen, müssen wir alle Bedingungen und Faktoren in den Blick nehmen, von denen wir heute wissen, dass sie im Sinne eines multifaktoriellen Geschehens an der Entstehung von Gewalttaten beteiligt sind. Ostbomk-Fischer (1994, S. 7) spricht von einem „dichten Geflecht miteinander verknüpfter Bedingungen", von einem „Bedingungskonglomerat". Die Ursachenforschung zeigt, dass viele Faktoren eine Rolle spielen, bevor es zu Gewalthandlungen kommt. Zu den „Ursachen" zählen auch alle länger bestehenden Bedingungen, die zur Gewaltbereitschaft (Gewaltdisposition) führen, z. B. strukturelle Gewalt, gesellschaftliche/mediale Gewaltvorbilder und -modelle, geringer Status, eigene Gewalterfahrungen, familiäre Konfliktlösungsmuster. Es werden damit neben Aspekten der Persönlichkeit die Entwicklung eines Menschen, aber auch spezifische Umwelteinflüsse angesprochen, denen die Person ausgesetzt ist und die sie prägen. Hiervon zu unterscheiden sind die möglichen Auslöser, d. h. Ereignisse und Situationen, die einer Gewaltbereitschaft zum Handeln verhelfen. Personen, die Gewalt ausüben, werden ja nicht plötzlich zu Gewalttätern. Eine schon zuvor bestehende Gewaltbereitschaft ist anzunehmen, deren bislang funktionierende Hemmungsfunktionen durch aktuelle Ereignisse außer Kraft gesetzt werden. In Frage kommen sehr unterschiedliche, unmittelbar wirksame oder vorausgehende Stimuli, z. B. brisante Auseinandersetzungen, die Wirkung konsumierten Alkohols, eine aktuelle Frustration, Aktionen in einer Männerclique (gruppendynamische Prozesse) oder die harmlose Bemerkung eines anderen, die als persönliche Beleidigung aufgefasst wird. Haller (2010, S. 60) spricht davon, dass „oft banale Dinge der Auslöser sind – allem voran Kränkungserlebnisse. Was kränkt, macht nicht nur krank, sondern auch kriminell". Schließlich ist es die Gelegenheit, die eine Gewalttat „begünstigt". U. a. sind hierunter all jene Situationen zu verstehen, in denen die Gewaltanwendung gerechtfertigt erscheint. Nicht selten werden Gewalttaten gegenüber Minderheiten von den Akteuren auch derart begründet.

Auch für Cierpka & Cierpka (1997) ist aggressives Verhalten das Resultat sehr unterschiedlicher, miteinander in Beziehung stehender und sich gegenseitig beeinflussender individueller und sozialer sowie situativer Faktoren bzw. Faktorenbündel. Sie sehen in den verschiedenen Faktoren kumulative Komponenten, die die Schwelle zum gewalttätigen Verhalten überschreiten lassen. Zu den individuellen Faktoren zählen bestimmte Aspekte der Persönlichkeit und biographische Besonderheiten, schwierige und defizitäre Sozialisationsbedingungen, besondere Belastungen in Familie, Schule, sozialem Umfeld und Modelle von Gewalt. Situative Faktoren und auslösende Gegebenheiten wie gewaltfördernde

Kontextbedingungen, aktuelle Provokation und hemmungsreduzierende Einflüsse können wesentlich zum Überschreiten der Schwelle zur Gewalt beitragen.

Es ist nicht unproblematisch, in der Erörterung der Entstehung von Gewalt den Ursachenbegriff zu bemühen, zumal bei diesem terminologischen Gebrauch oftmals bevorzugt auf den Einfluss der Persönlichkeit fokussiert wird. Von Bedingungen oder Risikofaktoren in der Gewaltgenese zu sprechen, erscheint angemessener, wohl auch deshalb, weil doch sehr viele Interdependenzen zwischen diesen bestehen. Der Grad der Gewaltbereitschaft ergibt sich aus der Interaktion der (kumulierten) Wirkung von Risiko-, aber auch Schutzfaktoren, wobei Risikofaktoren die Wahrscheinlichkeit von Gewalt erhöhen und Schutzfaktoren diese Wahrscheinlichkeit senken (können).

Gewalttaten zu verstehen und zu erklären hat immer wieder dazu geführt, eine Ordnung erkennen und Kategorien von Gewalttaten bilden zu wollen sowie Typologien von Gewalttätern aufzustellen, die es womöglich auch einfacher machen sollten, entsprechende Taten von Menschen zu beurteilen. So hat z. B. Geerds (1983) im Hinblick auf Gewaltdelikte den „Entwicklungstäter" (Tat ist entwicklungsbedingt), den „Frühkriminellen" (Rückfalltäter) und den „erwachsenen Konflikttäter" unterschieden. Man hat versucht, die Vielgestaltigkeit von Gewaltverbrechen in ihren Erscheinungsformen und in den dahinter liegenden Motiven von Gewalttätern in Kategorien, Klassen oder Typen zu beschreiben. Gewalttaten ohne erkennbares Motiv sind selten. Haller (2010, S. 63) trifft sie bei Menschen an, „die sich leer fühlen und einen immer stärkeren Reiz brauchen, um sich selbst zu spüren". Erkennbare Motive gewalttätigen Handelns sind jedoch so heterogen wie die Taten selbst und die Menschen, die diese begehen. Motive können sein:

- die Durchsetzung und das Erreichen eines wie auch immer gearteten „Gewinns", wobei es um die Befriedigung recht unterschiedlicher (z. B. sexueller) Bedürfnisse gehen kann, auch um Macht,
- die Abwendung von „Bedrohung", die in sehr unterschiedlicher Gestalt bestehen kann, z. B. auch in der Bedrohung der Selbstachtung, die insbesondere bei unsicherer Selbsteinschätzung in Individuen Gewalttätigkeit auszulösen vermag (Bateman & Fonagy, 2010),
- die Wiederherstellung der beschädigten Selbstachtung,
- die Verdeckung einer bereits begangenen Straftat,
- die individuelle (z. B. religiöse oder ideologische) „Überzeugung", die das Gewalthandeln als „Notwendigkeit" oder „Pflicht" begreift,
- die Geneigtheit zur Gewalt, die die gewalttätige Auseinandersetzung sucht und Gewalt ausagieren lässt.

Bezug nehmend auf schwere Gewalttaten äußert Haller (2010, S. 63), „das Motiv des Mordes aus Egoismus" sei in unserer Gesellschaft zunehmend festzustellen, insbesondere in jenen Trennungs- und Scheidungsfällen, in denen Väter im Streit um das Sorge- oder Umgangsrecht ihrer Kinder unterlegen seien, sodass sie die eigenen Kinder töteten, schließlich auch sich selbst, „um damit einen letzten Sieg über die Frau zu erringen". Abgesehen davon, dass sich die oben genannten möglichen Motive für ein Gewalthandeln nicht scharf voneinander abgrenzen lassen, vermag weder ein einzelnes Motiv noch ein Bündel verschiedener, miteinander verwobener Motive *allein* einen Gewaltakt – etwa ein Tötungsdelikt – befriedigend zu erklären, so auch nicht im vorliegenden Fall, in dem das Verdecken einer anderen Straftat als Tötungsmotiv naheliegend erscheint:

Ein junger Mann bietet der ihm bekannten 15-jährigen Schülerin Petra an, sie nach Hause zu fahren. Auf einem Waldweg hält er das Auto an und versucht das Mädchen zu vergewaltigen. Als Petra droht, ihn bei der Polizei anzuzeigen, soll er sie stranguliert und schließlich mit einem schweren Gegenstand so lange auf sie eingeschlagen haben, bis sie tot war. Wie sich in der späteren Begutachtung herausstellte, hatte der Täter noch nie eine Freundin und große persönliche Schwierigkeiten, mit Mädchen und Frauen in Kontakt zu kommen.

Die Gewalttat eines Menschen ist ein soziales Geschehen. Zu beachten sind:

- die Persönlichkeit des Täters und seine Entwicklung,
- die Umwelt des Täters und
- die (äußere und innere) Tatsituation.

Erst das Wissen um alle drei Bereiche eröffnet einen Zugang zum Handeln eines Gewalt ausübenden Straftäters. Für seine forensische Beurteilung ist die Einzelfallbetrachtung unumgänglich. Eine typologische Einordnung ist hierbei nicht sehr ergiebig, schon gar nicht ausreichend, sie drückt allenfalls eine hinsichtlich eines oder mehrerer Kriterien bestehende Gemeinsamkeit mit anderen Menschen ähnlicher Delinquenz aus. So sprechen wir beispielsweise in Mord-/ Tötungsfällen von nicht selten anzutreffenden sogenannten Situations-, Konflikt- und Beziehungstaten, womit die Beobachtung zum Ausdruck gebracht werden soll, dass es sich bei diesen Taten um sehr singuläre, lebensphasische oder schicksalhafte Konstellationen im Leben eines Menschen handelt. Überwiegend sind die Täter zuvor strafrechtlich nie in Erscheinung getreten. Von der Tötung als einer Beziehungstat wird beispielsweise gesprochen, wenn die Tat aus einer engen, konflikthaften Beziehung zum Getöteten (Ehe- oder Lebenspartner) heraus entstand.[17] Fakt ist, dass die in solchen Fällen festzustellende Rückfallquote der Täter (für ein erneutes Tötungsdelikt) nach Strafaussetzung zur Bewährung oder Begnadigung auffallend niedrig ist, was zwar im Hinblick auf diese spezielle Rückfallprognose relevant ist, aber für eine weitergehende Gewaltprognose-Einschätzung nicht ausreicht. So wäre u. a. die Frage der Wiederholbarkeit von für den Probanden kritischen Konstellationen zu stellen und im Hinblick darauf die Beurteilung seiner Persönlichkeit zu leisten, die wo-

---

17 Haller (2010) berichtet für Österreich, dass zwei Drittel aller Tötungsdelikte Beziehungstaten seien.

möglich solche Konstellationen ja erst kritisch macht. Außer Tötungsdelikten gibt es auch andere Formen von Beziehungsgewalt. Die früher vertretene Ansicht, dass aus Konfliktsituationen resultierende Gewalttaten Erwachsener eher nicht persönlichkeitstypisch oder gar persönlichkeitsfremd seien, ist nicht aufrechtzuerhalten. Ein wie auch immer entstandenes Gewalthandeln kann nicht losgelöst von der Person des Täters betrachtet werden. Ausnahmen stellen allenfalls bestimmte psychopathologische Gegebenheiten dar.

## 1.2.2.1 Der Einfluss der Person

Offenbar spielen bereits das Geschlecht und das Lebensalter im Hinblick auf Straftatbegehung und Gewalthandeln eine nicht unerhebliche Rolle. Unter den Personen im Alter von 60 Jahren und darüber sind laut Polizeilicher Kriminalstatistik ca. 6,5 % Tatverdächtige, davon ca. 70 % männlich und ca. 30 % weiblich. Die Tatsache, dass manche Menschen erst im fortgeschrittenen Lebensalter Straftaten begehen, wird mit altersbedingtem Intelligenzabbauprozess und pathologischen Persönlichkeitsveränderungen in Zusammenhang gebracht (Laue, 2009). Eine Erklärung für die insgesamt niedrige Zahl an Delikten und die eher geringe Brutalität der Straftaten durch Ältere wird in der „Theorie der Schwäche", in einem Schwinden von Körperkraft und Leidenschaften gesehen. Aggressionen und Gewalt drücken sich in höherem Alter eher verbal aus (z. B. in Beleidigungen anderer) oder finden gegenüber Schwächeren (z. B. Kindern) und in unauffälligerer Weise statt. Es spielen Aspekte eine Rolle, die in bestimmten Lebensphasen verhaltensbeeinflussend wirken. So wissen wir, dass Straftaten Jugendlicher durch deren spezielle Entwicklungssituation begünstigt werden, in der eine ganze Reihe von jugendtypischen Faktoren das Verhalten determinieren können: Neugierverhalten, Unsicherheit (auch die eigene Identität betreffend), Risikosuche, Leichtsinn, Beeinflussbarkeit (insbesondere durch die Gruppe), Gruppendruck. Aus diesem Grund kann auch allein aus der Tatsache einer frühen delinquenten Auffälligkeit eines Jugendlichen nicht auf eine zukünftige kriminelle Karriere des Betroffenen geschlossen werden (Block, Wehsack & Brettfeld, 2006).

Bei der Frage nach kritischen Aspekten der Persönlichkeit für aggressives und gewalttätiges Handeln wird der Rolle der (auch genetisch determinierten) Impulsivität eine hohe Bedeutung beigemessen (Herpertz, 2001). Untersuchungen gehen von einer signifikanten mittleren Korrelation zwischen Aggressivität und Impulsivität aus (Netter, 1997). Impulsivität meint eine Disposition zu schnellem Handeln, ohne die Konsequenzen zu bedenken. Bei starken Affekten von Ärger und Wut ist die Bereitschaft zu impulsivem aggressivem Handeln groß. Über das Verhaltensresultat entscheidet die Impulskontrolle (affektive Regulation und kognitive Kontrolle). Der Impulskontrollfunktion liegen wesentlich Prozesse des (Erfahrungs-)Lernens zugrunde. Bei Gewalttätern sind im Allgemeinen zwei Formen impulsiven Verhaltens zu beobachten:

- Der negative Affekt (Ärger/Wut) zieht unmittelbar ein impulsives fremdaggressives Verhalten nach sich.

- Der negative Affekt hält längere Zeit an, er wird auch durch entsprechende Kognitionen unterhalten, unterstützt oder gar noch verstärkt. Irgendwann später kommt es dann zu einem impulsiven fremdaggressiven Verhalten.

Auslöser impulshaften aggressiven Verhaltens entstammen häufig interpersonellen Situationen (Geringschätzung, Herabsetzung, Kränkungen durch andere), die geeignet sind, den (oft ohnehin geringen) Selbstwert einer Person (weiter) zu beeinträchtigen. Heftige Emotionen und Affekte führen zum Verlust an Selbstkontrolle, „sodass unterdrückte Impulse mit voller Wucht durchbrechen". Alkoholkonsum und Drogeneinfluss spielen hierbei nicht selten eine wesentliche Rolle (vgl. Haller, 2010, S. 61).

Neben der mangelnden Impulskontrolle gibt es ein weiteres persönliches Risiko für ein Gewalthandeln, nämlich die ausgeprägte Aggressionshemmung. Aggressionsgehemmte Menschen sind häufig solche, die nicht mehr imstande sind, sich in problematischen sozialen Situationen angemessen zu behaupten. Resultierende Frustrationen und erfahrene Demütigungen „fressen sie in sich hinein", bis sie schließlich von ihrer Wut überwältigt werden, die sich dann in Aggressionen entlädt.

Mit Blick auf die Person von Gewalttätern werden nicht selten eine Reihe individueller psychischer und charakterlicher Defizite als bedeutsam angesehen. So sind Menschen mit einem Mangel an Empathie, die psychische (Gefühls-)Zustände des Gegenübers nicht erkennen oder abspalten, ohne natürliche Hemmung und verhalten sich in bestimmten Situationen entsprechend kalt und brutal. Ohne sich der Wirkung ihres Handelns bewusst zu sein, sind sie von den negativen Reaktionen der Umgebung unberührt. Sie werden oftmals als Psychopathen diagnostiziert.[18] Geerds (1983, S. 331) sieht unter den Rückfalltätern mit Gewaltdelikten eine Mehrzahl von Personen „mit einer gesellschaftsfeindlichen, aktiven Einstellung, die man als antisozial bezeichnen kann" und folgert: „Um so wichtiger ist es, den Werdegang zum Gewaltdelinquenten genauer zu erforschen, um brauchbare Kriterien zum Erkennen einer solchen kriminogenen Disposition oder möglichst schon der Tendenz zu einer solchen kriminellen Karriere zu erhalten." In der Delinquenzforschung, die neuerdings auch durch die Möglichkeiten sogenannter bildgebender Untersuchungsverfahren (PET, fMRT) von Gehirnstrukturen geprägt wird, werden mit Blick auf aggressive (Rückfall-)Straftäter – insbesondere solche mit Persönlichkeitsstörungen (Psychopathien) – zerebral-organische Grundlagen diskutiert.[19] So berichten Schwarte und Saß (2004, S. 174) von Befunden aus Untersuchungen bei kriminogen recht bedeutsamen dissozialen (antisozialen) Persönlichkeitsstörungen, die auf „eine beiderseits verminderte präfrontale Aktivität sowie limbische Untererregbarkeit" hinweisen. Es wird davon ausgegangen, dass diese „funktionellen Gegebenheiten zu einer Schwäche führen, Situationen im Hinblick auf ihren emotionalen Gehalt richtig einzuschätzen, außerdem zu einem

---

18  siehe hierzu auch Kap. 2 sowie Kap. 6.4.4
19  zu neuropsychologischen Untersuchungsergebnissen siehe Littmann, 1992

allgemein verminderten Erregungsniveau sowie zu einer mangelnden Inhibition von Verhalten, was sich als hirnorganisch bedingt erhöhte Disposition für kriminelles Verhalten interpretieren lässt." Bereits früher verweisen u. a. Thome und Riederer (1995, S. 30) auf „Befunde aus der Humanmedizin, die nahe legen, daß aggressives Verhalten an bestimmte neuronale Strukturen des ZNS und besonders eng an das limbische System mit Hippokampus, Septum und Amygdala gebunden ist". Die Frage bleibt offen, wie zu beschreibende Besonderheiten zerebraler Aktivität zu bewerten sind und wie sie entstehen. Veränderungen von Neurotransmittersystemen auch unter bestimmten sozialen Bedingungen weisen auf Wechselwirkungen zwischen neurobiologischen und sozialen Faktoren hin. Wir wissen auf jeden Fall, dass das gesamte menschliche Erleben Spuren hinterlässt, gegebenenfalls auch zu strukturellen Veränderungen im Gehirn führt.[20] Letztlich findet ja auch nur so Lernen statt.

In der Erörterung von Personeigenschaften Gewalt ausübender Straftäter charakterisiert Haller (2010) „die Person des Bösen" und beschreibt damit wohl eine Variante der Persönlichkeitsstörung, für die – so Haller – Otto Kernberg den Begriff „maligner Narzissmus" geprägt habe. Eigenschaften der Person des Bösen sind (Haller, 2010, S. 62):

- Empathieunfähigkeit,
- extreme Machtausübung,
- Selbstüberhöhung durch Erniedrigung anderer,
- Dissozialität,
- hochgradige paranoide Neigung.

Die schwerste Form der Erniedrigung, die der Selbstüberhöhung dient, realisiert der Sadist. Sie besteht im Quälen, im Vergewaltigen anderer sowie darin, „gottgleich über ihr Leben zu entscheiden". Die paranoide Neigung lässt den Täter „stets Gefahr wittern und überall Feinde sehen", weshalb er „die Taten extrem genau plant und schwer zu fassen ist". Die wichtige Frage, wie ein Mensch zur Person des Bösen wird, beantwortet Haller letztlich unter Rückgriff auf die Biographie derartiger Täter. Es sind Menschen, die selbst emotional vernachlässigt und im Verlauf ihrer Entwicklung auf unterschiedliche Weise gequält worden sind. Sie haben gelernt, ihre negativen Gefühle von Schmerz und Erniedrigung abzutöten, abzuspalten, weil sie sie nicht aushalten

---

20 Menschen z. B., die in ihrer Kindheit andauernde Misshandlungen erfahren haben, entwickeln eine lebenslange Stressüberempfindlichkeit mit der Begleiterscheinung zerebraler Dysregulationen, sodass es auch in objektiv ungefährlichen Situationen zu überschießenden emotionalen Reaktionen kommt, wie man sie u. a. von Angststörungen her kennt (siehe Grawe, 2004, insbesondere Kapitel 4). Die Beziehung zwischen Neurobiologie und Verhalten ist offenbar keine einfache: Wie wir auch von im Krieg traumatisierten Soldaten wissen, können äußere Einflüsse zu dauerhaften Veränderungen biologischer Funktionen führen.

und ertragen können. Die durch sie verübten Gewalttaten stellen quasi den Versuch dar, einen ursprünglichen „heilen" Zustand wieder herzustellen. „Ihr Reparaturmechanismus ist die Reinszenierung des Erlebten mit verkehrten Vorzeichen: Das gequälte Opfer wird zum gefürchteten Täter und vernichtet so seine eigene Angst, die nun jemand anderes ertragen muss" (Haller, 2010, S. 62).[21]

## 1.2.2.2 Prägende Umwelteinflüsse

### Erziehung und Sozialisation

Wenn wir in der Erörterung von Risiken für die Genese aggressiven und gewalttätigen Verhaltens besonders auf die Entwicklung des Menschen, auch auf Einflüsse aus der Kindheit und Jugendzeit eingehen, so soll damit keinesfalls der Eindruck erweckt werden, dass Aggression und Gewalt ein Jugendproblem darstellen. Dies wäre eine verkürzte und unrealistische Sicht. Es sind erwachsene Menschen, die unglaublich brutale Gewaltakte verüben. Die Thematisierung der Genese von Aggression und Gewalt muss jedoch auf die frühe Entwicklung des Menschen fokussieren. Dies entspricht durchaus der Bedeutung, die ihr aufgrund von Ergebnissen der Gewaltforschung zukommt (Baier & Windzio, 2006).

Die Längsschnittstudie von Loeber (1990) zeigt, dass Aggression eine früh auftretende, recht stabile Störung ist. Es sind Kinder mit dieser Störung auszumachen, bei denen entsprechende Verhaltensprobleme quasi „von alleine" verschwinden, andere nehmen hingegen eine ungünstige Entwicklung, womöglich bis hin zur Delinquenz. Es sind dies Kinder, die

- seit früher Kindheit durch aggressives Verhalten auffallen,
- das problematische Verhalten sehr häufig und vielfältig zeigen und
- in vielen Lebensbereichen äußern (z. B. Elternhaus, Schule).

Diese Kinder haben zum Teil bereits ungünstige Bedingungen beim Start ins Leben (z. B. schädigende prä- und perinatale Einflüsse). Hinzu kommt, dass hilflose Eltern auf ihre schwierigen Kinder unangemessen und die Störung verschärfend reagieren, womöglich mit Gewalthandeln. Aber auch andere (Risiko-)Faktoren des Erziehungsverhaltens von Eltern tragen wesentlich zu einer ungünstigen Entwicklung der Aggressionsstörung bei (siehe Ross & Petermann, 1987; Petermann & Petermann, 1995):

---

21 Der Verfasser ist in der Beschreibung der „Person des Bösen" durch Haller u. a. an den Fall des 19-jährigen Kindermörders Jürgen Bartsch erinnert, der in der Zeit von 1962 bis 1966 vier Schuljungen im Alter von 8 bis 13 Jahren sexuell missbraucht und grausam zu Tode gequält hatte. Seine eigene Vorgeschichte könnte durchaus als Beispiel des Haller'schen Erklärungsmusters für die erschreckenden Taten der hier charakterisierten Personen dienen.

- Eltern aggressiver Kinder stellen zu viele oder zu wenige soziale Regeln auf,
- sie achten nicht konsequent auf die Einhaltung von Vereinbarungen,
- sie bieten selbst Modelle aggressiven Verhaltens,
- sie verstärken das aggressive Verhalten des Kindes, indem sie ihm ihre Aufmerksamkeit zuwenden (positive Verstärkung), das Kind von unangenehmen Aufgaben befreien (negative Verstärkung) oder
- stillschweigend dieses Verhalten dulden,
- sie sind kaum darüber informiert, was ihr Kind den Tag über unternimmt, und sie sind an dessen Aktivitäten nicht sonderlich interessiert.

Analysen von Gewalttäterbiographien lassen als umfassende Klammer oft unzuverlässige bis desorganisierte Bindungssysteme erkennen. Häufig sind folgende Lebensereignisse und -erfahrungen als Risiken für die Entstehung von Gewalthandeln anzutreffen:

- lieblose, Gewalt anwendende Eltern,
- Verlust der Eltern (Vater, Mutter oder beiden),
- niedriger Sozialstatus und die damit verbundenen vielfältigen Benachteiligungen,
- Herkunftsfamilie mit niedrigem Bildungsniveau und finanziellen Schwierigkeiten,
- Leben im „sozialen Brennpunkt",
- Heimunterbringung,
- Misserfolg in Schule und/oder Beruf,
- frühe demütigende Erfahrungen, z. B. auch im Umgang mit Gleichaltrigen oder im Umgang mit dem anderen Geschlecht,
- Trennung/Scheidung vom Ehe-/Lebenspartner.

Aus der Erwachsenenkriminalität wissen wir, dass die mit Trennung/Scheidung verknüpfte Stressbelastung ein ernst zu nehmendes Gewaltrisiko darstellt. Gewalt gegen Expartner oder gar deren Tötung sind nicht selten. Tötungsdelikte sind häufig Partnerdelikte.

Die Herkunft, vor allem die Erziehung von Menschen und ihre Sozialisation stellen nicht nur allgemein bedeutsame Einflussbereiche für die individuelle Entwicklung dar. Sie sind offenbar auch sehr ausschlaggebend für die Ausprägung gewaltbereiten oder friedfertigen Sozialverhaltens, wie u. a. umfangreiche Untersuchungen und wiederholt bestätigte Befunde des Kriminologischen Forschungsinstituts Niedersachsen (KFN) belegen (siehe die fortlaufenden Forschungsberichte von Pfeiffer und Mitarbeitern). Für viele misshandelte Kinder besteht ein hohes Risiko eigener Kriminalität (Schwab, 1995; Widom, 1989). Andererseits wissen wir aber auch, dass Gewalt vermeidende, aufmerksame und achtsame Eltern zur Entwicklung eines positiven Sozialverhaltens ihrer Kinder beitragen (Baier & Windzio, 2006). Bei gewalttätigen Kindern und Jugendlichen lässt sich regelmäßig eine Häufung individueller, familiärer und sozialer Belastungsfaktoren finden. Über die Betroffenen werden in Medien zwar Skandalisierungsdebatten geführt, eine diesbezügliche sachliche Auseinandersetzung aber unterbleibt weitgehend (vgl. Lösel & Bender, 2003; Brettfeld & Wetzels, 2002). Wir erleben Aggressionen und Gewaltakte von Erwachsenen untereinander sowie gegenüber Kindern. Sie bestimmen das Erleben von jungen Menschen wesentlich mit. Gewalt findet in unserer Gesellschaft vor allem in der Familie statt. Familie stellt aber gerade am Anfang der individuellen menschlichen Entwicklung ein bedeutendes Sozialisationssystem dar. Es kann deshalb nicht verwundern, dass der Beginn problematischen Sozialverhaltens oft bereits in der Kindheit liegt (Baier & Windzio, 2006). Im Folgenden seien einige markante Forschungsergebnisse wiedergegeben, die darzulegen vermögen, dass innerfamiliäre Gewalt (Eltern-/Partnergewalt) einen bedeutenden Prädiktor des Gewalthandelns der Kinder, Jugendlichen und späteren Erwachsenen darstellt (siehe hierzu Pfeiffer, Wetzels & Enzmann, 1999b):

- Frühe innerfamiliäre Gewalterfahrungen (Partnergewalt und/oder Gewalt in der Erziehung) erhöhen die Wahrscheinlichkeit von aktiver Gewalttätigkeit und Delinquenz im Jugendalter, nicht zuletzt auch aufgrund der negativ wirksamen Modelle der Eltern in der Bewältigung von Konflikten. „Die gehäufte Konfrontation mit elterlicher Partnergewalt geht mit einer signifikanten Erhöhung aktiver Gewaltdelinquenz der Jugendlichen einher" (Pfeiffer et al., 1999b, S. 22).
- Die Inkonsistenz (die Unvorhersehbarkeit und Uneinheitlichkeit) in der elterlichen Erziehung, in der das Kind unversehens Objekt elterlicher Gewaltanwendung wird, ohne dass es dies durch sein Verhalten beeinflussen kann, stellt ein Risiko für die Entstehung von Gewaltbereitschaft dar (Mansel & Hurrelmann, 1998).
- Jugendliche, die als Kind massiv mit Gewalt konfrontiert wurden, sind oft misstrauisch und eher geneigt, das Verhalten anderer ihnen gegenüber als feindselig zu deuten, woraus Konflikte entstehen. Sie verfügen zudem über eine geringere Konfliktbewältigungskompetenz, wodurch gewaltsame Konfliktlösungen begünstigt werden. Sie zeigen in ihren Einstellungen eher eine Befürwortung von Gewalt, was deren Anwendung wahrscheinlicher macht.
- Jugendliche mit innerfamiliärer Gewalterfahrung neigen zur Einbindung in eine Gleichaltrigengruppe mit Gewalt befürwortender Einstellung und delinquenter Aktivität. Die peer group „weist eine Passung mit ihrer familiären Biographie auf". „Von daher ist auch die Gleichaltrigengruppe ein Element in einem Kreislauf der Tradierung und Verfestigung von Gewaltbereitschaft" (Pfeiffer et al., 1999b, S. 39).
- Eine Beendigung der innerfamiliären Gewalt im Jugendalter führt zu einer deutlichen Reduktion der Rate der Gewalttäter (im Gegensatz zu der Gruppe von Kindern, bei denen die innerfamiliäre Gewalt auch im Jugendalter andauert).

Wir müssen bei der Entstehung der Gewaltbereitschaft und der Erhöhung der Wahrscheinlichkeit delinquenter Karrieren von einer Kumulation verschiedener, aber keineswegs unabhängiger Risikofaktoren aus dem Lebensalltag in

Familie, Schule und sozialem Umfeld ausgehen. So ist eine nicht selten zu machende Beobachtung die, dass durch starke innerfamiliäre Belastungen von Kindern und Jugendlichen negative Konsequenzen für ihre schulischen Leistungen entstehen, die ihrerseits zu Ablehnung, Demütigung und Ausgrenzung der Betroffenen führen. Es entsteht ein Kreislauf, aus dem heraus nicht selten ein Gewalthandeln entspringt.

Trotz der Erkenntnis familiärer Gewaltrisiken ist ein gewisser Optimismus berechtigt. Aus frühen negativen Erfahrungen resultiert nämlich nicht *zwangsläufig* ein Gewalthandeln. Dem Risiko erfahrener innerfamiliärer Gewalt für die eigene Gewaltbereitschaft können Schutzfaktoren entgegenstehen. So zeigt u. a. eine sichere, positive emotionale Bindung zu einem der beiden Eltern oder einer anderen Vertrauensperson lang anhaltende vorteilhafte Effekte und bietet für das Kind einen gewissen Schutz vor der Wirkung negativer, eine dissoziale Entwicklung begünstigende Einflüsse. „Es tritt ein puffernder Effekt in dem Sinne auf, daß auch im Falle von Gewalterfahrungen in der Kindheit das Risiko aktiven Gewalthandelns geringer ist als dann, wenn keine solche Bindung existiert" (Pfeiffer et al., 1999b, S. 32). Generell können positive Erfahrungen die defizitären in ihrer Wirkung schwächen oder gar dazu führen, dass diese Wirkung aufgehoben wird. Andere Beziehungspersonen z. B. können als alternatives positives Lernmodell fungieren, sodass ein negatives Elternvorbild an Einfluss verliert.

## Gewalthaltige Medienprodukte

Die Diskussion um positiv oder negativ wirksame Modelle war und ist immer wieder Anlass, die Bedeutung des Konsums von gewalthaltigen Filmen, Videos und Computerspielen für die Ausprägung der Bereitschaft zum Gewalthandeln zu untersuchen. Die hierbei zu Tage tretende Kontroverse in der Frage der Wirkung von Mediengewalt kann nur zu einem Teil mit schwer zu lösenden methodischen Problemen des Untersuchungsdesigns begründet werden (gleichzeitige Kontrolle aller maßgeblichen Einflussgrößen). Daneben gibt es massive kommerzielle Interessen, die eine unseriöse Auftrags„forschung" bemühen, um sich die Unbedenklichkeit von Gewaltdarstellungen bestimmter Medienprodukte oder gar positive Effekte durch den Gebrauch von Computerspielen für kognitive Prozesse der Konsumenten attestieren zu lassen. Im völligen Gegensatz dazu weisen z. B. amerikanische Psychologen (u. a. der frühere Militärpsychologe und Offizier Dave Grossman) darauf hin, dass Killer-Computerspiele gezielt in der Vorbereitung von Soldaten für Kriegseinsätze Verwendung finden, um beabsichtigte Reaktionen des Ausschaltens des Gegners zu trainieren und eine Schwächung (oder gar den Abbau) natürlicher Tötungshemmungen zu erreichen, und das, wie es heißt, mit Erfolg. Diese Spiele sollen auch bei deutschen Jugendlichen und jungen Erwachsenen im Umlauf sein.

### Filme und Fernsehen

Zweifellos wird die Erziehung der Kinder durch Eltern und Lehrer in ihrer Wirkung durch Medien wie Film und Fernsehen modifiziert. Wir wissen, dass vor allem Jugendliche das Fernsehen und auch den Film zur Orientierung benutzen. Die Medien bieten ihnen Lösungen für Probleme und Krisen, sie sind an der Sozialisation beteiligt (Schorb, 1994; siehe Theunert, 1996).

Der Leipziger Professor für Medienpädagogik Schorb hat den Einfluss visueller Medien auf Lebensvorstellungen, Vorbilder und Konfliktbewältigung von Jungen untersucht. Die resultierenden Lebensgefühle und Überzeugungen der Jugendlichen lassen sich zusammengefasst so formulieren:

- Der Mann wird in einer Welt voller Gefahren bedroht und setzt sich kämpferisch zur Wehr, um sich zu behaupten. Angriff ist die beste Verteidigung.
- Gewalt ist das Mittel der Konflikt- und Problemlösung, sie bringt Anerkennung.
- Der Mann ist ein einsamer Wolf, er kämpft allein und verlässt sich nur auf sich selbst.

Offenbar gehen Jungen demnach davon aus, dass die Welt mit Gewalt zu ordnen ist. Die Studienergebnisse werden als Hinweis darauf gewertet, dass der hohe Anteil von Gewalt- und Actionfilmen im Fernsehen wesentlich zu einer gewaltorientierten männlichen Sozialisation beiträgt.[22]

Eine ganze Reihe von Aggressionsforschern geht vom Risiko negativer Auswirkungen filmischer Gewaltdarstellungen auf Zuschauer aus (siehe hierzu eine Zusammenfassung bei Häfner, 1992), wobei freilich auch die Art der Darstellung eine entscheidende Wirkungsvariable ist:

- Zuschauern werden aggressive Verhaltensstile vermittelt.
- Es erfolgt ein Abbau von Hemmungen, vor allem durch solche Darstellungen, welche die Gewaltausübung verherrlichen oder rechtfertigen (legitimieren).
- Es kommt zu einer Einstellungsänderung gegenüber Gewalt und menschlichem Leiden im Sinne von Gleichgültigkeit, Unempfindlichkeit, Mitleidlosigkeit.
- Es tritt eine Gewöhnung (Desensibilisierung) an Gewalt ein im Sinne von Abstumpfung.
- Es werden verzerrte Vorstellungen über soziale Beziehungen und Konfliktlösungen vermittelt, die am ehesten in einem aggressiven und gewaltsamen Verhaltensmuster möglich erscheinen (Veränderungen des Realitätsbewusstseins).

---

22 Es ist anzumerken, dass Jungen in ihrer Sozialisation auf vielfältige Weise frühe Gewalterfahrungen machen (u. a. in der Schule, vielleicht auch in der eigenen Familie, in der Clique ... ). Jungen und Männer werden mit einem Bild von Männlichkeit konfrontiert, in dem Gewalt eine große Rolle spielt. Es gibt kaum Vorbilder des „gewaltlosen Mannes". Jungen erleben das eigene Geschlecht als wenig emotional. Ein „richtiger Mann" verhält sich cool. Emotionen müssen abgewehrt werden, sie werden nicht zugelassen, um den Angstdruck zu mindern, nicht als „ganzer Kerl" zu gelten.

Aufgrund der Ergebnisse einer umfangreichen frühen deutschen Filmwirkungs-Studie (Heinrich, 1967) spricht Roth (1967, S. 9) davon, „daß im intensiven Filmerleben eine dem Lernprozeß analoge, die Einstellung und das Verhalten ändernde Einflußnahme vor sich geht". Freilich hängt das Auftreten oder Nichtauftreten realen Aggressionsverhaltens sicher nicht ausschließlich von der veränderten Einstellung zur Aggression, sondern vielmehr noch von weiteren Faktoren ab, die in der individuellen Lerngeschichte, in verinnerlichten Moralvorstellungen, auch in aktuellen Lebensumständen sowie situativen Momenten begründet sein können (siehe hierzu auch Süllwold, 1967). Effekte aggressiver und brutaler filmischer Darstellungen unterliegen selbstverständlich auch dem Einfluss von primären Merkmalen und Eigenschaften der Person des Zuschauers, u. a. dem Einfluss von Faktoren wie Geschlecht, Lebensalter und Schulbildung (s. Heinrich, 1967). Bereits die Auswahl der Filmprodukte wird durch primäre persönliche Merkmale bestimmt (Filmkonsumverhalten). So werden Action- und Gewaltfilme eher von solchen Jugendlichen bevorzugt,

- die primär bereits eine extreme Ausgangseinstellung zur Aggression besitzen,
- die über einen geringen Selbstwert verfügen und sich im sozialen Kontakt mit anderen eher minderwertig fühlen,
- die frustriert dazu neigen, in filmische Scheinwelten zu flüchten, in denen sie sich identifikatorisch groß, stark und dominant fühlen können.

Vor allem zuletzt genannte Jugendliche suchen einen Ausgleich in den Handlungsmustern von Actionhelden (Defizitausgleich) (Groebel, 1995).

Untersuchungen aus den USA haben sich der Frage von möglichen *langfristigen* Wirkungen gewalthaltigen Fernsehkonsums gewidmet. Langzeitstudien, die 15 Jahre und länger liefen, stellten Zusammenhänge zwischen dem Konsum von TV-Gewalt in der Kindheit und aggressivem Verhalten als Erwachsener fest. Es wird ein kausaler Einfluss angenommen (Huston & Wright, 1998).

### Video- und Computerspiele

Amerikanische Forscher (Anderson & Bushman, 2001) haben eine Vielzahl von Studien zu den Effekten von gewalthaltigen Videospielen gesichtet und deren Ergebnisse (in einer umfangreichen Meta-Analyse) ausgewertet. Ihr Resümee:

- Die Beschäftigung mit gewalthaltigen Videospielen zeigt negative Auswirkungen im Sinne einer Zunahme aggressiver Emotionen, aggressiver Gedanken und aggressiven Verhaltens.
- Sie zeigt eine Abnahme prosozialen Verhaltens im Sinne von Hilfeleistungen.
- Die genannten Wirkungen sind bei Konsumenten beiderlei Geschlechts sowie bei Kindern, Jugendlichen und auch Erwachsenen festzustellen.

In Langzeitstudien aus den USA, Japan und Deutschland werden Spieler in zeitlichen Abständen immer wieder untersucht und ihre Entwicklung beobachtet. Für Konsumenten von Gewalt-Computerspielen findet sich eine Zunahme an Aggressivität, wobei auch deren Ausgangsaggressivität berücksichtigt wird. D. h. diejenigen, die primär bereits aggressiv sind, werden mit der Zeit noch aggressiver (siehe C. Anderson im Interview: Paulus, 2009).

In deutschen Langzeit-Studien von 2004 bis 2006 der Universität Potsdam (Möller, 2006; Möller & Krahé, 2009) wurden ebenfalls Auswirkungen des Konsums von Computerspielen mit hohem Gewaltinhalt an insgesamt annähernd 5 000 Personen untersucht. In unterschiedlichen Methoden wurden die Wirkungen von gewalthaltigen und gewaltfreien Spielen getestet. U. a. werden folgende Ergebnisse berichtet:

- Der Konsum von Spielen erheblichen Gewaltinhalts erhöht die Aggressionsbereitschaft sowohl bei Kindern und Jugendlichen als auch bei Erwachsenen.
- Die These, dass sich primär aggressive Menschen von Gewaltspielen angezogen fühlen und daher eigentlich nicht den Spielen die aggressionsfördernde Wirkung angelastet werden könne, wird nicht bestätigt.
- Es besteht ein Zusammenhang zwischen der Intensität der Beschäftigung mit Gewaltspielen (Kampfspiele u. ä. Genres) und dem Ausmaß der Aggressionsbereitschaft. Die Zustimmung Jugendlicher zu physisch aggressiven Verhaltensweisen als normale angemessene Reaktion auf einen Konflikt wächst entsprechend an. Jugendliche sind zunehmend geneigter, in aggressivem Verhalten eine erfolgversprechende Konfliktlösungsstrategie zu sehen, die in realen Situationen dann auch eingesetzt werden kann.[23]
- Es besteht ein Zusammenhang zwischen der Intensität der Beschäftigung mit Gewaltspielen und dem Andauern der Aggressionsbereitschaft. Die Auswirkungen der Beschäftigung mit Gewaltspielen im Sinne einer verstärkten Aggressionsbereitschaft waren auch noch 2 ½ Jahre später festzustellen.
- Gewaltverherrlichende Medien führen bei den Konsumenten zu einer Abnahme ihrer Empathiefähigkeit.

Möller stellt heraus, dass in Computer-Gewaltspielen physische Gewalt beobachtet, in der Interaktion durch den Konsumenten (im virtuellen Raum) eingeübt und damit als Verhaltensmuster angeeignet wird.

Auch der Neurowissenschaftler und Gehirnforscher Spitzer betont, dass der aggressionsfördernde Effekt bei virtuellen Gewaltspielen wegen ihres interaktiven Charakters besonders groß ist. Er äußert: „Während im TV die Gewalt nur konsumiert wird, kann sie bei Computerspielen auch noch aktiv trainiert werden" (M. Spitzer, zitiert nach Koch, 2009, S. 366).

---

23 Dies unterstützt die Einschätzung von Tilo Hartmann, der an der Freien Universität Amsterdam die „moralischen Implikationen von Computerspielen" untersucht. Er geht davon aus, dass Menschen in der interaktiven virtuellen Welt der Computerspiele spontan dieselben moralischen Bewertungen vornehmen wie in der Realität.

Viele Forscher, die sich mit den Effekten des Konsums gewalthaltiger Medien befassen, weisen insbesondere mit Blick auf Konzeptionen von Gewalt-Computerspielen auf das Faktum systematischen Lernens hin. Die Spielehersteller machen sich die Erkenntnisse aus der Lernpsychologie zunutze. Ihre Produkte sind „effektive Lehrer der Aggression" (siehe D. Gentile, zitiert nach Koch, 2009, S. 366).

Nach Anderson (siehe Interview: Paulus, 2009) sind es Lernprozesse, die eine Aggressivitätssteigerung der Gewaltspiel-Konsumenten erklären:

- Es finden Veränderungen im Denken statt, indem neue Gedankenmuster entstehen. Der Konsument lernt, Gefahren früh zu erkennen und in entsprechender Weise zu reagieren, in Gewaltspielen eben mit Gewalt, indem der Feind ausgeschaltet wird, und zwar jeweils mit den Waffen, die zur Verfügung stehen.
- Diese Situation wird immer und immer wieder geübt. Man lernt, dass sich aggressives Verhalten lohnt. Der Spieler wird auf vielfältige Weise für dieses aggressive Verhalten belohnt, und damit wird auch ein entsprechendes Denken und Handeln bekräftigt (verstärkt).
- Es erfolgt eine Abstumpfung früherer Gefühlsreaktionen auf Gewaltszenen im Sinne von Desensibilisierung.

Pfeiffer (2003) schätzt, dass sich in Deutschland ca. 20 % der 12- bis 17-jährigen männlichen Jugendlichen „in einem Zustand der ‚Medienverwahrlosung'" befinden. Sie beschäftigen sich in ihrer Freizeit vorwiegend mit dem Anschauen von Gewalt- und Actionfilmen und nutzen Computerspiele jugendgefährdenden Inhalts. Empirische Befunde weisen darauf hin, „dass sich bei einer kleinen Risikogruppe von fünf bis zehn Prozent der männlichen Jugendlichen solche Filme unmittelbar auf ihre persönliche Gewaltbereitschaft auswirken. Bei diesen Jugendlichen, die aufgrund von familiären und sozialen Belastungsfaktoren (also zum Beispiel innerfamiliärer Gewalt, emotionaler Vernachlässigung oder Schulversagen) als besonders gefährdet einzustufen sind, können exzessive Gewaltszenen direkt als Identifikations- und Handlungsmuster fungieren" (Pfeiffer, 2003, S. 4).

Die deutschen Forscher Hopf, Huber und Weiss haben auf dem internationalen Kongress „Computerspiele und Gewalt" (München, 2008) ihre Langzeitstudie vorgestellt. Sie untersuchten längerfristige Wirkungen von gewalthaltigen TV-Sendungen, Horror- und Gewaltfilmen sowie Computerspielen bei Kindern und Jugendlichen. Die Wissenschaftler gehen u. a. davon aus, dass im Vergleich zu anderen Risikofaktoren die aktive Beschäftigung mit elektronischen Gewaltspielen den stärksten Risikofaktor für Gewaltkriminalität darstellt (Hopf et al., 2008).

### 1.2.3 Beispiel Amoklauf – ein multifaktoriell begründetes Gewaltverhalten

Im Folgenden wird auf School Shootings eingegangen, eine Form der schweren Schulgewalt, die unter Einsatz von (Schuss-)Waffen zielgerichtet und mit Tötungsabsicht gegen Personen im schulischen Milieu (Lehrpersonen, Schüler/Schülerinnen) ausgeübt wird. Wegen der Ähnlichkeiten mit Amokläufen (Scheithauer & Bondü, 2008) werden hier die Begriffe „School Shootings" und „Amoktaten" nebeneinander verwendet.

Von dem 19-jährigen Schüler Robert Steinhäuser aus Erfurt, der in einem Amoklauf 16 Menschen tötete, wird gesagt, er sei ein „Fan von Action-Filmen, Ego-Shooter-Spielen und aggressiven Musiktiteln" gewesen (Pfeiffer, 2003). Immer dann, wenn Amok laufende Menschen schwere Gewalttaten begehen, werden wir mit einem bekannten Berichterstattungsmuster konfrontiert. Es wird einmal mehr die Frage nach den Ursachen gestellt, die dann auch häufig u. a. mit der Vorliebe der Täter für Gewaltspiele beantwortet wird. Mediengewalt zählt zwar in diesem Zusammenhang zu den Risikofaktoren und darf nicht unterschätzt werden (Anderson, 2006). Die Schlussfolgerung jedoch, dass der Konsum von Mediengewalt Menschen zu Amokläufern werden lässt, ist zu simpel. Sie trifft nicht zu.[24]

Amokläufer sind keine einheitliche (homogene) Gruppe. Obwohl sich manche zu ähneln scheinen, gibt es kein eindeutiges Täterprofil. Oft sind sie bis zu ihren Taten nie durch Gewalthandeln aufgefallen. Bei Menschen, die „plötzlich" ein derart extremes Verhalten zeigen, lassen sich eine ganze Reihe von Risikofaktoren eruieren, die bereits längere Zeit oder sehr lange bestehen und sich wechselseitig beeinflussen. Erklärungen für die Taten junger Amokläufer sind zahlreich.

Aufgrund von Fallanalysen werden im Hinblick auf School Shootings folgende Risikofaktoren diskutiert, die den Bereichen Persönlichkeit, soziales Umfeld und aktuelle Lebenssituation entstammen:

- narzisstische Persönlichkeitszüge,
- geringe Frustrationstoleranz,
- Außenseiterdasein, sich benachteiligt, unverstanden fühlen,
- soziale Zurückweisung oder Isolation,
- lang anhaltende Kränkung/Mobbing (Schikanen, Erniedrigung),

---

24 Auch wenn über Geschehnisse von jungen Amok-Gewalttätern in allen Medien und sehr eingehend berichtet wird, ist doch festzuhalten, dass sie nichts mit typischen Formen von Jugendgewalt zu tun haben. Es handelt sich um sehr seltene Ereignisse außergewöhnlicher Gewaltstraftaten. Dennoch müssen wir uns intensiv mit ihnen auseinandersetzen. Die verkürzten Debatten um Amokschützen – ob in den USA oder in Deutschland – verstellen den notwendigen Blick auf sehr ernsthafte Probleme dieser Gesellschaften. Allein in Deutschland haben sich in der Zeit von 1999 bis 2009 insgesamt 11 School Shootings ereignet (Bondü & Scheithauer, 2009).

- selbst erfahrene Gewalt im Elternhaus/in der Schule (Bullying),
- schulisches Versagen,
- psychische Probleme (Depressionen, suizidale Tendenzen, Selbstzweifel, Minderwertigkeitsgefühle),
- hohes Aggressionspotenzial (Hass auf sich selbst und andere, denen Feindseligkeit zugeschrieben wird),
- Bedürfnis nach „finaler Abrechnung",
- Gewaltfaszination („Gewalt ist geil"),
- Interesse an Waffen, Zugang zu und Kenntnisse im Umgang mit Schusswaffen,
- intensive Beschäftigung mit gewaltassoziierten Medieninhalten,
- Flucht in Gewaltfantasien als Kompensation negativer Erfahrungen und Belastungen, die schließlich auch zu Bestandteilen von Tatplanungen werden,
- egozentrische Ausrichtung auf die eigenen Bedürfnisse, die auch ein Einfühlen in den Schmerz und das Leiden der Opfer unmöglich macht,
- „eine letzte, die Tat begünstigende Erfahrung in Form eines schwerwiegenden Verlusterlebnisses wie einen Schulverweis, eine schwere Demütigung vor Anderen, die Zurückweisung durch eine geliebte Person oder fehlende Zukunftsperspektiven [...]" (Bondü & Scheithauer, 2009, S. 688).

Bei der Beleuchtung der Tathintergründe junger Amokläufer wird vernachlässigt, dass es den Tätern auch darum geht, die öffentliche Aufmerksamkeit auf sich zu ziehen, Beachtung erlangen zu wollen. Dem dient das sogenannte Leaking. „Dabei handelt es sich um Ankündigungen der Taten durch die späteren Täter, bei denen diese ihre Tatideen, -fantasien oder gar -planungen ‚durchsickern' lassen" (Bondü & Scheithauer, 2009, S. 689). Die Art und Weise, wie solche häufig auch wiederholten (variierten) Ankündigungen erfolgen, kann zwar sehr verschieden sein, sie sind aber – jedenfalls bislang – nach der Analyse amerikanischer und deutscher School Shootings in allen Fällen registriert worden (siehe Bondü & Scheithauer, 2009). „Leaking ist somit ein beobachtbares Warnsignal", das zudem verdeutlicht, dass School Shootings nicht impulshaft geschehen, ihnen vielmehr ein längerfristiger Prozess von Entwicklung und auch Planung vorausgeht (vgl. Bondü & Scheithauer, 2009, S. 689).

Das Phänomen der Aufmerksamkeitssuche ist nicht neu, es ist seit über 2000 Jahren durch die Herostraten[25] bekannt. Als der 18-jährige Sebastian B. (Emsdetten) sich mit vier Gewehren, dreizehn Rohrbomben und Sprengstoff rüstete, um seine ehemalige Schule aufzusuchen, soll er im Internet geäußert haben: „Bevor ich gehe, werde ich euch einen Denkzettel verpassen, damit mich nie wieder ein Mensch vergisst!" (Belwe, 2009, S. 36). Auch Tim K. (Schulamoklauf in Winnenden) wollte die ersehnte Aufmerksamkeit durch sein verbrecherisches Tun erlangen. Vielleicht erstreben junge Amoktäter sowohl eine Kom-

---

25  Der Epheser Herostratos steckte 356 v. Chr. den Artemistempel in Ephesos in Brand. Wie überliefert wird, tat er dies aus Gründen, Anerkennung und Ruhm zu erlangen. Seitdem werden Menschen, die aus ähnlichen Motiven zerstörerische Handlungen begehen, auch als Herostraten bezeichnet.

pensation ihres als defizitär empfundenen Daseins als auch die Vergeltung für erfahrene Ungerechtigkeiten. Als „Herr über Leben und Tod" erleben sie sich kurzzeitig als übermächtig, als omnipotent. Die Machtverhältnisse werden umgekehrt. Im Zentrum des allgemeinen Interesses zu stehen, endlich beachtet zu werden, entschädigt jedenfalls vorübergehend für all die Kränkungen und Benachteiligungen der Vergangenheit.[26]

Dass Amoktäter (Herostraten) sich nach ihren Gewalt- und Tötungshandlungen häufig selbst umbringen, ist Ausdruck dessen, die Erniedrigung durch Verurteilung und Strafe nicht ertragen zu können. Die Inszenierung des Suizids spricht zugleich auch dafür, dass die Täter der Gesellschaft Schuld zuweisen und deutlich machen, dass sie es ist, die dem Herostraten keinen Ausweg ließ und ihn in den Tod trieb. Diese Schuldzuweisung hat der School Shooter Sebastian B. (Emsdetten) in seiner Interneteintragung vorgenommen, indem er schrieb: „Ihr habt diese Schlacht begonnen, nicht ich. Meine Handlungen sind ein Resultat eurer Welt, eine Welt, die mich nicht sein lassen will, wie ich bin" (Belwe, 2009, S. 39).

## 1.3 Anmerkungen zur Prävention von Gewaltdelinquenz und zur Therapie von Tätern

Auch das Beispiel des Amoklaufs als ein selten auftretendes, außergewöhnliches Gewalthandeln macht deutlich, dass für die Entstehung der Gewaltbereitschaft und das Auftreten entsprechenden delinquenten Handelns von Menschen der Einfluss einer ganzen Reihe von Risikofaktoren aus der individuellen Entwicklung und Lebensgeschichte gesehen werden muss. Trotz unterschiedlicher Bemühungen ist in Zukunft sicher mit weiteren School Shootings zu rechnen. Umso wichtiger sind präventive Maßnahmen, die solchen Geschehnissen rechtzeitig begegnen und sie womöglich verhindern können. Die zu eruierenden sogenannten Risikofaktoren im Hinblick auf School Shootings (siehe Kap. 1.2.3) sind retrospektiven Fallanalysen entnommen. Gleichwohl ist ihr prädiktiver Wert begrenzt, was ihren konkreten Nutzen für eine Früherkennung potenzieller Täter einschränkt. School Shootings vorzubeugen trifft auf eine Rei-

---

26 Medien bedienen dieses Bedürfnis in hohem Maße. Es gibt nicht wenige Beispiele, in denen Medien (wie TV) die Inszenierung der Selbstdarstellung von Gewalttätern massiv unterstützt haben. Mehr noch ist es heute das Internet, das die ganze Welt zum Beobachter auch verbrecherischen Handelns macht – „das begünstigt Verbrechen" (Haller, 2010, S. 63). In diesem Zusammenhang werden seit längerem mögliche Imitationseffekte diskutiert, weshalb auch unter präventiven Aspekten besonders eingehende und zeitintensive Medienberichterstattungen zu Fällen von schweren Gewalttaten überdacht werden sollten. Hierbei geht es nicht zuletzt um die Art und Weise der Darstellungen, z. B. der Täter, ihrer Motive und Absichten, und auch darum, ob und welcher Raum zugleich den Opfern gegeben wird.

he von Schwierigkeiten. Ihr Auftreten ist äußerst selten. Es besteht die Gefahr, Merkmalsträger von Risikoaspekten fälschlicherweise als potenzielle Täter zu identifizieren – mit allen sich daraus ergebenden Konsequenzen für die Betroffenen. Dies umso eher, als die benannten Risikofaktoren einen Mangel an Spezifität aufweisen. Insbesondere einzeln betrachtet haben sie einen hohen Verbreitungsgrad unter Jugendlichen und Heranwachsenden. Hinzu kommt, dass junge Amoktäter mitunter auch andere als die genannten Risikofaktoren realisieren. Aus dem Gesagten geht hervor, dass die als Risikofaktoren diskutierten Aspekte im Umgang mit Jugendlichen und Heranwachsenden zwar bedeutsam sind (z. B. auch in der Jugendhilfe und Jugendlichentherapie), eine (primäre) Prävention und Verhinderung von School Shootings aber nicht gewährleisten können. Wir treffen bei jungen Amokläufern nicht auf einzelne riskante Faktoren, vielmehr sind ihre „Taten […] Ergebnis eines langfristigen Interaktionsprozesses vielfältiger personaler und situativer Faktoren […].“ „Deutlich wird, dass ein Zusammenspiel individueller Vulnerabilitäten (als grundlegende Voraussetzung für eine entsprechende Entwicklung), psychosozialer (als Katalysator für die Weiterentwicklung einer Person in Richtung einer Tat) und struktureller Risikofaktoren Voraussetzung einer Tat ist“ (Bondü & Scheithauer, 2009, S. 692). Um derart schwere Gewalttaten, wie sie School Shootings darstellen, zu verhindern und auf potenziell gefährliche Jugendliche und Heranwachsende einzuwirken, sind am erfolgversprechendsten Maßnahmen sekundärer Prävention zu ergreifen. Sie zielen allesamt auf die Vorfelderkennung potenzieller Täter ab, wobei „Ansatzpunkt für die frühzeitige Identifikation auffälliger Personen sowie die Initiierung geeigneter präventiver Maßnahmen beobachtbare, auffällige Verhaltensweisen und Äußerungen im Sinne von Leaking darstellen“ (Bondü & Scheithauer, 2009, S. 694). Es sind dies mehr oder weniger detaillierte Andeutungen, Ankündigungen von Tatfantasien und -ausführungen sehr unterschiedlicher Art. Da ein solches Leaking – wie Bondü & Scheithauer (2009) darlegen – nach bisherigen Erfahrungen eigentlich regelmäßig im Vorfeld von School Shootings stattfindet, d. h. in dem der Tatausführung vorausgehenden längerfristigen Entwicklungs- und Planungsprozess beobachtbar ist, können mit der entsprechenden Besonnenheit weitere Abklärungen erfolgen und Informationen gewonnen werden, die letztlich zu einer ausreichend sicheren Einschätzung einer Bedrohungs- und Gefahrenlage führen („threat assessment“, siehe u. a. Fein et al., 2002; Hoffmann, 2003). Hieraus resultieren schließlich die Gefahrenabwehr und auch mögliche Interventionen – einschließlich Hilfe- und Therapieangebote – für die betreffende Person, von der die dann hoffentlich gebannte Gefahr ausgegangen ist. Für ein solches „threat assessment“ sind geeignete Personen (Lehrer, Schulpsychologen, Polizisten) vorzusehen, die entsprechend weiterqualifiziert werden sollten (Bondü & Scheithauer, 2009).

Generell gilt es, Gewalthandlungen – in welchem Kontext auch immer – vorzubeugen. Dem dienen präventive Maßnahmen und Programme, wie sie mit Erfolg auch in Deutschland durchgeführt werden (siehe u. a. Cierpka, 2004; Scheithauer, Bondü, Niebank & Mayer, 2007). Therapien von Gewalttätern, die nicht selten als Folge negativer Entwicklungen schwere Störungen aufweisen, gehören selbstverständlich zu den Forderungen nach Prävention.[27] Die Notwendigkeit der Therapie von Tätern mit Gewaltdelikten wird jedoch häufig nicht gesehen, am ehesten noch bei gegebenen Tötungsdelikten (§§ 211, 212, 226 StGB: Mord, Totschlag, Körperverletzung mit Todesfolge). Für die Gruppe junger Tötungsdelinquenten stellen Hinrichs, Köhler und Repp (2004, S. 145) fest: „Wenngleich einige Täter vor Deliktbegehung vollständig unauffällig erschienen, sind die meisten soziobiographisch erheblich belastet, weisen eine Störung der Persönlichkeitsentwicklung sowie des Sozialverhaltens auf und stammen oft aus sozial randständigem Milieu." Die Therapie ist den Erfordernissen des Einzelfalles anzupassen. Die Gruppe der Gewaltdelinquenten ist sehr heterogen, sodass es keine Standardtherapie geben kann. Jede Form von Therapie sollte allerdings eine Auseinandersetzung mit der Straftat zum Inhalt haben. Von großer Bedeutung in der Behandlung und Prävention von Aggressionstätern sind soziale Kompetenztrainings, Ärgerkontrolle und die Entwicklung der Empathiefähigkeit, gegebenenfalls auch eine Pharmakotherapie (siehe Nedopil, 2000), insbesondere bei Vorliegen psychotischer Störungen. Suchterkrankungen (Drogen- und/oder Alkoholabhängigkeit) erfordern entsprechende Entzugsbehandlungen, aber auch eine Therapie der ihnen zugrundeliegenden psychischen Störungen der Betroffenen.

Gewalttäter werden nicht als solche geboren. Die Gewaltbereitschaft von Menschen entwickelt sich, auch unter Beteiligung vielfältiger, negativ wirksamer Einflüsse, die u. a. von der Herkunftsfamilie, von Menschen, denen wir uns zugehörig fühlen, sowie von einer gewaltträchtigen Medienwelt und Gesellschaft ausgehen. Mit frühen präventiven Maßnahmen das Verhalten gefährdeter und gewaltgeneigter Menschen positiv beeinflussen zu wollen (Verhaltensprävention) ist gut, reicht aber nicht. Es müssen sich auch die Verhältnisse ändern (Verhältnisprävention). Gemeint ist die Einflussnahme auf all die Gegebenheiten und Strukturen, welche Gewalt tolerieren, fördern, unterstützen oder verharmlosen.

---

27 Zur Wirksamkeit von Straftäterbehandlungen siehe auch Kapitel 5

# 2 Zur Gefährlichkeit von Gewalttätern

Angesichts begangener schwerer Straftaten und der anstehenden Entlassung von Delinquenten aus der Haft oder Unterbringung führen Ängste und Sorgen in der Bevölkerung immer wieder zu einer auch im politischen Raum wenig hilfreichen Diskussion über den Umgang mit gefährlichen (persönlichkeitsgestörten) Straftätern. Hierzu hatte zweifellos auch die 2004 eingeführte, von Anfang an umstrittene sogenannte *nachträgliche* Sicherungsverwahrung beigetragen. So äußerte sich der Kriminologe Arthur Kreuzer (2008) in einem Interview zur nachträglichen Sicherungsverwahrung auch für jugendliche Straftäter kritisch: „ … entgegen der öffentlichen Wahrnehmung gibt es gar nicht so viele derart schwere Straftaten und gefährliche Täter". Kreuzer spricht vom „Sicherheitswahn" und der „Symbolpolitik des Gesetzgebers". Man reagiere auf „spektakuläre Einzelfälle".

Vielfach wird die Gefährlichkeit eines Delinquenten (z. B. eines Sexualstraftäters) über die Manifestation von Gewalthandeln definiert, was am ehesten auf Gewalttäter zutrifft. Das Gewalttatrisiko eines Menschen wird wesentlich durch eine in der Persönlichkeit liegende Tendenz zu aggressivem Handeln bestimmt. Weitere Faktoren wie z. B. Suchtmittelgebrauch erhöhen dieses Risiko. Gemeinhin ergibt sich die Gefährlichkeit von Gewalttätern aufgrund der Erwartung weiterer Gewaltdelikte der Täter sowie des Ausmaßes der dabei festzustellenden Gewaltanwendung.

Der Gesetzgeber spricht zwar verschiedentlich die „Gefährlichkeit" von Delinquenten an, ohne diese aber verbindlich zu definieren. Äußerst problematisch wäre es, aus einer bloßen Gefährlichkeits- oder Ungefährlichkeits*vermutung* in Bezug auf einen Delinquenten Entscheidungen über seine Freilassung oder einen Freiheitsentzug abzuleiten. Die „Gefährlichkeit" eines Straftäters wird nach deutschem Strafrecht angenommen, wenn von ihm auch zukünftig gravierende Normverletzungen zu erwarten sind.[28] Hierzu ist eine prognostische Einschätzung erforderlich, die gegebenenfalls die Verhängung freiheitsentziehender Maßregeln der Besserung und Sicherung zur Folge haben kann. Auch im Hinblick auf Entscheidungen über die Aussetzung des Restes von (lebenslangen oder über zwei Jahre andauernden, befristeten) Freiheitsstrafen zur Bewährung ist bei Gewalt- oder Sexualstraftätern eine prognostische Einschätzung gefordert. Der hiermit beauftragte Sachverständige hat sich „na-

---

28  Gefährlichkeit könnte z. B. in immer wiederkehrenden Taten von Einbrüchen und der sich daraus ergebenden Gefahr schwerer wirtschaftlicher Schäden ihren Ausdruck finden.

mentlich zur Frage zu äußern, ob bei dem Verurteilten keine Gefahr mehr besteht, dass dessen durch die Tat zutage getretene Gefährlichkeit fortbesteht" (§ 454 StPO). Endres (2004, S. 178) betont, dass damit vom Sachverständigen „keine absolute Aussage" erwartet wird, vielmehr eine individuelle Risikoanalyse: „Es geht darum festzustellen, worin die spezifische, in der Tat zutage getretene Gefährlichkeit bestanden hat, also welches die Voraussetzungen der Straftat in der Person des Täters waren, und ob die in der Haft oder Unterbringung erfolgte Behandlung oder andere Effekte im Laufe der Zeit diese Voraussetzungen ausreichend modifiziert haben."

Die häufigsten Prognosebegutachtungen betreffen den Umstand beabsichtigter Vollzugslockerungen oder Urlaub aus der Haft. Nach dem Strafvollzugsgesetz dürfen Vollzugslockerungen (§ 11 StVollzG: Ausführung, Ausgang, Außenbeschäftigung, Freigang) oder Urlaub aus der Haft (§ 13 StVollzG) nur dann gewährt werden, „wenn nicht zu befürchten ist, dass der Gefangene sich dem Vollzug der Freiheitsstrafe entziehen oder die Lockerungen des Vollzuges zu Straftaten mißbrauchen werde". Die Frage der Verantwortbarkeit von Lockerungen ist besonders gründlich zu prüfen, wenn sich der Gefangene wegen einer Straftat gegen die sexuelle Selbstbestimmung oder wegen einer „groben Gewalttätigkeit" gegen Personen in Haft befindet. Die Begutachtung der Eignung eines Inhaftierten für Vollzugslockerungen hat zunächst eine allgemeine prognostische Beurteilung zu leisten und schließlich dazu Stellung zu nehmen, ob eine Gefährlichkeit „bereits unter den relativ strukturierten Bedingungen" beabsichtigter Vollzugslockerungen eintreten kann. „Zur Einschätzung der Fluchtgefahr kommt es insbesondere auf eine Prüfung der sozialen Bindungen an und der Fähigkeit des Gefangenen zum Bedürfnisaufschub bzw. seiner Impulsivität" (Endres, 2004, S. 178).

Die Prognose der Gefährlichkeit eines Inhaftierten ist „eine Aussage darüber, ob der als gefährlich Beurteilte *in Zukunft* durch sein Verhalten eine Gefahr für andere darstellen wird" (Endres, 2002, S. 3). Die zu erstellende Kriminalprognose ist nach Kröber (2006a, S. 71) die „Einschätzung der Gefährlichkeit eines Menschen und der Möglichkeit, die damit verbundenen Risiken unter Kontrolle zu halten". Die hierbei zu leistende Begutachtung eines Inhaftierten darf sich nicht allein auf seine aktuelle Situation und die derzeitige Verfassung des Delinquenten richten, sondern muss im Wesentlichen auch die Zukunft des Straftäters, stattgefundene Veränderungsprozesse und mögliche fortbestehende Risiken (Risikopotenziale) sowie Umstände, die für den Probanden Risikosituationen und -konstellationen darstellen, in den Blick nehmen. D. h., die mögliche Gefährlichkeit eines Straftäters wird in den Risikofaktoren des Delinquenten und in den anzunehmenden Risikokonstellationen zum Ausdruck gebracht. Eine überdauernde Gefährlichkeit eines Straftäters kann unmittelbar in den Eigenschaften seiner Person zutage treten und/oder in bestimmten kritischen Situationen des Delinquenten, wobei eine Gefährlichkeit in bestimmten Situationen freilich nicht unabhängig von der Person des Handelnden zu verstehen ist.

Kröber (2006a, S. 82) äußert, der Sachverständige habe den Auftrag der kriminalprognostischen Begutachtung „so zu verstehen, dass mit *Gefähr-*

*lichkeit* eine *relevant erhöhte individuelle Disposition zur Begehung erheblicher Straftaten* gemeint ist". Durch geeignete Interventionen kann diese individuelle Disposition womöglich im positiven Sinne beeinflusst werden. So ist z. B. bei einem chronisch schizophrenen Mann mit paranoider Symptomatik zwar grundsätzlich von einem erhöhten Risiko der Gewaltdelinquenz auszugehen, das aber unter einem qualifizierten Behandlungsregime – einschließlich der Möglichkeit in einer betreuten Wohngruppe zu leben – gemindert werden könnte. Hinsichtlich der Vorhersage gefährlichen Verhaltens ist der Blick auf die Wechselwirkung von Persönlichkeit und Situation zu richten. Es ist nicht allein die Person, die zu Gewalttaten neigen mag, es sind auch mögliche Situationen, welche die Gewalttätigkeit begünstigen oder gar fördern.[29] In einer prognostischen Einschätzung sind demnach die Persönlichkeit wie auch aus dem Lebenskontext sich ergebende mögliche zukünftige Situationen in ihrer Wechselwirkung mit dieser Persönlichkeit und deren Gefährlichkeitspotenzial zu berücksichtigen und zugleich Überlegungen der Veränderbarkeit individuell kritischer Situationen in die Beurteilung einzubeziehen.

Endres (2002, S. 4) betont die Wichtigkeit der Differenzierung zwischen Rückfallprognose und der Gefährlichkeitsbeurteilung, die mehr ist „als nur die Rückfallwahrscheinlichkeit zu beziffern". „Denn ‚Gefahr' oder ‚Gefährlichkeit' darf nicht gleichgesetzt werden mit der Wahrscheinlichkeit, daß ein Proband erneut eine Straftat begehen wird." Es sind *drei Aspekte* zu beachten (siehe Endres, 2002, 2004):

1. Die Wahrscheinlichkeit, dass der Proband in Zukunft wieder Straftaten begeht (quantitativer Aspekt).
2. Die Art/Schwere der Taten, die jemand begehen wird oder begehen könnte (qualitativer Aspekt).
3. Die Geschwindigkeit, mit der ein Rückfall eintritt (zeitlicher Aspekt).

Kröber spricht vom Gefährlichkeitspotenzial einer Person als „einer mehrdimensionalen Kapazität, die nicht ständig aktualisiert und manifestiert wird und die in ihrem Ausmaß von mehreren Faktoren abhängt" (siehe Kröber, 2006a, S. 82 f.):

---

29 Vielfach wird in diesem Zusammenhang auf die Bedeutung der Wirkung konsumierten Alkohols (auch der Konsequenzen des Alkoholismus) hingewiesen: „Es kommt häufig zu explosiblen Reaktionen, zu Gewalttaten, nicht nur gegen Sachen, sondern auch gegen Personen" (Göppinger, 1973, S. 165). Ebenso wird die Relevanz anderer Suchtmittel herausgestellt. So komme es z. B. unter Heroin- und Kokainwirkung bisweilen zu schweren Gewaltdelikten. Bekanntermaßen spielt der Alkoholmissbrauch bei der Manifestation von Aggressivität und Gewaltdelinquenz eine herausragende Rolle.

- von der Intensität und der Art des zu befürchtenden Verbrechens,
- von der Gegenwärtigkeit, zeitlichen Entfernung und Ausdehnung der Gefahr[30],
- von den individuellen Fertigkeiten der gefährlichen Person zur Durchführung gefährlicher Taten (Kraft, Intelligenz, Training, Alter etc.),
- von der sozialen Einbindung und den sozialen Interaktionen und ihrem zukünftigen Verlauf,
- von der Erforderlichkeit bestimmter Rahmenbedingungen für die Durchführung der Tat (hinsichtlich Tatort, Stimmung, vorheriger Berauschung etc.),
- von der Verfügbarkeit von Opfern.

Die Einschätzung einer fraglichen, zukünftigen Gefährlichkeit eines Straftäters – d. h. seiner Kriminalprognose – besteht demnach aus folgenden Teilbeurteilungen:

- der zu der (den) Anlasstat(en) führenden primären Gefährlichkeit des Täters (persönlichkeitseigene oder eher situative Aspekte und Faktoren, vorhandene psychische Störungen, Gewohnheiten, Verhaltensauffälligkeiten etc.?),
- der an die Tat(en) anschließenden Entwicklung, vor allem der Risikofaktoren einer fortbestehenden Gefährlichkeit (Änderungen und Stabilität dieser Änderungen durch Behandlung oder andere Interventionen?),
- dem aktuellen Entwicklungsstand des Probanden hinsichtlich seiner Risikopotenziale,
- der Perspektive des Straftäters in seinem zukünftigen Lebensumfeld (aus subjektiver und objektiver Sicht).

In einer Konklusion ist schließlich die Frage des Fortbestehens des Delinquenzrisikos zu beantworten und gegebenenfalls darzulegen, worin seine Minderung besteht, sodass „künftige erhebliche Straftaten unwahrscheinlich geworden sind oder zumindest – unter bestimmten Kautelen – der Weg von Lockerungen beschritten werden kann" (vgl. Kröber 2006a, S. 93).

Neuropsychiatrische Erkrankungen (z. B. Schädel-Hirn-Traumata, Tumorerkrankungen des ZNS) legen nahe, dass „neuroanatomische Strukturen und neurobiochemische Systeme eine entscheidende Rolle in der Modulation des Aggressionspotentials spielen" (vgl. Thome & Riederer, 1995, S. 29). Gefährlichkeitspotenziale von Probanden werden u. a. mit einer ganzen Reihe von psychischen Störungen im Zusammenhang stehend gesehen, wobei Divergenzen in den diesbezüglichen Einschätzungen eine notwendige

---

30 Es stellen sich Fragen, ob der kriminelle Rückfall zeitnah zu erwarten ist, also eine „gegenwärtige Gefahr" darstellt, auch Fragen nach der Stabilität und dem Überdauern der Gefährlichkeit. So macht es beispielsweise bei einer Störung der Sexualpräferenz einen Unterschied, ob diese als stabil oder nur vorübergehend auftretend (passager) einzustufen ist (Anmerkung durch den Verfasser).

Differenzierung vermissen lassen. Bestimmte Erkrankungen können gelegentlich Gewalttaten nach sich ziehen. In einer aufwändigen Untersuchung über „Gewalttaten Geistesgestörter" (Böker & Häfner, 1973) wurde festgestellt, dass bei einer Gesamtbetrachtung psychisch Kranker keine höhere Rate an schweren Rechtsbrüchen gegeben ist als beim Durchschnitt der Bevölkerung. Der Alkoholkonsum mit seinen akuten und chronischen Effekten erhöht allerdings das Gewalttatrisiko. Bezogen auf Intelligenzstörungen stellte Bresser (1983, S. 91) fest: „Teilweise sind Schwachsinnige für sexuelle Verfehlungen oder dissoziale Entwicklungen etwas anfälliger als die Normalbegabten." In der Verteilung von Unterbringungsdelikten bei intelligenzgeminderten Maßregelvollzugspatienten sind Personen mit Sexualdelinquenz (mit und ohne Gewalt) überrepräsentiert (Leygraf, 1988). Für Probanden mit einer schizophrenen Erkrankung ist sicher nicht global von einer Gefährlichkeit im Sinne eines erhöhten Risikos zur Gewaltdelinquenz auszugehen. Dies würde verkennen, dass es sich bei schizophrenen Störungen um eine *Gruppe* von Erkrankungen handelt und das jeweilige, oft recht individuell geprägte Symptombild entscheidend ist. So führt z. B. Göppinger (1973, S. 140) zu den Schizophrenien aus: „Am gefährlichsten ... sind die geordneten Wahnkranken, die es unter Umständen auch dem Sachverständigen schwer machen, das Gericht von ihrer Krankheit zu überzeugen, wenn sie durch Dissimulation die Erkennbarkeit der Krankheit für den Laien erschweren. Hierin liegen besondere Gefahren." Kröber (2006a) äußert ein erhöhtes Risiko zur Gewaltdelinquenz bei chronisch wahnkranken Männern. Generell sind bei der Risikoeinschätzung im Zusammenhang mit psychiatrischen Erkrankungen eine sehr genaue Diagnose und deren charakteristische Verlaufseigenschaften, auch prämorbid problematische Eigenschaften und Merkmale des psychisch Kranken zu beachten. Früh einsetzende sexuelle Devianz ist ein Risikofaktor für künftige schwere Sexualdelinquenz. Demgegenüber ist eine Sexualstraftat eines Jugendlichen als Ausdruck einer Reifungskrise kein Anlass zu einer übermäßigen Dramatisierung und Pathologisierung (Schöch, 2009[31]).

Mit bestimmten Persönlichkeitsstörungen werden Gefährlichkeitspotenziale verknüpft, zumal betroffene Delinquente mit einer erhöhten Gewaltbereitschaft als ausgesprochen rückfallgefährdet gelten (Dönisch-Seidel, 1998). So verweist Göppinger (1973, S. 153) u. a. auf den Fanatiker („Kampffanatiker"), der gefährlich werden könne, auf explosible Persönlichkeiten, „die beim geringsten Anlaß aufbrausen und oft zu Kurzschlußreaktionen und Gewalttaten neigen", und auch auf gemütlose Persönlichkeiten, die als „Gesellschaftsfeinde" anzusehen seien. Saß (2009) äußert, dass ca. 25 bis 30 % der Straftäter eine antisoziale Persönlichkeitsstörung (DSM-IV) bieten[32], die damit zu den größten Risikofaktoren für Delinquenz zu rechnen ist. Das Risiko erhöht sich noch

---

31  Vortrag von Prof. Dr. jur. Heinz Schöch auf dem Landespsychologentag Rheinland-Pfalz am 07.11.2009 (report psychologie, 35, 1/2010)
32  In der Gesamtbevölkerung liegt der Anteil bei etwa 3 % (Saß, 2009).

dadurch, dass die Betroffenen nicht selten aus Problemfamilien stammen[33] oder auch ein Suchtproblem haben und damit weitere Faktoren aufweisen, die kriminelles Verhalten begünstigen. Unter den rückfälligen Straftätern im Bereich der Gewaltkriminalität sind persönlichkeitsgestörte Probanden, die als antisozial einzustufen sind, überrepräsentiert (siehe u. a. Geerds, 1983). Empirisch ist bei Straftätern mit antisozialer Persönlichkeitsstörung das Rückfallrisiko groß, obgleich es auch vorkommt, „dass Menschen über viele Jahre alle möglichen Straftaten begehen und dann plötzlich damit aufhören" (Saß, 2009, S. 36). Tölle (1991) sieht ein Nachlassen der Brisanz der Störung mit dem Älterwerden der Betroffenen (siehe auch Kury, 2004). Über die gesamte Lebensspanne betrachtet, nehme die Entwicklung von etwa einem Drittel der Straftäter mit antisozialer Persönlichkeitsstörung einen ungünstigen Verlauf. Das Kriminalitätsrisiko bei dieser Persönlichkeitsstörung ist nach Saß (2009) im Wesentlichen darauf zurückzuführen, dass die Betroffenen keine Furcht haben und es ihnen an Empathie (Einfühlung) mangelt (eher im Sinne eines Defizits des Mitfühlens). Beides findet eine hirnphysiologische Entsprechung, wie experimentelle Untersuchungen zur emotionalen Aktivierung belegen.[34] Der Man-

---

33  Wie bei vielen psychischen Störungen und Verhaltensauffälligkeiten ist auch bei der Ursachenerklärung antisozialer Persönlichkeitsstörung nicht nur auf genetische und biologische, sondern auch auf Umwelteinflüsse hinzuweisen. Die Betroffenen wachsen nicht selten unter ungünstigen und schädlichen familiären Bedingungen auf. Es finden sich Vernachlässigung, Misshandlung und ein wenig liebevolles Familienklima. Gleichwohl sind ungünstige Umgebungsbedingungen nicht als Voraussetzung für die Entwicklung einer antisozialen Persönlichkeitsstörung zu sehen. Es wird aber von einer Wechselwirkung zwischen schädlichen Umwelteinflüssen (z. B. eigener Gewalterfahrung in der Kindheit) und einer entsprechenden Veranlagung ausgegangen (Gen-Umwelt-Interaktion). Diese Veranlagung (Vulnerabilität) begünstigt das Wirksamwerden negativer Umgebungsbedingungen, wobei die schädlichen Einflüsse in Form extremen Stresses ihrerseits Auswirkungen auf die Entwicklung von Hirnstrukturen und -funktionen haben. Als Belege für eine genetische Komponente werden familiäre Häufungen der Persönlichkeitsstörungen auch bei Nachkommen, die getrennt von ihren Eltern aufwachsen, angeführt.

34  Die Leiterin des Forschungsbereichs Experimentelle Psychopathologie am Uni-Klinikum Aachen Sabine Herpertz (et al., 2001) untersuchte Psychopathen und Borderlinepatienten aus Hochsicherheitsgefängnissen sowie psychisch unauffällige Probanden im Hinblick auf ihre affektiven Reaktionen beim Betrachten von Bildern, die üblicherweise unterschiedliche Gefühle auslösen. Es zeigte sich, dass die Psychopathen gegenüber beiden Vergleichsgruppen schwächere (positive wie negative) Emotionen boten, ein Indiz ihres Mangels an Empathie. Einzmann (2009) verweist auf die niederländische Neurowissenschaftlerin Harma Meffert, die davon ausgeht, dass bei Psychopathen „die für Empathie notwendigen Spiegelneurone […] weniger aktiv seien". Psychopathen könnten zwar die Emotionen anderer Menschen sehr gut wahrnehmen, würden diese aber von ihren eigenen Gefühlen abkoppeln (vgl. Einzmann, 2009, S. 31). Offenbar gelingt Psychopathen das Erkennen von Leiden anderer mindestens ebenso gut wie dem Durchschnitt der Bevölkerung, ohne dass dieses Erkennen bei ihnen allerdings zu verhaltensrelevanten Konsequenzen führt (Fecteau et al., 2003).

gel an Empathie, Furcht und Moralempfinden antisozialer Persönlichkeiten[35] wird neurowissenschaftlich mit Hirnanomalien in Verbindung gebracht. Danach sind Hirnregionen betroffen, die am Erwerb von Furchtreaktionen sowie an Moral- und Mitgefühl beteiligt sind. Untersuchungen mit Hilfe bildgebender Methoden weisen auf eine Reihe entsprechender Hirnanomalien von Psychopathen hin, u. a. in der Region des limbischen Systems, in der Amygdala und im Hippocampus. Auch der für ein kontrollierendes Verhalten zuständige präfrontale Kortex scheint betroffen. „Gemäß der so genannten Frontalhirn-Hypothese beruht antisoziales Verhalten auf Fehlern im Regelkreis zwischen dem kontrollierenden präfrontalen Kortex und dem emotionsverarbeitenden limbischen System" (Einzmann, 2009, S. 32). Insgesamt spricht vieles für die Angeborenheit festzustellender Hirnanomalien und somit für eine gewichtige genetische Komponente. Damit wird zugleich deutlich, dass „eine alleinige Beschreibung aggressiven Verhaltens auf der Verhaltensebene und unter psychodynamischen Gesichtspunkten die Komplexität dieses Phänomens nur teilweise erfaßt" (Thome & Riederer, 1995, S. 30).

Wenn im Hinblick auf die antisoziale Persönlichkeit von einem erheblichen Kriminalitätsrisiko gesprochen wird, geschieht dies womöglich in einer zu pauschalisierenden Weise. Notwendig erscheint ein Exkurs, eine differenziertere Darlegung ihrer neurobiologischen Grundlagen, speziell auch unter dem Aspekt des Gewalthandelns von Betroffenen, das von sehr unterschiedlicher Gestalt sein kann.

Aus der Sicht nicht weniger Experten repräsentiert die Diagnose antisoziale Persönlichkeitsstörung (APD) keine einheitliche Personengruppe. Es sind wenigstens zwei Untergruppen zu differenzieren, „zu denen auch ‚Psychopathie' (im Sinne von Hare, Ergänzung durch den Verfasser) gehört" (Roth & Strüber, 2009, S. 589). Beide Untergruppen der APD lassen sich hinsichtlich der Art antisozial-aggressiven und gewalttätigen Verhaltens unterscheiden: Personen, die durch *reaktiv-impulsive Gewalt* in Erscheinung treten (Aggressionstyp I), gegenüber solchen, die ein *proaktiv-instrumentelles Gewaltverhalten* bieten (Aggressionstyp II), wie es bei Psychopathen anzutreffen ist. Dem Verhaltensmuster von Personen des Aggressionstyps I liegen nicht selten frühe traumatisierende/massiv stressbelastete Umwelterfahrungen zugrunde. Gerade die Amygdala und präfrontale Hirnareale reagieren mit besonderer Empfindlichkeit auf anhaltende Stresssituationen (Teicher et al., 2003) mit der möglichen Folge einer Hypersensibilität des Stresssystems. „Während die Aktivität der Amygdala als subcorticales Zentrum für Furchtempfindungen (bei Personen des Aggressionstyps I, Ergänzung durch den Verfasser) erhöht ist", sodass vieles als bedrohlicher und provozierender wahrgenommen wird, als es tatsächlich ist, führt „eine Volumen- und Aktivitätsverringerung in denjenigen frontalen Hirnarealen, die mit Impuls-, Ärger- und Furchtkontrolle zu

---

35 Haller (2010) spricht in diesem Zusammenhang von einem „fehlenden Moralinstinkt" bei einer verschwindenden, wenn auch spektakulären Minderheit von als psychopathisch einzuschätzenden Personen.

tun haben", zu einer nicht mehr ausreichenden Beherrschung aufkommender Verhaltenstendenzen (vgl. Roth & Strüber, 2009, S. 587). Die von einer kombinierten Störung „prä- und orbitofrontaler *Hypofunktion* und amygdalärer und vegetativer *Hyperfunktion*" (Roth & Strüber, 2009, S. 593) betroffenen Personen reagieren situativ auf eine subjektiv wahrgenommene Bedrohung impulshaft mit Aggression und Gewalt. Die „reduzierte Modulation von Frontalhirnfunktionen" (Roth & Strüber, 2009, S. 598) wird – wie Studienergebnisse darlegen – durch ein Defizit von Serotonin bedingt, dem allgemein eine beruhigende und impulshemmende Funktion zugeschrieben wird. Für diesen Serotoninmangel wird eine genetische Grundlage angenommen und damit letztlich auch von einer Veranlagung zur Impulsivität ausgegangen.

Personen mit einer antisozialen Persönlichkeitsstörung, die ein proaktivinstrumentelles Gewaltverhalten bieten (Aggressionstyp II), wie es bei Psychopathen anzutreffen ist, sind ausgesprochen egoistisch. Es liegt bei ihnen im engeren Sinn keine Impulskontrollstörung vor. Sie verfolgen vielmehr geplant und zielstrebig eigene Interessen und Vorteile, zu deren Befriedigung und Durchsetzung Aggression und Gewalt als *Instrumente* dienen. Personen dieses Aggressionstyps II zeigen reduzierte vegetative Reaktionen auf unangenehme und bedrohliche Stimuli. Es imponieren eine ungewöhnliche Furchtlosigkeit, emotionale Unbeeindruckbarkeit und Unempfindlichkeit. Eine beträchtliche Zahl von functional magnetic resonance imaging studies (fMRI-Studien) (siehe u. a. Birbaumer et al., 2005) weist auf eine reduzierte Aktivität der Amygdala sowie von orbitofrontalen kortikalen Strukturen hin, die mit Empathiemangel und sozialem Handeln in Zusammenhang stehen (Roth & Strüber, 2009). Roth & Strüber (2009, S. 602) resümieren: „das erhöhte Vorkommen proaktiver Aggression bei Psychopathie erklärt sich als Folge eines weitgehend genetisch beeinflussten und Amygdala-basierten emotionalen Defizits, das eine normale, durch emotionale Lernprozesse beförderte Sozialisation verhindert". Zumindest ist die Sozialisierbarkeit von Psychopathen schon aufgrund von Defiziten in der Furchtkonditionierung (Hypoaktivität der Amygdala) sehr eingeschränkt, wodurch auch beabsichtigte erzieherische Einflüsse durch Strafe eher nicht stattfinden (können).

Angesichts der zunehmenden Möglichkeiten neurowissenschaftlicher Untersuchungen und des damit verbundenen Erkenntniszuwachses werden mitunter Überlegungen geäußert, durch ein genaueres Diagnostizieren inhaftierter Gewalttäter mittels Hirnscans Antworten auf die Frage ihrer weiteren Gefährlichkeit geben zu können. Dies mutet allerdings ausgesprochen fantastisch an. Über Hirnscans die Prognose, d. h. das Rückfallrisiko, einschätzen zu können, bezeichnet Saß als „naive Hoffnung". „Entscheidend ist […] nicht die biologische Struktur, sondern deren Wirkung auf Erleben und Verhalten. Und das lässt sich nicht am Hirnscan ablesen" (Saß, 2009, S. 39). Die Gefährlichkeit des kriminell handelnden Menschen (mit einer antisozialen Persönlichkeitsstörung) drückt sich in seinen Taten aus. Ob die Gefährlichkeit eines Gewalttäters fortbesteht, lässt sich allein über seine Prognose beantworten, deren Einschätzung alternativlos nur über eine aufwändige und komplexe Beurteilung zu leisten ist. Eine (ohnehin problematische) Angabe eines Prozentwertes für das Rückfallrisiko eines Probanden mit der Diagnose „antisoziale Persönlichkeitsstörung" oder „Psychopathie" reicht hierbei nicht aus. Von einem Sachverständigen werden Antworten auf die Fragen zu geben sein, „wann und unter welchen Umständen sich das Risiko aktualisieren kann und welche Arten von Straftaten dann zu erwarten sind" (Endres, 2002, S. 4).

# 3 Anlässe und Ziele sowie gesetzliche Vorgaben kriminalprognostischer Beurteilung von Straftätern

Unter Kriminalprognosen sind Annahmen und Einschätzungen im Hinblick auf ein zukünftiges strafrechtsrelevantes Verhalten von Personen zu verstehen. Da die Personen in aller Regel bereits „einschlägig in Erscheinung getreten" sind, spricht man synonym auch von Rückfallprognosen.

In welchen Zusammenhängen werden prognostische Beurteilungen der Gefährlichkeit von Gewalttätern erforderlich?

- Im Strafverfahren (Erkenntnisverfahren) haben Einschätzungen des zukünftigen Legalverhaltens von Delinquenten Einfluss auf die Zuerkennung von Sanktionen.
- Insbesondere bei der Beurteilung der Frage, ob die Voraussetzungen für eine Anordnung von *freiheitsentziehenden Maßregeln* der Besserung und Sicherung (§ 61 StGB) vorliegen, sind Annahmen zum zukünftigen Legalverhalten von Belang.
  Maßregeln können sein:
  – Unterbringung in einem Psychiatrischen Krankenhaus (§ 63 StGB),
  – Unterbringung in einer Entziehungsanstalt (§ 64 StGB),
  – Unterbringung in der Sicherungsverwahrung (§ 66 StGB).
- Im Verlauf von Haft und Unterbringung ist für betroffene Straftäter zur Frage von Lockerungen und (therapeutischen) Vollzugsmaßnahmen eine Risikoanalyse und Gefährlichkeitseinschätzung vorzunehmen. U. a. hängen Entscheidungen über einen offenen oder geschlossenen Vollzug sowie über Beurlaubungen aus der Haft hiervon ab (Lockerungsprognose).
- Auch die bedingte Entlassung, Fragen der Beendigung einer Sanktion und ihres Zeitpunktes, z. B. Erwägungen der Aussetzung des Restes befristeter oder lebenslanger Freiheitsstrafen zur Bewährung (§§ 57, 57a StGB), die Aussetzung einer Maßregel (§§ 67b, 67d StGB), sind mit der prognostischen Einschätzung zukünftigen Legalverhaltens verknüpft (Entlassungsprognose).

Nicht zuletzt unter dem Druck von in der Öffentlichkeit diskutierten Rückfällen entlassener Sexualstraftäter und anderer gefährlicher Rechtsbrecher sind Strafrechtsverschärfungen eingetreten. So hat die Legislative im Jahre 1998 mit dem „Gesetz zur Bekämpfung von Sexualdelikten und anderen gefährlichen Straftaten" reagiert und die Verschärfung von Sanktionen realisiert. Es wurde die bis dahin gültige Höchstdauer von 10 Jahren Sicherungsverwahrung aufgehoben, sodass sie von da an unbefristet möglich war, auch für die sogenannten „Altfälle", die vor der Gesetzesverschärfung bereits entschieden worden waren. Schließlich erfolgte 2004 auch die Einführung der nachträglichen Anordnung der Unterbringung in der Sicherungsverwahrung (§ 66b StGB). Der Gesetzgeber hat damit die Bedeutung des Schutzgedankens für die Allgemeinheit betont und zugleich die Wichtigkeit einer entsprechenden individuellen prognostischen Beurteilung der zur Entlassung anstehenden Straftäter herausgestellt.[36] Im Wesentlichen sind es zwei miteinander verbundene Ziele, die mit einer möglichst validen Kriminalprognose und den darauf abgestimmten Behandlungsmaßnahmen erreicht werden sollen: ein zukünftiges straftatfreies Legalverhalten des erfolgreich resozialisierten Delinquenten und der Schutz der Gesellschaft. Letztlich wird damit ja auch der Vollzug von Freiheitsstrafe gerechtfertigt (§ 2 StVollzG).

Das Gesetz schreibt vor, was im Rahmen der Prognoseerstellung im Einzelnen zu beachten ist.[37] Für die Strafaussetzung zur Bewährung wird in § 56 Abs. 1

---

36 Hinsichtlich der möglichen nachträglichen Sicherungsverwahrung, die nach deutschem Recht schließlich nicht nur für erwachsene, sondern auch für jugendliche Straftäter in bestimmten Fällen angeordnet werden konnte, hat der Europäische Gerichtshof für Menschenrechte (EGMR) in Straßburg im Dezember 2009 und Anfang 2011 ein negatives Urteil gefällt und u. a. argumentiert, dass die Regelung die im Grundgesetz (GG) geschützten Menschenrechte verletze und mit der Europäischen Menschenrechtskonvention (EMRK) nicht vereinbar sei. Das betreffe auch die nachträgliche Verlängerung der Sicherungsverwahrung über die 10-Jahres-Frist hinaus. Das Gericht legt dar, Sicherungsverwahrung sei wie Strafe zu bewerten. Sie falle deshalb gleichfalls unter das Rückwirkungsverbot. Im *Urteil* müsse die Länge der Strafe festgelegt sein. Eine spätere Verlängerung – auch der maximal zehnjährigen Sicherungsverwahrung – sei eine zusätzliche Strafe und verstoße gegen das Doppelbestrafungsverbot (Art. 103 GG). Schon früher wurde von Rechtswissenschaftlern und Kriminologen die Einführung der nachträglichen Sicherungsverwahrung mit deutlicher Kritik begleitet und auf rechtliche sowie auf verfassungsrechtliche Probleme hingewiesen. So wurde z. B. argumentiert, das Gesetz verstoße gegen den Grundsatz, dass ein Gerichtsurteil nicht nachträglich korrigiert und auch niemand zweimal für die gleiche Tat verurteilt werden dürfe (siehe Kreuzer, 2008). Der deutsche Gesetzgeber hat als Reaktion auf die Entscheidung des Straßburger Gerichts zum 1. Januar 2011 mit einem „Therapieunterbringungsgesetz" (ThUG) eine Reform der Sicherungsverwahrung auf den Weg gebracht, für deren Umsetzung die Bundesländer zuständig sind. Die nachträgliche Sicherungsverwahrung ist abgeschafft, kann aber noch für Taten, die bis Ende 2010 begangen wurden, verhängt werden. Anhaltend gefährliche Täter sollen zukünftig nach Verbüßung von Haft oder Beendigung der Sicherungsverwahrung in speziellen Therapieunterbringungseinrichtungen behandelt werden können. Zuvor muss jedoch von zwei unabhängigen Gutachtern festgestellt worden sein, dass ein solcher Täter aufgrund einer „psychischen Störung" eine anhaltende Gefahr für die Allgemeinheit darstellt. Nach einem Urteil des Bundesverfassungsgerichts vom Mai 2011 ist im Hinblick auf die Regelungen zur Sicherungsverwahrung bis 2013 ein völlig neues Konzept zu erarbeiten. Danach muss sich eine Verwahrung eindeutig von Strafhaft unterscheiden („Abstandsgebot") und mit umfangreichen Therapiemöglichkeiten verbunden sein.

37 Zu den Mindestanforderungen und aktuellen Qualitätskriterien für kriminalprognostische Begutachtungen siehe Kapitel 7.

Satz 2 StGB gefordert: „Dabei sind namentlich die Persönlichkeit des Verurteilten, sein Vorleben, die Umstände seiner Tat, sein Verhalten nach der Tat, seine Lebensverhältnisse und die Wirkungen zu berücksichtigen, die von der Aussetzung für ihn zu erwarten sind." Für die Aussetzung des *Strafrestes* sowohl bei zeitiger als auch bei lebenslanger Freiheitsstrafe (§ 57 Abs. 1 Satz 2 und § 57a StGB) fordert der Gesetzgeber darüber hinaus, auch „das Gewicht des bei einem Rückfall bedrohten Rechtsguts" und „das Verhalten des Verurteilten im Vollzug zu berücksichtigen". Das Gericht hat zudem zu bedenken, ob die Aussetzung des Strafrestes „unter Berücksichtigung des Sicherheitsinteresses der Allgemeinheit verantwortet werden kann" (§ 57 Abs. 1 Satz 1 Nr. 2 StGB), was jedoch nicht ausschließt, dass ein Restrisiko in Kauf zu nehmen ist.

Nach 10 Jahren Vollzug der Unterbringung in der Sicherungsverwahrung (§ 66 StGB) „erklärt das Gericht die Maßregel für erledigt, wenn nicht die Gefahr besteht, dass der Untergebrachte infolge seines Hanges erhebliche Straftaten begehen wird, durch welche die Opfer seelisch oder körperlich schwer geschädigt werden" (§ 67d Abs. 3 StGB). Mit der gerichtlichen Prüfung, ob die Voraussetzungen für die Sicherungsverwahrung noch vorliegen, und der Entlassung aus der Maßregel hat sich das Bundesverfassungsgericht in seiner Entscheidung vom 5. Februar 2004 eingehend befasst.[38] Es „fordert die Tatgerichte (und damit alle Prozessbeteiligten sowie die Gutachter) eindringlich auf, neben den Sicherungsbelangen stets das *Übermaßverbot* und den *Freiheitsanspruch* des Untergebrachten im Einzelfall zu beachten" (Tondorf, 2005, S. 97). Die Fortdauer der Sicherungsverwahrung gemäß § 67d Abs. 3 StGB setzt nach der Entscheidung des Bundesverfassungsgerichts voraus, „dass der Verurteilte weiterhin gefährlich ist". „Die Erledigung der Maßregel wird nicht von einer *positiven*, sondern ihr Bestand von einer *negativen Prognose* abhängig gemacht." Es „müssen *konkrete* und *gegenwärtige* Anhaltspunkte dafür festgestellt werden, dass die Gefährlichkeit [...] *fortbesteht. Zweifelt* das Gericht an der Wahrscheinlichkeit künftiger Straftaten, so ist *zugunsten* des *Untergebrachten* die Sicherungsverwahrung für *erledigt* zu erklären. Eine Fortsetzung der Maßregel jenseits der Zehnjahresgrenze kommt nur bei demjenigen in Betracht, dessen nunmehr vermutete Ungefährlichkeit widerlegt ist."[39]

In der genannten Entscheidung stellt das Bundesverfassungsgericht eine ganze Reihe von Anforderungen an die Prognosebegutachtung. Danach hat ein besonders erfahrener Sachverständiger ein hinreichend substanziiertes Gutachten zu erstellen, das bestimmten *Mindeststandards* genügt. „So muss die Begutachtung insbesondere *nachvollziehbar* und *transparent* sein: Der Gutachter muss *Anknüpfungs- und Befundtatsachen*[40] klar und *vollständig* darstellen,

---

38  BVerfG 2 BvR 2029/01 vom 05.02.2004 – NJW 2004, 739ff.
39  siehe aber die Entscheidung des Europäischen Gerichtshofs für Menschenrechte in Straßburg sowie das Urteil des Bundesverfassungsgerichts in Karlsruhe vom Mai 2011 (Anmerkung 36)
40  Zu den Anknüpfungstatsachen zählen Angaben des Probanden, Ergebnisse aus Ermittlungen, Vorgaben des Gerichts zu möglichen Sachverhalts- und Tathandlungsvarianten.

seine *Untersuchungsmethode* erläutern und seine *Hypothesen* offenlegen. Auf dieser Grundlage hat er eine Wahrscheinlichkeitsaussage über das künftige Legalverhalten des Verurteilten zu treffen, die das Gericht in die Lage versetzt, die Rechtsfrage des § 67d Abs. 3 StGB eigenverantwortlich zu beantworten." Weiterhin gilt für das Gutachten „*das Gebot hinreichend breiter Prognosebasis*. Um dem Gericht eine Gesamtwürdigung von Tat und Täter zu ermöglichen, muss das Gutachten *verschiedene Hauptbereiche* aus dem *Lebenslängs- und -querschnitt* des Verurteilten betrachten. Zu fordern ist insbesondere eine Auseinandersetzung mit dem *Anlassdelikt*, der *prädeliktischen Persönlichkeit*, der *postdeliktischen Persönlichkeitsentwicklung* sowie dem *sozialen Empfangsraum* des Täters. Darüber hinaus hat der Gutachter bei Vorbereitung der – nach langjährigem Freiheitsentzug zu treffenden – Entscheidung gemäß § 67d Abs. 3 StGB besonderes Augenmerk auf die Frage zu richten, wie sich der Verurteilte bei etwaigen *Vollzugslockerungen* verhält. Denn gerade das Verhalten anlässlich solcher Belastungserprobungen stellt einen geeigneten *Indikator für die zukünftige Legalbewährung* des Verurteilten dar." Ob allerdings Vollzugslockerungen und das unter diesem Regime zu beobachtende Verhalten eines Häftlings tatsächlich geeignet sind, Rückschlüsse auf seine zukünftige Legalbewährung zu ziehen, muss hinterfragt werden. Es ist kein Indikator für ein Verhalten in Freiheit. Zu einem Missbrauch von Lockerungen kommt es in weniger als 1 % der Fälle. Hingegen liegt die Rückfallrate entlassener Straftäter bekanntermaßen bei über 50 %. Dass von einem Häftling unter Vollzugslockerungen „keine Weisungsverstöße begangen wurden oder bekannt geworden sind, stellt den Normalfall dar und besagt deshalb wenig mehr, als daß die Anstalt dem Gefangenen zugetraut hat, daß er Vollzugslockerungen nicht mißbrauchen wird" (Endres, 2002, S. 13f.). Der Nichtmissbrauch von Lockerungen kann nicht die Basis für ein zu prognostizierendes Verhalten in Freiheit sein, auch nicht seitens des Gutachters als eine unverzichtbare Vorbedingung für eine günstige Entlassungsprognose eines Straftäters gefordert werden.[41]

Die interdisziplinäre Arbeitsgruppe, die sich mit den Mindestanforderungen für Prognosegutachten befasst hat (Boetticher et al., 2007), weist darauf hin, dass zur Gutachtenbeauftragung die bloße Wiedergabe des Gesetzestextes nicht ausreicht, vielmehr sind die vom Sachverständigen zu beantwortenden Fragen präzise zu formulieren, etwa dergestalt:

- „Wie groß ist die Wahrscheinlichkeit, dass die zu begutachtende Person erneut Straftaten begehen wird?
- Welcher Art werden diese Straftaten sein, welche Häufigkeit und welchen Schweregrad werden sie haben?
- Mit welchen Maßnahmen kann das Risiko zukünftiger Straftaten beherrscht oder verringert werden?

---

41  Siehe hierzu auch die Kritik von Endres (2002, S. 13) an Nedopils Positionierung, die darauf hinausläuft, dass die Frage nach der zukünftigen Gefährlichkeit eines Inhaftierten, der nicht bereits unter dem Regime von Vollzugslockerungen steht, „praktisch nicht befriedigend zu beantworten sei".

- Welche Umstände können das Risiko von Straftaten steigern" (Boetticher et al., 2007, S. 92)?

Die Beantwortung der letztgenannten Frage „schließt auch ein, daß der Gutachter Bedingungen benennt, von denen die individuelle Gefährlichkeit abhängt, und damit auch Hinweise gibt, welche weiteren Verläufe für die Legalbewährung günstig oder ungünstig wären" (Endres, 2002, S. 12).

Das Besondere bezüglich der Anordnung der Maßregeln nach § 63 StGB (Unterbringung in einem Psychiatrischen Krankenhaus) sowie nach § 64 StGB (Unterbringung in einer Entziehungsanstalt) für die prognostische Begutachtung liegt darin, dass sich der Sachverständige mit der Frage eines Zusammenhangs zwischen der psychischen Störung bzw. dem Hang zum übermäßigen Gebrauch berauschender Mittel und dem Einweisungsdelikt befassen und Stellung dazu nehmen muss, ob demzufolge die Gefahr neuer erheblicher rechtswidriger Taten gegeben ist. Bezüglich der Unterbringung in der Sicherungsverwahrung (§§ 66, 66a, 66b StGB) muss sich das Gutachten mit der Frage einer besonderen Art von Gefährlichkeit auseinandersetzen, nämlich ob nach der Gesamtwürdigung beim Täter ein Hang zu erheblichen Straftaten besteht, der ihn für die Allgemeinheit gefährlich macht. Wie Tondorf (2005) ausführt, hat sich das Bundesverfassungsgericht zum Inhalt dessen, was „Hang" meint, nicht geäußert.[42] Es hat durchaus „Unsicherheiten der Prognosestellung bei der Anordnung von Unterbringungen in der Sicherungsverwahrung gesehen" (Tondorf, 2005, S. 92). Auch von psychiatrischer Seite werden u. a. mit Blick auf *Ersttäter*, die im Gegensatz zu Wiederholungstätern prognostisch wesentlich schwieriger zu beurteilen sind, Zweifel an der Validität von Hangprognosen geäußert.[43] Der Kriminologe Arthur Kreuzer (2008) führt im Zusammenhang mit der Einführung der nachträglichen Sicherungsverwahrung für jugendliche Straftäter aus: „Vor allem bei jugendlichen Ersttätern ist es außerordentlich schwierig, drohende Rückfälligkeit vorauszusagen." Ursprünglich als gefährlich wahrgenommen, würden sie womöglich mit 25 oder 30 Jahren ein unauffälliges Verhaltensbild abgeben. Kreuzer hat hierbei wohl im Blick, dass man viele Straftaten Jugendlicher im Zusammenhang mit ihrer besonderen Situation der Entwicklung hin zum Erwachsenen und bestimmten jugendtümlichen Eigenschaften sehen muss (siehe hierzu auch Riechey & Sonnen, 2007; Block et al., 2006).

---

42  In juristischen Kommentaren „wird der Hang als ‚eingewurzelte, aufgrund charakterlicher Veranlagung bestehende oder durch Übung erworbene Neigung zu Rechtsbrüchen' bezeichnet. Die Rechtsprechung spricht ‚von einem eingeschliffenen, inneren Zustand des Täters', von ‚der festgewurzelten Neigung – gleich welcher Genese – immer wieder straffällig zu werden'" (Tondorf, 2005, S. 94).

43  Siehe Tondorf (2005, S. 92f.), der auf Nedopil und dessen Anhörung vor dem Bundesverfassungsgericht verweist.

# 4 Grundsätzliches zur Kriminalprognose von Straftätern

## 4.1 Sind zutreffende, valide Kriminalprognosen überhaupt zu leisten?

In dieser, noch immer auch kontrovers diskutierten Frage scheiden sich pessimistische oder skeptische von optimistischen Positionen. Skeptiker betonen, dass die Freiheit menschlicher Willensentscheidungen Prognoseeinschätzungen Grenzen setzt oder diese gar unmöglich macht.[44] Optimisten veranschlagen das verbleibende Restrisiko eines Irrtums bei Beurteilungen der Kriminalprognose als gering. Auf jeden Fall ist das Restrisiko nicht auszuschließen, „das einen Irrtum in zwei Richtungen bedeuten kann, nämlich Über- oder Unterschätzung der individuellen Rückfallgefahr" (Egg, 2006, S. 574).[45] In der Tat ist davon auszugehen, dass ein Teil der zur Legalprognose begutachteten Probanden aufgrund einer negativen Prognoseentscheidung zu Unrecht in Institutionen verbleiben (die sogenannten falsch Positiven) und gerade deshalb auch ihre Ungefährlichkeit nicht demonstrieren können, während zu Unrecht in die Freiheit Entlassene (die sogenannten falsch Negativen) mit der Prognose widersprechenden Delikten in Erscheinung treten und damit auch in der allgemeinen Wahrnehmung die Aufmerksamkeit auf sich ziehen. Nach Weber (1991, S. 63) „gehen Schätzungen davon aus, daß auf jeden falsch Negativen *mindestens* zwei falsch Positive kommen [...]". Für 60 bis 70 % wegen Gefährlichkeit in Gewahrsam gehaltene Personen sollen unzutreffende Kriminalprognosen gestellt worden sein.[46] Diese würden vermutlich nach einer Entlassung in die Freiheit nicht rückfällig. Sie bleiben aber aufgrund restriktiver Einschätzungen

---

44  zur Willensfreiheit und strafrechtlichen Verantwortlichkeit (Schuldfähigkeit) des Menschen siehe Jost, 2008

45  Bisweilen wird in diesem Zusammenhang auch von „Irrtümern erster und zweiter Art" gesprochen: den „‚falsch Positiven' (Probanden, denen irrtümlich Gefährlichkeit attestiert wird, obwohl sie ungefährlich sind) und ‚falsch Negativen' (Probanden, deren tatsächliche Gefährlichkeit übersehen wird)" (Endres, 2004, S. 191).

46  Dönisch-Seidel (1998, S. 143) verweist auf Rasch, der „den Anteil der zu Unrecht weiter in der Psychiatrie Verbleibenden auf etwa zwei Drittel aller Untergebrachten schätzt". Unterstützung findet diese Einschätzung auch durch Rode und Scheld (1986), die im Übrigen die einschlägigen Rückfälle für Tötungsdelikte mit 2 % und die Rückfälle nach Aussetzung einer lebenslänglichen Freiheitsstrafe mit 0,7 % beziffern.

weiter in Verwahrung. Der Leiter der Forensischen Abteilung eines Klinikums, Guntram Knecht, warnt vor dem unrealistischen Anspruch, jedes Restrisiko ausschließen zu wollen (Knecht, 2004).

In der Tat haben verlässliche Prognosestellungen mit einer Reihe von Problemen zu kämpfen, da in aller Regel verschiedene handlungsbestimmende Einflussgrößen – die Person des Straftäters sowie mögliche zukünftige situative Gegebenheiten – gleichzeitig und auch in ihren anzunehmenden Wechselwirkungen bedacht werden müssen. Die Erstellung einer Kriminalprognose für einen zur Haftentlassung anstehenden Straftäter zielt auf das Erkennen all der Faktoren ab, die sein Risikopotenzial ausmachen. Ob ein solches Risikopotenzial in realem Handeln zum Ausdruck kommen wird oder nicht, ist auch von zukünftigen Entwicklungen und den sich im Alltag des Haftentlassenen ereignenden Situationen abhängig und damit nur schwer zu prognostizieren.[47] Jedes Verhalten von Personen ist eine Funktion ihrer Dispositionen und der Einflüsse, die von sich ereignenden Situationen ausgehen. „Selbst wenn eine Person bis in die letzte Nervenzelle hinein vollständig analysiert und diagnostiziert wäre, würde dies noch keine exakte Vorhersagbarkeit ihres Verhaltens bedeuten" (Endres, 2002, S. 4). „Dieser Umstand bedingt es, dass Verhaltensprognosen im Hinblick auf das Eintreffen resp. Nichteintreffen ihrer Vorhersage zwangsläufig ein Irrtumsrisiko beinhalten – und zwar selbst im theoretisch günstigsten Idealfall einer inhaltlich und handwerklich perfekten Prognose mit vollständiger Aufklärung aller individuellen Risikofaktoren" (Dahle, 2005b, S.137f.). „Eine in diesem Sinne fehlerfreie Prognose schließt also einen Prognoseirrtum – das Nichteintreffen der Vorhersage – nicht aus, obwohl umgekehrt durchaus zu erwarten ist, dass Prognosefehler die Wahrscheinlichkeit eines Irrtums erhöhen" (Dahle, 2005b, S. 138). Fehler stellen – im Gegensatz zu Irrtümern – Verstöße gegen fachliche Standards dar (siehe hierzu Endres, 2004). So würde eine einseitige und ausschließliche Berücksichtigung von statischen oder dynamischen Faktoren in der Risikobeurteilung eines Straftäters eine solche fehlerbehaftete Prognosestellung begründen.

Eine weitere Tücke kriminalprognostischer Einschätzungen ist der Vorhersagezeitraum, auf den sie sich beziehen. Besonders bei eher selten wiederholt auftretenden Straftaten (mit niedriger Basisrate), wie die einer Tätergruppe gewalttätiger Sexualdelinquenten oder auch allgemein bei Gewaltdelikten mit einer starken situativen Bindung, lässt ein sehr langer Vorhersagezeitraum Verhaltensprognosen im Sinne von „die Rückfallwahrscheinlichkeit ist gering" an ihre Grenzen stoßen. „Mit zunehmendem Prognosezeitraum erhöht sich zwangsläufig die Zahl der *unvorhersehbaren Ereignisse bzw. Situationen* [...]. Soweit das Individuum auch final-handelnd verstanden werden muß [...], las-

---

47  Mit der Rolle von Zufallseinflüssen auf delinquentes Handeln haben sich Bochnik et al. (1965) eingehend befasst und u. a. deren Bedeutung bei Gewaltstraftaten herausgestellt.

sen sich künftige Ereignisse nicht restlos aus der bisherigen Lebenslinie bzw. sozialstatistischen Daten ableiten" (Weber, 1991, S. 63).[48]

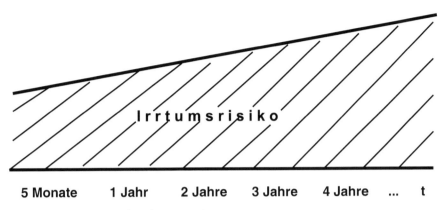

| 5 Monate | 1 Jahr | 2 Jahre | 3 Jahre | 4 Jahre | ... | t |

**Abb. 4.1:** Prognose und Vorhersagezeitraum

In **Abbildung 4.1** ist ein Anwachsen des Irrtumsrisikos einer Verhaltensprognose in Abhängigkeit vom Vorhersagezeitraum anschaulich – aber vereinfacht[49] – dargestellt. Auch bei nicht zu beanstandender, sachverständiger Prognosestellung steigt mit zunehmendem zeitlichen Abstand zum Anlassdelikt das Irrtumsrisiko der Vorhersage einer geringen Rückfallwahrscheinlichkeit eines in die Freiheit entlassenen Häftlings an. Es gibt deshalb Forensiker, die eine hinreichende Validität von Prognosen, die längere Zeiträume einschließen, in Frage stellen und daraus die Konsequenz ziehen, dass sich Sachverständige nur auf Prognosebeurteilungen mit eingeschränktem Vorhersagezeitraum (z. B. auf zwei Jahre begrenzt) einlassen sollten. Egg (2005) verweist auf Dittmann, der empfehle, einen Prognosezeitraum von einem Jahr nicht zu überschreiten.[50] Dies ist inakzeptabel, zumal der gesetzesbasierte Auftrag zur Prognosebegut-

---

48 Um dieser Schwierigkeit zu begegnen, hat die Prognoseforschung früh eine Reihe von Vorschlägen unterbreitet (Monahan, 1984). In der prognostischen Einschätzung sollten zu erwartende Situationen berücksichtigt, kürzere Prognosezeiträume gewählt und Vorhersagen kontextbezogen getroffen werden. Es sollten statistische und klinische Prognosemethoden miteinander verknüpft werden, ferner eventuelle Diagnosen des Probanden sowie die Deliktart des Straftäters stärker berücksichtigt werden. Dennoch bleibt die Problematik bestehen, dass bei günstig eingeschätzten Prognosen in der Regel (einschlägige) Rückfälle nicht unmittelbar nach der Prognoseerstellung eintreten, sondern – wenn überhaupt – nach einem längeren Zeitraum, nachdem sich z. B. gravierende Veränderungen in den Lebensumständen des Probanden ergeben haben.

49 Das Irrtumsrisiko wächst zwar zeitabhängig an, aber nicht *kontinuierlich*. Es könnte sogar vorübergehend (z. B. situationsbedingt) auch wieder abnehmen.

50 Möglicherweise gelangt Dittmann (2003) vor diesem Hintergrund auch zu der Feststellung, dass „unter optimalen Bedingungen" richtige Prognosen zu ca. 90 % möglich seien.

achtung eine zeitlich nicht limitierte Gefährlichkeitsbeurteilung eines Straftäters erforderlich macht. In der Regel interessiert es das Gericht nicht, erst recht nicht die Allgemeinheit, ob von einem entlassenen Häftling lediglich in den kommenden 12 Monaten keine Gefahr ausgehen wird, sondern wie seine mögliche Gefährlichkeit in der Zeit, die wir gemeinhin mit Zukunft umschreiben, einzuschätzen ist. Dahle (2005b, S. 139) weist zu Recht darauf hin, dass „die Anforderung von Kriminalprognosen sich […] als wissenschaftlich unzureichend definierte Aufgabe darstellt, sofern man hierunter die konkrete Vorhersage des Eintretens oder Nichteintretens bestimmter zukünftiger strafrechtsrelevanter Handlungen versteht". Es kommt hinzu, dass Straftaten im Allgemeinen zu den eher seltenen Ereignissen zählen. Die Aufgabe von Prognoseeinschätzungen kann es nur sein, auf der Basis einer Analyse vorhandener individueller Risiken des zu Begutachtenden Risikoerwägungen für kriminelles Verhalten zu treffen, wobei vielerlei mögliche Auswirkungen auf zukünftiges Handeln beurteilt werden müssen. Anders ausgedrückt, es ist darzulegen, unter welchen individuellen Konstellationen und situativen Rahmenbedingungen vorhandene Risiken kriminelles Handeln befürchten lassen könnten. Wir müssen uns darüber im Klaren sein, dass es sich bei einer auch nicht im Geringsten zu beanstandenden prognostischen Beurteilung durch einen Sachverständigen stets um eine Wahrscheinlichkeitsaussage oder Risikoeinschätzung „mit zeitlich begrenzter Reichweite" handelt (vgl. Egg, 2006, S. 574), wobei ein Irrtum nicht auszuschließen ist. Aufgrund ihrer begrenzten Reichweite jedoch die Position zu vertreten, Prognosebeurteilungen nur für einen kurzen Vorhersagezeitraum abzugeben, dem ist nicht beizupflichten.

## 4.2 Einige wichtige fachliche Standards sachverständiger Kriminalprognosen[51]

Es waren u. a. gravierende Rückfälle von Straftätern des psychiatrischen Maßregelvollzugs, die seit ca. 1995 zu mehr und mehr allgemeiner und öffentlicher Kritik an der Qualität psychiatrischer und psychologischer Gutachten Anlass gaben. In den hier angesprochenen Fällen handelte es sich um Expertisen zu Fragen der Kriminalprognosen und Vollzugslockerungen. Auch Einschätzungen von Delinquenten nach begangenen Gewalttaten, deren andauernde Gefährlichkeit nicht gesehen wurde, zogen massive Kritik auf sich. Schon früher – in den 1980er Jahren –, als Prognosebegutachtungen noch stark von intuitiven Vorgehensweisen geprägt waren, wurde der Mangel eines wissenschaftlich fundierten Beurteilungsprozesses beklagt und kritisiert, dass so manche prognostische Einschätzung keine rechte Differenz zu einer Zufallsentscheidung erkennen lasse. Der Druck in der forensischen Psychiatrie und Psychologie

---

51 zu den Mindestanforderungen und aktuellen Qualitätskriterien für kriminalprognostische Begutachtungen siehe auch Kapitel 7

wuchs, eine ernst zu nehmende angewandte Disziplin auf dem Gebiet der Kriminalprognose zu entwickeln, was auch gelungen ist. Inzwischen hat sich eine Prognosewissenschaft etabliert, deren Entwicklung freilich keineswegs abgeschlossen ist. Es stellen sich nach wie vor eine Vielzahl von speziellen, aber auch sehr grundlegenden Fragen, so z. B.: Ist die Gefährlichkeitsprognose eines Gewalttäters ausreichend wissenschaftlich fundiert und unvoreingenommen zu erbringen? Welche Probleme entstehen für den mit der Prognosestellung betrauten psychologischen/psychiatrischen Sachverständigen, insbesondere auch in der Vorstellung des möglichen öffentlichen Zorns, wenn ein in Haft befindlicher Delinquent nach günstiger Prognoseeinschätzung nun in Freiheit neue Straftaten begeht?

In zurückliegender Zeit, als noch wenig oder gar nicht über Qualitätsstandards in der Prognosebegutachtung diskutiert wurde, waren durchaus einzelne Sachverständige dafür bekannt, dass sie – abgeleitet aus einer diagnostizierten Gefährlichkeit der zu begutachtenden Person – eine ungünstige Verhaltensprognose stellten. Sie taten dies womöglich überwiegend und gingen damit auch kein Risiko ein, zumal die Einschätzung einer ungünstigen Verhaltensprognose nicht widerlegbar ist. Der so begutachtete Straftäter wird gegebenenfalls weiter in Verwahrung gehalten und kann damit – von seltenen Ausnahmen einmal abgesehen – nicht rückfällig werden. Selbst wenn er – aus welchen Gründen auch immer – in die Freiheit entlassen wird, ist eine ungünstige Verhaltensprognose nicht deshalb unzutreffend, weil der Begutachtete keine neue Straftat begeht. Vielleicht ist der Beobachtungszeitraum noch nicht lang genug. Tritt aber eine Rückfalltat ein, so erfährt die Prognoseeinschätzung Bestätigung.

Anders verhält es sich im Falle der Prognose der Nichtgefährlichkeit, mit der sich ein Gutachter in der Tat zu weit aus dem Fenster hängen könnte. Gegebenenfalls erfolgte Haftlockerungen oder die bedingte Haftentlassung, die der Begutachtete u. U. missbraucht und neue Straftaten begeht, müssen dann die Prognose als unzutreffend feststellen lassen. Für die Allgemeinheit wie den Sachverständigen kann dies folgenschwer sein.

Gutachter sind weder Wahrsager noch Propheten. Egg (2006, S. 571) äußert im Kontext der Frage nach der Zuverlässigkeit von Gutachten über Sexualstraftäter, dass „absolut sichere Vorhersagen zukünftigen Verhaltens nicht möglich sind". „Schließlich kann niemand im Voraus wissen, welche Ereignisse im Leben eines Menschen eintreten werden, welchen anderen Personen er begegnen wird, wie erfolgreich eine Partnerschaft, eine Berufstätigkeit oder neue soziale Kontakte sein werden und wie er darauf und insbesondere auf schwierige Situationen reagieren wird." Trotz nicht zu beanstandender Prognosebeurteilungen werden deshalb Straftatrückfälle letztlich nicht auszuschließen sein. Ein nach günstiger Sozialprognose entlassener Straftäter kann dennoch irgendwann rückfällig werden. Wissen kann dies niemand, weshalb wir ja auch von Prognose sprechen. Egg (2006, S. 572) plädiert dafür, „den klassischen Prognosebegriff, der einen nicht einlösbaren Blick in die Zukunft suggeriert, durch den weniger anspruchsvollen Begriff der Risikoeinschätzung (risk assessment) zu ersetzen".

Gutachter tun gut daran, auch bei positiven Einschätzungen personenbezogener Merkmale des zu Begutachtenden eine dezidierte Nichtgefährlichkeitsprognose zu vermeiden und ihre in die Zukunft gerichteten möglichen Verhaltensvorhersagen differenziert zu leisten. Es genügt nicht, die prognostische Einschätzung eines Straf-/Gewalttäters allein auf die Persönlichkeitsbeurteilung zu stützen.[52] Vielmehr sind in der Beurteilung möglichen zukünftigen Verhaltens zugleich denkbare Situationsgegebenheiten mit ins Kalkül zu ziehen. Damit sind Prognosebeurteilungen abwägende Vorhersagen wahrscheinlichen Verhaltens. Steller (2005, S. 13f.) betont zu Recht, dass „menschliches Verhalten – auch gefährliches Verhalten – [...] keine ausschließliche Funktion von Personenmerkmalen" darstellt. „Gefährliches Verhalten ist das Resultat der Interaktion von Personen- und Situationsparametern." So genügt auch dem Gesetzgeber die prognostische Einschätzung von psychisch gestörten (kranken) Delinquenten unter der alleinigen (verkürzten) Betrachtung von verhaltensdeterminierenden Persönlichkeitsaspekten nicht. Im § 63 StGB (Maßregel der Unterbringung in einem Psychiatrischen Krankenhaus) wird deshalb im Hinblick auf die Gefährlichkeitsprognose eines psychisch kranken (schuldunfähigen oder vermindert schuldfähigen) Straftäters in der Beurteilung durch einen Sachverständigen erwartet, dass dieser einschätzt, ob *unter der Gesamtwürdigung des Täters und seiner Tat* infolge des Zustandes des zu Begutachtenden auch *zukünftig* rechtswidrige Taten zu gewärtigen sind und er deshalb für die Allgemeinheit gefährlich ist. Die Prognosebeurteilung muss somit wesentlich die mit Personenmerkmalen des zu Begutachtenden interagierenden situativen Gegebenheiten in den Blick nehmen. Eine fachlich vertretbare, im Wortsinn sachverständige Prognose liegt vor, „wenn die wahrscheinlich verhaltensdeterminierenden Anteile von Personen- und Situationsfaktoren herausgearbeitet und durch (gegebenenfalls alternative) Wenn-dann-Aussagen auf denkbare zukünftige Situationen projiziert werden" (Steller, 2005, S. 13). Rückfallprognosen zur Gefährlichkeit eines Gewalttäters sind Vorhersagen auf zukünftiges Verhalten. Sie beziehen sich auf theoretische Erklärungen zurückliegenden Handelns dieser Person, wobei ihr Handeln immer auch in einer komplexen Wechselbeziehung zu situativen Gegebenheiten zu sehen ist. Rückfallprognosen schließen den aktuellen Status sowie eingetretene Veränderungen verhaltensdeterminierender Faktoren ein und nehmen zukünftige, mit Wahrscheinlichkeit eintretende Lebenssituationen und Ereignisse gedanklich vorweg. Insofern sind Rückfallprognosen die Komplexität menschlichen Verhaltens beachtende Vorhersagen zukünftigen, auch situativ determinierten, wahrscheinlichen Handelns einer konkreten Person. Die wissenschaftliche Fundierung der stets Einzelfall bezogenen Rückfallprognose wird gewährleistet, indem auf die für die Problemstellung relevanten theoretischen Explikationen von Verhalten rekurriert wird und im Verlauf des Diagnose- und Begutachtungsprozesses ein nachvollziehbares individuelles Erklärungsmodell aller für die Prognoseeinschätzung wesentlichen Einflussgrößen dargelegt wird.

---

52 Weber (1991, S. 63) kritisiert: „Viele prognostische Begutachtungen sind *zu stark monadisch-persönlichkeitszentriert*. Sie berücksichtigen nicht hinreichend, daß gerade manche zu Delinquenz neigende Persönlichkeiten dazu tendieren, auf eher zufällige *Situationen* (wie z. B. Gruppensituationen) zu reagieren."

## 4.3 Die Bedeutung von verhaltensbestimmenden Persönlichkeits- *und* Situationsfaktoren für Prognosebeurteilungen

Die Diagnostik der Persönlichkeit, in der biologische und psychologische Faktoren sowie soziale Erfahrungen ihren Ausdruck finden, hat in der forensischen Begutachtung einen zentralen Stellenwert. Sie gestattet Einblicke in Dispositionen und Vulnerabilitäten des zu Begutachtenden, die sich nicht selten auch über die zur Delinquenz führende Entwicklung (Vorgeschichte) des Probanden[53] erschließen. Vulnerabilitäten von Menschen sind individuelle Verletzbarkeiten, Gefährdungen und Anfälligkeiten, die in Verbindung mit externen Gegebenheiten u. a. zu delinquentem Verhalten und Handeln führen können. Dispositionen und Vulnerabilitäten sind Bestandteile des Konstrukts Persönlichkeit. Für die psychologische Diagnostik genügt es jedoch nicht, Persönlichkeitsmerkmale zu kennen, insbesondere dann nicht, wenn es darum geht, menschliches Verhalten, zu dem auch kriminelles Verhalten zählt, zu erklären oder auch mit Wahrscheinlichkeit zu prognostizieren. Schon Lewin hat menschliches Verhalten (V) als Funktion (f) von Persönlichkeit (P) und Umwelt (U) begriffen: V = f (P x U).

Kriminelles Handeln entsteht keineswegs selten durch ein Zusammentreffen von Dispositionen/Vulnerabilitäten und bestimmten Auslösesituationen, wie dies z. B. im folgenden Begutachtungsfall deutlich wird:

Der 42-jährige Herr S., ein etwas kleinwüchsiger, sich minderwertig fühlender und wenig sozial kompetenter Mann tötete seine Freundin im Verlauf gemeinsamer intimer sexueller Handlungen auf äußerst brutale Weise mit zahlreichen schweren Hammerschlägen auf den Kopf und die Brust der Frau. Was war geschehen? Die Freundin hatte sich – wie schon oft in vergleichbaren Situationen – anlässlich auftretender Potenzschwierigkeiten des Herrn S. über ihn „lustig gemacht", ihn sehr gekränkt und auch gedemütigt. Sie genoss diesen Zustand geradezu und nötigte ihn zu bestimmten Handlungen als Vorbedingung für die Versuche des Mannes, schließlich doch eine sexuelle Befriedigung durch Geschlechtsverkehr zu erreichen, was jedoch misslang. Die Frau begleitete das Versagen des Mannes mit persönlich herabsetzenden Verbalisierungen, die ihn zunehmend aggressiver machten, sodass es schließlich zum Ausbruch besagter Gewalttätigkeiten und zur Tötungshandlung kam.

Völlig d'accord mit Lewin betonen Steller u. a., dass psychologische Diagnostik sich nicht im Erkennen und Beschreiben von Persönlichkeit erschöpfen kann. Sie stellt vielmehr einen Problemlöseprozess dar: Aufgrund von forensischen Fragestellungen des Auftraggebers ergeben sich bestimmte Hypothesen, die unter Anwendung geeigneter Untersuchungsverfahren zu prüfen sind. Die

---

53 Für eine zu begutachtende Person wird von psychologischen Sachverständigen häufig auch der Begriff Proband (Pb) gebraucht.

Persönlichkeitsdiagnostik hat in diesem Zusammenhang eine nicht unmaßgebliche Bedeutung, sie reicht aber für einen hypothesengeleiteten Problemlöseprozess nicht aus. Gerade bei forensischen Fragestellungen zur Kriminalprognose ist die Verhaltensvorhersage nur unter der gleichzeitigen Beachtung der sich darstellenden Persönlichkeit und zukünftig zu erwartender situativer Gegebenheiten zu leisten.

Im Hinblick auf die Beschreibung eines Straftäters sowie die Erklärung seines kriminellen Handelns sind eine Reihe von Persönlichkeitsmerkmalen und Verhaltensdispositionen von besonderem Interesse (Scheurer & Richter, 2005; Endres, 2002): Intelligenz, Extraversion, Neurotizismus, Impulsivität, Handlungssteuerung, Aggressivität, Selbstkonzept, Kontrollüberzeugung, Einstellungen, moralische Entwicklung, Empathie, „sensation-seeking", Ängstlichkeit, Ichstärke und Persönlichkeitsstörungen. Unter dem Aspekt der Gefährlichkeit von Gewalttätern werden vor allem Strategien der Konfliktbewältigung, Frustrationstoleranz, Handlungskontrolle, Erregbarkeit, Impulsivität, Aggressivität, Empathie, Ichstärke und Persönlichkeitsstörungen in den Fokus rücken. So ist z. B. denkbar, dass eine leicht kränkbare und paranoide Persönlichkeit dazu neigt, bestimmte soziale Situationen misszuverstehen und aggressiv zu reagieren. Für eine gefährlichkeitsprognostische Einschätzung reicht allerdings der Verweis auf problematische Aspekte und Merkmale der Persönlichkeit nicht. Womöglich kommt gerade dem Drogen- und Alkoholkonsum eines zu begutachtenden Gewaltstraftäters eine vergleichsweise höhere prognostische Bedeutung zu. In der Regel führt nur eine gleichzeitige Beachtung von Aspekten der Persönlichkeit, Verhaltensneigungen und situativen Gegebenheiten zu einer angemessenen Prognoseeinschätzung. Die Gewichtung der genannten Einflussgrößen kann allerdings von Fall zu Fall variieren. Dies bedeutet letztlich aber auch: Je ausgeprägter und akzentuierter bestimmte, im Hinblick auf Gewalttätigkeit riskante Persönlichkeitseigenschaften sind, umso zuverlässiger sind Prognoseeinschätzungen möglich, da verhaltensdeterminierende situative Gegebenheiten demgegenüber in den Hintergrund treten. Die Persönlichkeit gibt hier bereits den Ausschlag, situative Einflüsse sind in einem solchen Fall vergleichsweise gering oder marginal.

# 5    Rückfallrisiken von Straftätern

## 5.1    Erfahrungen und wissenschaftliche Erkenntnisse und ihre Bedeutung für die Einschätzung der Kriminalprognose

Der Rückgriff auf die Erforschung von Faktoren, die Straftaten bedingen sowie Delinquenzrückfall oder auch Legalbewährung wahrscheinlich machen, stellt gleichsam die Legitimationsgrundlage für ein Prozedere *wissenschaftlich fundierter* Prognosebeurteilung dar. Ansonsten wären Annahmen über zukünftiges Verhalten eines Straftäters wenig objektiv, eher vage bis spekulativ. Stets sich bestätigende Befunde der Kriminologie betreffen die Altersabhängigkeit der Kriminalität. Selbst bei Tätern, die der Hochrisikogruppe der Psychopathen (im Sinne von Hare) angehören, ist mit dem Alter ein Nachlassen delinquenten Verhaltens zu beobachten (Hare, McPherson & Forth, 1988).[54] Eine allgemeine Altersabhängigkeit der Kriminalität drückt sich in den Raten der Straftatrückfälligkeit aus (siehe Heinz, 2007). Junge Delinquenten bieten die höchsten Rückfallraten, die schließlich mit ansteigendem Lebensalter kontinuierlich abnehmen. Die allgemeine, deliktunspezifische Rückfälligkeit innerhalb von vier Jahren liegt für 14- bis 21-jährige Straftäter bei ca. 44 %, für 60-Jährige und Ältere bei ca. 14 % (siehe Heinz, 2007).

In den Ergebnissen der Berliner Crime-Studie (Dahle, 2005a) zeigt sich, dass Delinquenten mit frühem Beginn einer Straftatkarriere (als Jugendlicher oder Heranwachsender) gegenüber erwachsenen Tätern höhere Rückfallraten bezüglich unterschiedlicher Rückfallereignisse (neue Verurteilung, erneute Strafhaft, Gewaltdelikt, gravierendes Gewaltdelikt) aufweisen. Die Crime-Studie macht zudem deutlich, dass Straftäter mit Gewaltdelikten in der Vorgeschichte gegenüber solchen ohne frühere Gewalttaten höhere Rückfallraten bieten, desgleichen Straftäter mit zwei bis drei Deliktarten oder mehr gegenüber Probanden mit nur einer Deliktart. Die Rückfallwahrscheinlichkeit ist auch vom Geschlecht abhängig. Männer treten nicht nur überproportional häufig mit Straftaten in Erscheinung, ihre Rückfallraten sind auch deutlich höher als die der Frauen. Die Variable Vollzugsform der Strafhaft (offener Vollzug versus

---

54    Dies trifft jedoch nicht auf jede Hochrisikogruppe zu. Bestimmte pädosexuelle Delinquenten zeigen auch noch im Alter eine erhebliche Rückfallneigung mit der Gefahr fortgesetzter einschlägiger Straffälligkeit (Beier, 1995).

geschlossener Regelvollzug) scheint einen Einfluss auf das Rückfallrisiko zu haben. Jedenfalls wird von einem eher günstigeren Verlauf nach Entlassung aus dem mit Außenarbeit und Freigang verknüpften offenen Vollzug ausgegangen. Freilich ist zu bedenken, dass die Entscheidung für eine offene Vollzugsform am ehesten für solche Straftäter getroffen wird, deren Legalverhalten primär positiver eingeschätzt wird.

Untersuchungen zu Rückfallraten einzelner Delikt- bzw. Straftätergruppen innerhalb eines bestimmten Zeitraums (Rückfallstatistiken und empirische Rückfallstudien) geben Auskunft über die sogenannte Basisrate (Grundrate), d. h. den Anteil der Personen, die in diesem Zeitraum erneut (einschlägig) straffällig wurden. Gehört nun ein konkret zu prognostizierender Straftäter gewissermaßen einer solchen untersuchten Delinquentengruppe an, weil er ihr (aufgrund des gleichen Ausgangsdelikts) möglichst ähnlich ist, so kann – unter Beachtung des Zeitraums, für den Rückfälle ermittelt wurden – die bekannte Basisrate als *Orientierung* für seine Rückfallrisikoeinschätzung herangezogen werden. Da „Rückfall" inhaltlich nicht eindeutig ist, werden in solchen Untersuchungen häufig Angaben zu verschieden einzustufenden Rückfällen gemacht. So kann z. B. Rückfälligkeit von Sexualstraftätern deliktorientiert oder sanktionenorientiert definiert bzw. erfasst werden:

a. deliktorientierte Rückfälligkeit
- allgemeiner Rückfall (jede neuerliche Eintragung im Strafregister ohne Einschränkung auf bestimmte Deliktarten), andere neue Straftat,
- einschlägiger Rückfall (die Rückfalltat entspricht der ursprünglichen Straftat), eine sexuell motivierte neue Straftat,
- gewalttätiger Rückfall inklusive bzw. exklusive sexuell motivierter Rückfälligkeit.

b. sanktionenorientierte Rückfälligkeit (an der Schwere der Rückfalltat orientiert)
- allgemeine Verurteilung,
- Verurteilung zu einer Haftstrafe,
- Freiheitsentzug nach schwerer gewalttätiger Rückfälligkeit (sowohl gewalttätige als auch alle sexuell motivierten Delikte betreffend).

Abhängig von den Straftätergruppen, den gewählten Rückfallkriterien und Katamnesezeiträumen in den Statistiken oder Studien fallen die ermittelten Rückfallquoten recht unterschiedlich aus. Die gruppenstatistische Basisrate für einen nicht vorbestraften Ersttäter eines nicht gewaltsamen sexuellen Missbrauchs an seiner fast 14-jährigen Stieftochter, der nicht pädophil und sozial gut integriert ist, liegt eher niedrig, bei unter 10 % Rückfallrisiko. Hingegen wird die gruppenstatistische Grundrate für einen sozial isolierten, pädophilen und einschlägig vorbestraften Sexualdelinquenten eine hohe Rückfallwahrscheinlichkeit erwägen lassen müssen. Im ersteren Fall handelt es sich um einen Gelegenheitstäter (Ersatztat), im zweiten Fall um einen Neigungstäter. Für beide Gruppen von Sexualstraftätern ergeben sich unterschiedliche Basisraten eines einschlägigen Rückfalls, die es für die Prognosebeurteilung zu berücksichtigen gilt. Basisraten „vermitteln dem Prognostiker eine Grundvorstellung von den Größenordnungen der Verhältnisse, die er einschätzen soll. Sie justieren den prognostischen Urteilsprozess – an dessen Ende ja eine Wahrscheinlichkeitsaussage stehen soll – gewissermaßen auf dasjenige Ausgangsniveau, das bei statistischen Durchschnittsverhältnissen zu erwarten wäre" (Dahle, 2006, S. 16). Hierbei macht freilich nur der Bezug auf Basisraten Sinn, die an einer dem zu prognostizierenden Fall recht ähnlichen Straftäterpopulation ermittelt wurden. Übereinstimmungen sollten in Geschlecht, Alter, Art und Schwere des Anlassdeliktes bestehen, nach Möglichkeit auch in der zurückliegenden „Behandlung" (z. B. Regelvollzug, Maßregelvollzug in einer psychiatrischen Institution).[55] Das Bundesjustizministerium hat eine Statistik zur Rückfälligkeit von Straftätern erstellen lassen (Broschüre „Legalbewährung nach strafrechtlichen Sanktionen – Eine kommentierte Rückfallstatistik", im Internet unter www.bmj.de/SharedDocs/Downloads/DE/pdfs/Legalbewaehrung_ nach_strafrechtlichen_Sanktionen; Zugriff am 18.05.2010) und im Februar 2004 der Öffentlichkeit vorgestellt. Die hierzu von Jehle, Heinz und Sutterer (2003) durchgeführte Studie[56] betrifft einen Untersuchungs- und Beobachtungszeitraum von vier Jahren (1994–1998). Einige Ergebnisse sind in **Tabelle 5.1** dargestellt.

Die meisten Straftäter (64,3 %) werden demnach innerhalb des Beobachtungszeitraums von vier Jahren nicht erneut straffällig. Gerade Straftäter mit sehr gravierenden Delikten wie Mord und Totschlag zeigen relativ geringe Rückfallquoten. Die Untersucher weisen darauf hin, dass es sich hierbei oft um Konflikt- und Beziehungstaten handelt. Rückfälle bestehen bei diesen Tätern überwiegend in der Begehung anderer Straftaten (z. B. Eigentumsdelikte). Die hohe Rückfälligkeit von jugendlichen und heranwachsenden Straftätern gibt Anlass, über die Qualität des Jugendstrafvollzugs nachzudenken. Sie erinnert an die immer wieder gestellte Frage, ob gerade junge Menschen im Gefängnis besonders riskiert sind, womöglich auch mit vergleichsweise schwerwiegenderen Delikten in eine kriminelle Karriere abzugleiten (siehe hierzu Block et al., 2006). Entsprechend dem erzieherischen Gedanken des Jugend-

---

55 „Die gruppenstatistischen Rückfallquoten in sehr vielen Deliktbereichen liegen im Spektrum von 20 bis 50 Prozent. Je mehr Variablen gleichzeitig berücksichtigt werden sollen (z. B. Deliktart, Intelligenz, kultureller Hintergrund, psychische Krankheit oder Substanzmissbrauch), desto seltener gibt es eine passende Vergleichsgruppe mit bekannter Basisrate der Rückfälligkeit" (Boetticher et al., 2007, S. 99). Endres (2002, S. 10) bezieht sich auf Kaiser (1993) und gibt an, dass die Rate der Wiederinhaftierung nach Entlassung aus dem Strafvollzug oder Jugendvollzug im Mittel verschiedener Untersuchungen bei ca. 60 % liege und eine „brauchbare Orientierungsgröße" darstelle. Auch in der Crime-Studie (Dahle, 2005a) finden sich entsprechende Basisrückfallraten in dieser Größenordnung (innerhalb von 5 Jahren 57 %; unter langfristiger Beobachtung 64 %).

56 Die Rückfallstatistik wurde in Kooperation mit der „Dienststelle Bundeszentralregister" des Generalbundesanwalts beim Bundesgerichtshof und dem Statistischen Bundesamt erstellt.

strafrechts sollten verstärkt Überlegungen darüber angestellt werden, welche effizienten Maßnahmen ergriffen werden müssen, um auf Jugendliche/Heranwachsende im Vollzug besser Einfluss zu nehmen.

**Tab. 5.1:** Erneute allgemeine, deliktunspezifische Rückfälligkeit von ausgewählten Straftätergruppen innerhalb von vier Jahren nach Strafende (Quelle: Jehle et al., 2003)

| Täter | Rückfallquote* |
|---|---|
| alle erfassten Straftäter (947 382) | 35,7 % |
| zu freiheitsentziehenden Strafen ohne Bewährung Verurteilte | 56,4 % |
| zu Freiheitsstrafen mit Bewährung Verurteilte | 44,7 % |
| zu Geldstrafen Verurteilte | 30,2 % |
| wegen Mordes und Totschlags Verurteilte | 26,9 % |
| wegen Vergewaltigung Verurteilte | 40,7 % |
| zu Jugendstrafe ohne Bewährung Verurteilte | 77,8 % |
| zu Jugendstrafe mit Bewährung Verurteilte | 59,6 % |
| wegen Vergewaltigung zu Jugendstrafe ohne Bewährung Verurteilte | 68,0 % |

*Rückfall = erneuter Eintrag in das Bundeszentralregister (BZR) ohne Berücksichtigung der Deliktart und des Strafmaßes bei der Wiederverurteilung

Prognostiker beziehen sich in der Einschätzung einer individuellen Basisrate mitunter auf die von Jehle et al. (2003) publizierte und kommentierte Rückfallstatistik von Delinquenten nach strafrechtlichen Sanktionen. Dahle (2006) kritisiert auch mit Blick auf den recht kurzen Katamnesezeitraum von vier Jahren den „eingeschränkten Wert" der Statistik für die Prognosebeurteilung im konkreten Fall.[57] Allgemeine Angaben über Grundraten der Rückfälligkeit einer heterogen zusammengesetzten Delinquentengruppe sind nicht sehr hilfreich. Basisraten zu Rückfällen bestimmter Straftäter sollen – wie bereits ausgeführt – dem Prognostiker in der konkreten Begutachtung eines Delinquenten Orientierung bieten. Für viele Delikte ist jedoch eine Bezugnahme auf „differenzierte Erkenntnisse über Basisraten" nicht möglich (Endres, 2002, S. 10). Auch ist zu bedenken, dass Studien zur Legalbewährung aus Sanktionen entlassener Straftäter überwiegend hoch selektive Stichproben zugrunde liegen, was die Übertragung festgestellter Basisraten auf den Einzelfall problematisch macht. Tötungsdelikte betreffend berichten Rode und

---

57 Wegen der Tilgungsfristen für Eintragungen im Bundeszentralregister sind lange Risikozeiträume („time at risk") jedoch nicht zu realisieren, weshalb man sich in der Rückfallforschung im Allgemeinen mit Intervallen von 4 bis 5 Jahren begnügen muss.

Scheld (1986) aufgrund einer empirischen Studie von einer geringen Rück-fallquote (2–3 %) der Täter. Insbesondere „Affekt- und Konflikttäter" seien in diesem Sinne prognostisch günstig, demgegenüber „persönlichkeitsgestör-te Täter", „zu aggressiven Reaktionen neigende Alkoholiker" und „rational planende Täter" prognostisch ungünstiger einzustufen. Zweifel an der von Rode und Scheld (1986) berichteten, generell niedrigen Rückfallquote von Delinquenten nach einem Tötungsdelikt (Mord, Totschlag) sind angebracht (vgl. Endres, 2002)[58]:

- Es wird hier nur der einschlägige Rückfall berücksichtigt, nicht aber, dass z. B. ein Mörder später andere schwere Straftaten verübt, wie Körperver-letzung, Vergewaltigung etc. (siehe Angaben zur Rückfallquote in **Tabelle 5.1**).
- Schwerstkriminelle, brutale Täter bleiben vergleichsweise länger in Haft oder werden in Sicherungsverwahrung genommen. Demgegenüber werden als weniger gefährlich eingestufte Delinquenten früher aus der Haft entlas-sen. Erstere können nicht rückfällig werden. Die aus der Haft Entlassenen haben von vornherein eine bessere Prognose. Ausleseeffekte bestimmen so-mit die Basisrate wesentlich mit.
- Es „ist auch zu beachten, daß sogenannte ‚Beziehungstäter' zumindest in Teilgruppen hohe einschlägige Rückfallraten aufweisen, wenn man nicht nur Tötungsdelikte, sondern alle Formen von Beziehungsgewalt berücksich-tigt (Grann & Wedin, 2002)" (Endres, 2002, S. 11).

Für die Einschätzung von Basisraten wird dem tätigen Prognostiker auch die Heranziehung von Ergebnissen aus besonders geeigneten empirischen Rück-fallstudien empfohlen.[59] In solchen Rückfallstudien werden spezielle Delikt-gruppen differenziert, wobei es sich häufig um Straftaten handelt, denen ein herausgehobenes Interesse gilt, weil sie etwa besonders schadensträchtig sind und/oder als ausgesprochen verwerflich angesehen werden. So befassen sich Rückfallstudien nicht selten mit Sexualdelinquenz. Egg (1998) und auch Elz (2001, 2002) haben aufgrund recht umfassender Untersuchungen Daten zur Rückfälligkeit und Legalbewährung von Sexualstraftätern publiziert (siehe Kap. 5.2). Die so ermittelten Basisraten können in entsprechenden zur Prog-nosebeurteilung anstehenden Fällen zu einer ersten groben Einschätzung mög-licher zukünftiger Delinquenz herangezogen werden.

Andere Erfahrungen und wissenschaftliche Erkenntnisse zu Rückfallrisiken bestimmter Straftäter gehen über Basisrateneinschätzungen deutlich hinaus, indem in entsprechenden Studien *Merkmale* für eine Risikobeurteilung eruiert werden, die dann im Einzelfall abgeprüft werden können (siehe Kap. 5.2 und 6.2). Viele Studien befassen sich bevorzugt mit der Erforschung solcher Risi-

---

58  Zur Methodenkritik an der Studie siehe Endres (2002).
59  Zur methodenkritischen Diskussion von Rückfallstudien und der Brauchbarkeit ihrer Ergebnisse siehe Dahle (2006).

ko- oder Gefährdungsmerkmale delinquenten Handelns. Ihre Identifikation soll im Einzelfall eine valide Prognoseeinschätzung gewährleisten.[60] Vernachlässigt wurden hierbei allerdings lange Zeit Faktoren, die möglicherweise ein vorhandenes Rückfallrisiko abschwächen oder gar kompensieren können. Hier hat in der Forschung inzwischen ein Umdenken stattgefunden, sodass in entsprechenden Studien zum Rückfallrisiko von Straftätern auch nach Merkmalen gefahndet wird, die als Indizien einer Legalbewährung gelten können. Die Anstrengungen in dieser Richtung sollten allerdings noch erhöht werden (Egg, 2005). Positive Merkmale haben mittlerweile in die konkrete Prognosebegutachtung Eingang gefunden, wenn beispielsweise die Art des sozialen Empfangsraums eines aus Sanktionen entlassenen Straftäters in der Prognosebeurteilung berücksichtigt wird. Anderenfalls würden durch Defizite in der Begutachtung auch Fehlbeurteilungen in Kauf genommen. Würde etwa die Prognoseeinschätzung eines Maßregelpatienten ausschließlich auf der Basis statischer (unveränderbarer) Risikomerkmale seines zurückliegenden Lebenslaufs (der Delikt- und Sanktionsbiographie) getroffen, könnte sie am Ende der Maßnahme nicht anders lauten als zu deren Beginn. Die als protektiv zu verstehenden Faktoren schließen andere als riskant erkannte Merkmale und Aspekte nicht aus, sie vermögen aber deren Wirksamwerden zu verhüten. Es kommt ihnen gleichsam ein rückfallverhindernder Einfluss zu. Die Forschung ist bemüht, solche Wirkungszusammenhänge und möglichen Interdependenzen von riskanten und risikomindernden Einflussfaktoren (Schutzfaktoren) aufzuklären.

Die Prognosebegutachtung ist häufig mit Straftätern befasst, die ursprünglich als gefährlich eingeschätzt wurden, inzwischen aber Interventionen (Maßregelbehandlung, Sozialtherapie, andere spezielle Therapien) durchlaufen haben.[61] Damit stellt sich für Forschung und Praxis gleichermaßen die Frage nach der Beeinflussbarkeit und tatsächlichen Veränderung rückfallriskanter Merkmale und Faktoren des zur Entlassung aus Sanktionen anstehenden Straftäters. Für den Gutachter kann sich folgende Beurteilungsschwierigkeit ergeben: Einerseits spricht die Berücksichtigung statischer (unveränderbarer) Risikofaktoren (z. B. Vorstrafenregister, konkretes Straftathandeln, psychopathische Persönlichkeit) des Gefangenen für seine auch zukünftige Gefährlichkeit. Andererseits aber hat die Therapie, der sich der Proband unterzogen hat, ja gerade unter dem Aspekt der Beeinflussung und Veränderung seiner Gefährlichkeit

---

60  Nicht selten ist in Rückfalluntersuchungen von nur wenigen für die Prognose relevanten Prädiktoren die Rede. Hinsichtlich der Prognosestellung im Maßregelvollzug nennt Gretenkord (2001): Lebensalter bei der Entlassung, Diagnose einer Persönlichkeitsstörung, Vorbelastung mit einem Gewaltdelikt und mindestens zweimal aggressives Verhalten während der Unterbringung. Endres (2002) weist darauf hin, dass Rückfallstudien den möglichen prädiktiven Wert *dynamischer* Faktoren schon wegen des vergleichsweise höheren Arbeitsaufwandes selten untersuchen, sodass der Schluss, dass statische Faktoren die höchsten Korrelationen mit Deliktrückfälligkeit aufwiesen, nicht haltbar sei.

61  Zu den Therapieformen für Maßregelvollzugspatienten siehe Pfäfflin (2006).

stattgefunden, letztlich mit dem Ziel einer günstigeren Prognose zukünftigen Verhaltens. Tatsache ist, dass Interventionen neue Realitäten schaffen können und Merkmale etablieren, denen im Hinblick auf ein Rückfallrisiko protektive Funktionen zuzuschreiben sind. Untersuchungen zu den Wirkungen von Interventionen auf das zukünftige Legalverhalten betreffen Straftäter im Allgemeinen (Lösel & Bender, 1997), aber auch spezielle Delinquentengruppen (z. B. Straftäter mit besonderer Aggressionsproblematik, Sexualstraftäter). Es wird allgemein davon ausgegangen, dass Therapien von Straftätern das Rückfallrisiko reduzieren (Lau, 2003). Psycho- und Sozialtherapie im Straf- und Maßregelvollzug tragen in ihrer spezialpräventiven Funktion wesentlich zur Rückfallverhütung einer straffälligen Klientel bei, vor allem dann, wenn die Behandlungsmaßnahmen ganz gezielt auf Veränderungen der bekannten individuellen kriminogenen Risiken ausgerichtet sind (Pfäfflin, 2006). Demzufolge wird eine fehlende Therapiebereitschaft untergebrachter Delinquenten negativ bewertet. Forschung und Strafvollzugspraxis stellen allerdings das Konzept einer fehlenden Therapiebereitschaft von Inhaftierten in Frage. Sofern eine entsprechende Behandlungsindikation besteht, hängt die Motivation tatsächlich therapiebedürftiger Häftlinge, sich auf entsprechende Maßnahmen einzulassen, nicht unbedeutend vom jeweiligen Anstaltsklima ab (siehe Dahle, 1995, 1998; Dahle & Steller, 1990), das sich hierzu positiv, aber auch „antitherapeutisch" darstellen kann. Das zum *Ausdruck gebrachte* Maß an Therapiebereitschaft – auch von Häftlingen, die sich selbst als behandlungsbedürftig wahrnehmen – wird wesentlich von externen, mit der Anstaltsinstitution in Zusammenhang stehenden strukturellen Faktoren (wie Einstellungen zu Therapie, Behandlungsangebote, Therapieanreize) mitbestimmt. Mangelhafte oder fehlende Therapiebereitschaft eines Häftlings können demnach nicht unbedingt als Ausdruck der Person verstanden werden. Therapieeignung von Strafgefangenen ist stets „als interaktives Personen-Angebot-Konzept" (Steller, 2005, S. 14) zu begreifen.

Abschließend werden in **Tabelle 5.2** einzelne statische und dynamische Merkmale aufgeführt, für die in der Crime-Studie (Dahle, 2005a) ein statistisch bedeutsamer Zusammenhang mit der langfristigen Straftatrückfälligkeit von haftentlassenen Delinquenten ermittelt wurde. Wie auch in anderen Untersuchungen weisen unter den statischen Merkmalen diejenigen der Delinquenzvorgeschichte die größten Zusammenhänge mit der Rückfälligkeit auf, gefolgt von Hinweisen auf frühe Verhaltensauffälligkeit und Fehlanpassung. Bezogen auf die dynamischen Aspekte ist besonders die Bedeutung der sozialen Einbettung im Zeitpunkt der Haftentlassung herauszustellen. Die sozialtherapeutische Behandlung scheint langfristige Effekte zu haben und damit den bekannten Nutzen von Therapie im Sinne einer spezialpräventiven Rückfallverhütung zu bestätigen. Es ist davon auszugehen, dass die heute verfügbaren Methoden einer effektiven, integrativen Therapie dazu beitragen, die Zahl zukünftiger Kriminalitätsopfer deutlich zu verringern.

**Tab. 5.2:** Signifikante Korrelationen einzelner Merkmale mit der langfristigen Rückfälligkeit haftentlassener Straftäter (Quelle: Crime-Studie; Dahle, 2005a)

| Merkmal | Spearman rho |
|---|---|
| Alter bei Ersteintrag (BZR) | –.33** |
| Anzahl Vorstrafen (BZR) | .28** |
| Vorhaft als Erwachsener (BZR) | .32** |
| Delinquenz in Kindheit | .14* |
| Heimkarriere | .19** |
| Persönlichkeitsstörung | .13* |
| kriminogener Bekanntenkreis zum Zeitpunkt der Entlassung aus Indexhaft | .21** |
| intakte Partnerschaft zum Zeitpunkt der Entlassung … | –.13* |
| soziale Einbettung insgesamt zum Zeitpunkt der Entlassung … | –.16* |
| kriminogene Kognitionen (kriminalitätsfördernde Einstellungen) | .21** |
| Suchtmittelmissbrauch | .12* |
| Konflikte/Aggressionen (Tätlichkeiten während Indexhaft) | .17** |
| sozialtherapeutische Behandlung | –.33** |
| Anzahl disziplinarischer Vorkommnisse während Indexhaft | .26** |
| Flucht während Indexhaft | .10* |
| Delikte während Lockerungen in der Indexhaft | .17** |

*p<.05; **p<.01 (einseitige Prüfung)

## 5.2 Das Wissen um bestimmte Delinquentengruppen und sein Nutzen für die Prognosebeurteilung – am Beispiel von Sexualstraftätern

Entgegen der Darstellung in den Medien und im Gegensatz zu der in der Bevölkerung verbreiteten Meinung sind nach den Statistiken für Sexualdelikte die entsprechenden Fallzahlen seit Jahren abnehmend. Egg (2006) weist darauf hin, dass beispielsweise der sexuelle Kindesmissbrauch zwischen 1955 und 1965 bedeutend häufiger zu registrieren war als heute. Auch Sexualmorde haben abgenommen. „Von einem ständigen oder gar rapiden Anstieg sexueller Delikte" – wie oft behauptet – „kann […] in Deutschland nicht die Rede sein" (vgl. Egg, 2006, S. 560). Ebenso entbehrt die weit verbreitete Ansicht einer generell hohen und andauernden Rückfallneigung von Sexualstraftätern jeder wissenschaftlichen Grundlage. Sie ist schon deshalb nicht aufrechtzuerhalten, weil es weder „*die*" Rückfallneigung noch „*den*" Sexualstraftäter gibt. So sind

z. B. beim sexuellen Kindesmissbrauch verschiedene Tätertypen zu eruieren (Schorsch & Pfäfflin, 1994). Es ist auch unter Sexualdelinquenten ein zu differenzierendes Rückfallpotenzial auszumachen. Zu Hochrisikogruppen wären u. a. solche Täter zu rechnen, die Gewalt nicht nur zur Zielerreichung ihrer Interessen einsetzen und deren Sexualpräferenzstörung (Sadismus) verfestigt ist, auch bestimmte pädosexuelle Missbrauchs-Wiederholungstäter mit eindeutiger Fixierung auf kindliche Opfer, vor allem bei einem zu beobachtenden Sexualdelinquenzverlauf mit den Merkmalen von Progredienz und Intensitätssteigerung. Marneros (2007, S. 37) berichtet, dass die progrediente Verlaufsform der Perversion häufig bei sexuellen Tötungsdelikten zu finden ist.[62]

**Tab. 5.3:** Rückfälligkeit von Sexualstraftätern

| Sexualdelikt | Einschlägige Rückfallquote (erneute Sexualstraftat) | |
|---|---|---|
| Sexualstraftat (allgemein) | 13,4 %* | Hanson & Bussière, 1998 |
| Sexuelles Gewaltdelikt | 18,9 %* | Hanson & Bussière, 1998 |
| Sexuelles Gewaltdelikt | 19 %** | Elz, 2001, 2002 |
| innerfamiliäres Gewaltdelikt | 6–7 %** | Elz, 2001, 2002 |
| Gewalttat an unbekanntem Opfer | 33 %** | Elz, 2001, 2002 |
| Vergewaltigung | 13 %*** | Rehder, 2001; Rehder & Suhling, 2008[63] |
| Kindesmissbrauch | 12,7 %* | Hanson & Bussière, 1998 |
| Kindesmissbrauch | 22 %** | Elz, 2001, 2002[64] |
| innerfamiliärer Missbrauch | 6–7 %** | Elz, 2001, 2002 |
| außerfamiliärer Missbrauch | 25 %** | Elz, 2001, 2002 |
| Sexualstraftat mit Folge einer stationären Maßregel | 30 %**** | Elz, 2001, 2002 |

*Beobachtungszeitraum 4 bis 5 Jahre
**Beobachtungszeitraum mindestens 6 Jahre
***Beobachtungszeitraum durchschnittlich 7 Jahre
****Beobachtungszeitraum 3 Jahre

---

62 Ausführungen zu der eher kleinen Gruppe von Gewaltstraftätern mit sadistischer Störung und zur Analyse sexueller Perversion siehe Giese (1962), Schorsch et al. (1985), Kröber (2006a), Marneros (2007).

63 Egg (1998, S. 66) berichtet für eine Stichprobe wegen Vergewaltigung Verurteilter bei einem Bewährungszeitraum von ca. 5 Jahren eine Quote des einschlägigen Rückfalls von 14 %. Bei differenzierter Betrachtung dieser Gruppe finden sich deutlich mehr einschlägige Rückfälle „bei Personen mit höheren Strafen bzw. mit nicht zur Bewährung ausgesetzten Jugend- oder Freiheitsstrafen".

64 Egg (1998) gibt für eine entsprechende Stichprobe Verurteilter eine Quote des einschlägigen Rückfalls von 20 % an.

**Tabelle 5.3** sind einschlägige Rückfallquoten für Sexualstraftäter(gruppen) zu entnehmen. Sie beruhen auf einer 61 Studien einbeziehenden Meta-Analyse von Hanson & Bussière, die insgesamt mehr als 23 000 Sexualstraftäter umfasst, sowie überwiegend auf Ergebnissen einer Studie von Elz (2001, 2002; „Legalbewährung und kriminelle Karrieren von Sexualstraftätern"), in der Strafregister-Auszüge (BZR) sowie Strafakten von fast 780 ehemals verurteilten Sexualstraftätern analysiert wurden. Es fällt auf, dass innerfamiliäre sexuelle Gewalt- und Missbrauchsdelikte im Vergleich zu den entsprechenden außerfamiliären Straftaten erheblich geringere einschlägige Rückfallquoten aufweisen. Die sonstigen Rückfallquoten der Delinquenten übertrafen die einschlägige erneute Straffälligkeit zum Teil erheblich[65], weshalb die Studie von Elz (2001, 2002) auch Merkmale eruierte, welche die einschlägig Rückfälligen von den nur sonstig bzw. nicht Rückfälligen ausreichend unterscheiden. „Mit unterschiedlicher Gewichtung und unter Vernachlässigung dynamischer Faktoren (wie es angesichts einer Strafaktenanalyse nicht anders möglich ist) lassen sich [...] u. a. folgende Risikomerkmale darstellen" (Egg & Elz, „Rückfälligkeit von Sexualstraftätern", http://krimz.de/sexrueckfall.html), die als Prädiktoren eines einschlägigen Rückfalls verstanden werden können (siehe Egg, 2006):

- Vorstrafen wegen sexueller Delikte,
- geringes Alter beim ersten Sexual- bzw. Bezugsdelikt,
- Missbrauch (auch) männlicher Opfer,
- Missbrauch jüngerer Kinder (unter 10 Jahren),
- keine Vorbeziehung zwischen Täter und Opfer,
- geringer Alkoholeinfluss bei der Tat,
- ungünstige Sozialisation, eigene Gewalterfahrungen,
- frühe psychiatrische Auffälligkeit oder Therapie des Täters,
- volle Verbüßung einer Freiheitsstrafe (keine Strafrestaussetzung zur Bewährung).

Elz (2005) untersuchte die Karriereverläufe „gefährlicher Sexualstraftäter". Im Sinne der Studie sind dies Personen, die wegen eines Sexualdelikts verurteilt wurden und bei denen gleichzeitig die Anordnung der Sicherungsverwahrung erfolgte. Es handelt sich um insgesamt 65 Probanden aus den Entscheidungsjahren 1999 und 2000. Es zeigt sich, dass die definierte Gruppe der gefährlichen Sexualstraftäter alles andere als homogen ist und ihre kriminellen Karrieren qualitativ wie quantitativ bedeutsam differieren. Im Hinblick auf prognostische Einschätzungen ist von Interesse, dass ein wesentlicher Teil der untersuchten Probanden der herkömmlichen Vorstellung des gefährlichen Sexualstraftäters, der immer wieder neue Sexualdelikte begeht, nicht entspricht: Im Verlauf ihrer kriminellen Karriere werden Sexualstraftaten quantitativ unbedeutender, stattdessen treten sie zunehmend mit Vermögens- und gewaltlosen Eigentumsdelikten in Erscheinung. Auch Egg (1998, S. 67) weist darauf hin, dass die ein-

---

65 Hanson & Bussière (1998) berichten eine allgemeine Rückfallquote von 36,3 %. Egg (2006) gibt eine entsprechende Quote von 52 % an.

schlägigen Rückfallraten von Sexualstraftätern, die bei etwa 12 bis 20 % lägen, „nicht die in der Bevölkerung [...] geäußerten Ängste einer extrem hohen Gefährdung durch immer wieder rückfällige Sexualstraftäter bestätigen". Er betont aber, dass die Tatsache einer „insgesamt hohen Zahl neuerlicher Verurteilungen wegen anderer, teilweise auch schwerer Delikte, vor allem bei den wegen Vergewaltigung Vorbestraften", kein Anlass sein könne, die mit dieser Delinquentengruppe „verbundene gesellschaftliche Problematik zu verharmlosen".

Die Datenerhebungen zu Sexualstraftätern durch die Kriminologische Zentralstelle (KrimZ) in Wiesbaden gewähren auch Einblick in die sogenannte Rückfallgeschwindigkeit von Sexualdelikten. Danach „verübten zwar über die Hälfte aller Rückfälligen bereits in den ersten zwei Jahren des Risikozeitraums erneut ein Sexualdelikt, aber auch im sechsten Jahr kam es noch in 7 % der Fälle *erstmalig* zu einem Rückfall" (vgl. Egg, 2006, S. 567f.). Es ist anzunehmen, dass in einem noch längeren Risikozeitraum weitere „späte" Rückfälle festgestellt worden wären. „Gerade bei Sexualdelikten kann es [...] auch nach etlichen Jahren eines straffreien Lebens noch zu Rückfällen kommen" (Egg, 2006, S. 566).

Kinder, Jugendliche und Heranwachsende sind nicht nur Opfer, sondern auch Täter von Sexualdelikten. An unterschiedlichen „Ursachen" dieser Delinquenz werden die Entwicklung betreffende Besonderheiten und Defizite (u. a. ein abwesender oder schwacher Vater und eine dominante Mutter), zerebrale Schädigungen, Persönlichkeitsstörungen, Mangel an Selbstwert, Außenseitertum und Kontaktgestörtheit diskutiert. Nicht wenige wurden in der Vergangenheit selbst Opfer von Sexualstraftaten, weshalb diese auch als „Opfer-Täter" gesehen werden. Elz (2003) hat junge Sexualstraftäter (erstes Sexualdelikt vor dem 21. Lebensjahr) untersucht und für diese Delinquentengruppe eine erhebliche Quote allgemeiner Straftatrückfälligkeit festgestellt (90 %). 29 % boten eine einschlägige Rückfälligkeit im Begehen weiterer Sexualdelikte.

Rasch und Konrad (2004) verweisen unter Bezug auf Hanson und Bussière (1998) und Ermer und Dittmann (2001) auf Studien für die Deliktgruppe von Sexualstraftätern. Für ein Rückfallrisiko werden folgende Merkmale herausgestellt, wobei die Identifikation dieser Merkmale auf der Basis einer inhaltlichen Analyse des Täters, seiner Tatvorgeschichte, des Tatgeschehens, des Umgangs mit der Tat, seiner Einstellung zum Opfer, der Behandlungsmotivation und dergleichen erfolgt[66]:

---

66  Egg (2005) weist im Zusammenhang mit der Forderung nach größerer Forschungsanstrengung auf dem Gebiet der kriminalprognostischen Bedeutung dynamischer Faktoren darauf hin, dass einige klinische Variablen wie Opferempathie, Verantwortungsübernahme und Therapiemotivation in ausländischen Studien unerwartet niedrige Korrelationen mit einschlägigem Rückfall von Sexualstraftätern boten. Ihre prognostische Relevanz muss weiter abgeklärt werden. Sie besteht zwar (siehe z. B. die Einschätzung durch Dittmann u. a.), sie wird aber möglicherweise überschätzt.

- fixierte sexuelle Devianz (Perversion, Paraphilie)[67],
- sexuelle Seriendelikte (besonders hohe Tatfrequenz),
- progrediente deviante Fantasien und Handlungen,
- sadistische Fantasien und Handlungen,
- massive Gewaltanwendung bei der Tat (Verletzung des Opfers, Waffengebrauch),
- frühe Delikte (auch außerhalb der Sexualdelinquenz),
- früher Beginn sexueller Delinquenz,
- Verschiedenartigkeit der Sexualdelikte,
- fremde Opfer,
- Bagatellisierung oder Leugnung,
- Projektion des Fehlverhaltens auf die Opfer,
- geltend gemachte Berechtigung zu sexueller Befriedigung ohne Einwilligung,
- deliktfördernde Grundhaltung („Frauen wollen das", „Sexualität schadet Kindern nicht"),
- Unfähigkeit, eine angemessene stabile Partnerschaft einzugehen,
- falsche Selbsteinschätzung bezüglich Risikosituationen,
- Behandlungsabbruch.

Die aufgeführten Merkmale haben ein unterschiedliches Gewicht. Das Zutreffen ganz bestimmter kritischer Merkmale wird trotz des Fehlens manch anderer Aspekte die prognostische Einschätzung wesentlich beeinflussen, sodass z. B. bei einem Sexualstraftäter mit einer fixierten sexuellen Devianz und progredienten devianten Fantasien sicher von einer sehr hohen Rückfallgefahr ausgegangen werden muss. „Lebenslang gefährliche Sexualstraftäter" zählen allerdings zu den „sehr seltenen Fällen" (siehe Egg, 2006, S. 568f.). In der KrimZ-Studie war für fast 70 % der Täter das untersuchte Sexualdelikt die einzige registrierte Sexualstraftat. Sogenannte „Serientäter" (mit mindestens drei Sexualdelikten im Lebenslauf) waren mit weniger als 10 % aufzufinden.

Wie wichtig es ist, die von Rasch und Konrad herausgestellten Risikomerkmale im Rahmen der Prognoseerstellung nicht einfach abzuprüfen, sondern ihre Bedeutung nur in genauer Kenntnis des Probanden, seiner Biographie und der begangenen Straftat zu beurteilen, soll am Beispiel des Merkmals der Deliktleugnung, die im Allgemeinen negativ gewichtet wird[68], erläutert werden. Eine beträchtliche Zahl der wegen sexuellen Kindesmissbrauchs belangten Personen (Inzesttäter) leugnet ihre Tat, auch noch nach rechtskräftiger Verurteilung. Dennoch ist die Rückfallwahrscheinlichkeit dieser Probanden erfahrungsgemäß

---

67 Bekanntermaßen ist früh einsetzende sexuelle Devianz ein Risikofaktor für künftige schwere Sexualdelinquenz. Diese Täter gelten als besonders gefährlich. Vortrag von Prof. Dr. jur. Heinz Schöch auf dem Landespsychologentag Rheinland-Pfalz am 07.11.2009 (report psychologie, 35, 1/2010).

68 Auch Gerichte bewerten es positiv, wenn Straftäter gestehen und sich zu ihrer Tat bekennen.

als sehr gering anzusehen (siehe Beier, 1997; Rehder, 2001; Endres, 2002).[69] Es sind nämlich häufig Täter mit einer unauffälligen Biographie (keine Vorstrafen, sozial integrierter Lebensstil), mit einer gehemmten Persönlichkeit (nicht dissozial, eher ängstlich, aggressionsgehemmt) und einer bestimmten Deliktstruktur (innerfamiliärer Missbrauch, oft nur ein Opfer, oft zeitlich weit zurückliegende Taten (vgl. Endres, 2002, S. 14).[70] Dissoziale Missbrauchs- und Vergewaltigungstäter hingegen haben „selten Scheu, ihre Taten zuzugeben" (Endres, 2002, S. 15), sie haben aber ein erhöhtes Rückfallrisiko. In einer Untersuchung von Berner und Karlick-Bolten (1986) an 326 Sexualstraftätern ergab eine 5-Jahres-Katamnese für diejenigen mit der Diagnose „Persönlichkeitsstörung" eine hohe Rückfälligkeit. 76 % wurden erneut wegen Straftaten verurteilt, 47,9 % wegen eines Sexualdelikts. Allgemein die Deliktleugnung als Indikator einer eher ungünstigen Prognose zu sehen und umgekehrt die Tatbekennung positiv zu bewerten, ist demnach nicht unproblematisch. Nach Rehder (1993) finden sich unter Sexualdelinquenten 21 % völlige Tatverleugner und 29 % uneingeschränkte oder eingeschränkte Tatbekenner. Tatbekenner haben zwar in der Regel eine günstigere Einstellung zu einer Therapie, Tatverleugner aber sind keineswegs als therapieresistent anzusehen. Therapiemotivation, das Aufgeben der Tatverleugnung und die Verantwortungsübernahme sollten nämlich nicht als zu fordernde Vorbedingungen für eine Therapie gelten, vielmehr ein Therapie*ziel* darstellen. Eine in der Therapie erlangte Verantwortungsübernahme des Delinquenten für die Tat ermöglicht die Entwicklung von Opferempathie, deren Fehlen häufig eine sexuelle Gewalttat erst möglich macht (siehe Bullens & Egg, 2003).

Die Ergebnisse vieler Rückfallstudien sind deshalb mit einer angemessenen kritischen Distanz zur Kenntnis zu nehmen, weil sie sich auf Risikofaktoren aus der bisherigen Biographie von Straftätern, d. h. auf statische Merkmale konzentrieren. Wie jedoch in Kapitel 5.1 dargelegt, haben wir inzwischen ein breiteres Wissen um Faktoren und Merkmale, die das Rückfallrisiko eines Straftäters mindern können. Dieses Wissen ist für die Prognosebeurteilung von hoher Relevanz. Zu potenziell wirksamen Einflussgrößen zählen unterschiedliche Behandlungen und Therapien. Vorübergehend schien im forensischen Bereich eine gewisse therapeutische Resignation einzutreten. Gerade am Bei-

---

69  Dies darf nicht darüber hinwegtäuschen, dass ein anhaltendes Leugnen des Sexualstraftäters eine notwendige Auseinandersetzung mit der Tat, erst recht eine angezeigte Therapie, welche die Persönlichkeitsanteile als Straftatvoraussetzungen bearbeiten könnte, verhindert. Auch die diagnostischen Möglichkeiten im Rahmen der Begutachtung dürften eingeschränkt werden, was ungünstigstenfalls dazu führen könnte, dass eine sexuelle Präferenzstörung mit einer vergleichsweise schlechten Prognose nicht erkannt würde.

70  Endres (2002, S. 15 und 20) vermutet, dass insbesondere Inzesttäter, deren Persönlichkeit durch Hemmungen geprägt ist, „sehr häufig Probleme haben, über ihre Tat zu sprechen, und deshalb zum Leugnen Zuflucht nehmen". „Leugnungstendenzen" seien bei Inzest-Missbrauchstätern „durchaus typisch".

spiel der Behandlung von Sexualstraftätern, die etwa ein Drittel der im Maß-regelvollzug untergebrachten Personen darstellen, ist ein therapeutischer Paradigmenwechsel in der Straftätertherapie deutlich zu erkennen, weg von der Symptombehandlung und hin zu einer deliktorientierten und rückfallpräventiven Therapie (siehe hierzu u. a. Fiedler, 2004a).

Bezogen auf die Paraphilien gehen Fachleute heute davon aus, dass Störungen der Sexualpräferenz zwar nicht heilbar sind – Verhaltensrisiken also bestehen – , die hiervon Betroffenen aber lernen können, mit ihrer Neigung so umzugehen, dass keine anderen Personen Opfer dieser Neigung werden und Schaden erleiden müssen („no cure but control"). Eine praktizierte deliktpräventive Therapie (Elsner, 2001, 2004) „fokussiert [...] auf Inhalte, die in einem direkten Zusammenhang mit der sexuellen Delinquenz stehen" (Elsner, 2004, S. 114).[71] Mit anderen Worten, eine solche Therapie trägt wesentlich dazu bei, protektive Faktoren (Schutzfaktoren) zu initiieren, die bei einem ehemals straffällig gewordenen Sexualdelinquenten einen rückfallverhindernden Einfluss auszuüben vermögen.

Wie bei Straftätern im Allgemeinen, so gilt auch für Personen mit Sexualdelinquenz grundsätzlich die Möglichkeit einer erfolgreichen Behandlung (siehe Postpischil, 2004; Egg, 2006; Jost, 2008; Fiedler, 2010). Die Anwendung neuerer Therapiemethoden bei Sexualstraftätern führt zu einer Senkung der strafrechtsrelevanten Rückfälligkeit (siehe **Tab. 5.4**). Hierbei zeigen „kognitiv-behaviorale Vorgehensweisen (bei erwachsenen Delinquenten) besonders günstige Effekte" (Egg, 2003, S. 43). Insbesondere die frühe Behandlung bei jungen Sexualstraftätern reduziert die einschlägige Rückfälligkeit. Egg (2006, S. 571) verweist auf die Einschätzung von Hanson et al. (2002), „wonach kein Behandlungsprogramm eine vollständige Beendigung der Straffälligkeit garantieren kann".

**Tab. 5.4:** Senkung der Rückfälligkeit von Sexualstraftätern nach Therapie (Zahlenangaben siehe Brand, 2007, S. 196)

|  | Senkung der Rückfälligkeit durch Therapie |
| --- | --- |
| allgemeine Rückfälligkeit | von 51 % auf 32 % |
| einschlägige Rückfälligkeit | von 17 % auf 10 % |

Internationale Studien kommen zu recht übereinstimmenden Befunden: Bleiben inhaftierte Sexualstraftäter unbehandelt, werden sie zu ca. 25 % einschlägig rückfällig (Katamnesezeitraum 5 bis 10 Jahre). Unter Therapie sinkt diese Quote um 15 % auf 10 % (Fiedler, 2004, 2010). Durch eine entsprechende längerfristige Nachbetreuung im Anschluss an die Therapie während der Haft

---

71  Es sei angemerkt, dass insbesondere für Sexualstraftäter mit einer starken Rückfallneigung auch von einer Indikation einer medikamentösen Behandlung ausgegangen wird (siehe hierzu Hill, Briken, Kraus, Strohm & Berner, 2003).

könnte eine Rückfallquote auch unter 10 % erreicht werden. Diesbezüglich besteht Verbesserungsbedarf.

Sexualstraftäter, von denen nach Fiedler (2010) etwa nur ein Drittel Gewalttäter mit einer antisozialen Persönlichkeitsstörung darstellen, bieten überwiegend Defizite im sozialen Verhalten und andere psychische Auffälligkeiten, die mitunter zwar nicht erkannt werden, aber dennoch Behandlungsbedarf anzeigen. „Die meisten Sexualtäter sind selbstunsichere Menschen mit einer ängstlich-vermeidenden Persönlichkeit. [...] Etwa die Hälfte hat Phobien und Depressionen, viele leiden unter sexuellen Funktionsstörungen" (Fiedler, 2010, S. 79).[72] Es finden sich „komorbide psychiatrische Störungen, die den Therapieverlauf beeinflussen und nicht unerheblich zur Rückfallwahrscheinlichkeit beitragen" (Brand, 2007, S. 188; siehe hierzu auch Elsner 2006). Für die Gruppe der Täter mit an Kindern verübten sexuellen Delikten berichten Eher, Grünhut, Frühwald und Hobl (2001, S. 97) von folgenden Störungen:

33 % affektive Störungen,
12 % Angststörungen,
42 % Alkoholmissbrauch oder -abhängigkeit,
81 % Pädophilie (bei 17 % weitere Paraphilien),
21 % antisoziale Persönlichkeitsstörung.

Was die Behandelbarkeit von Sexualstraftätern anbelangt, differenziert Brand (2007, S. 188) drei Gruppen:

Gruppe 1: keine Behandlungsnotwendigkeit (Remissionseintritt der Störung),
Gruppe 2: Behandlungsbedürftigkeit,
Gruppe 3: Therapieresistenz.

Egg (2006, S. 569) beschreibt mit einer gewissen Vorsicht Personen der letztgenannten Gruppe und äußert: „Sicher gibt es Sexualstraftäter, die wegen ihrer bisherigen sozialen und persönlichen Entwicklung und vieler vorausgehender gescheiterter Versuche oder wegen ihres hohen Maßes an fantasiegesteuerten, planvollen Handlungen oder ihrer zu geringen Empathie für die Opfer sowie wegen ihrer zu geringen Bereitschaft zur Mitwirkung an einem Behandlungsprogramm nach dem heutigen Erkenntnisstand als kaum oder gar nicht behandlungsgeeignet einzustufen sind." Für die Hochrisikogruppe der Psychopathen gehen viele Autoren von Therapieresistenz und damit von einer fortbestehenden Gefährlichkeit aus (siehe Nuhn-Naber et al., 2002). Die Diagnose „antisoziale Persönlichkeitsstörung" ist nach Fiedler (2010) allerdings kein Hindernis einer erfolgreichen Behandlung. Insgesamt wird bei ca. 1 bis 5 % aller Sexualstraftäter Therapieresistenz angenommen, sodass bei andauernder Gefährlichkeit womöglich nur die Sicherungsverwahrung als Mittel der Wahl verbleibt. Doch auch unter einem solchen Behandlungsregime wird man

---

72 Zu den Behandlungsmöglichkeiten der heterogenen Gruppe von sexuell devianten Rechtsbrechern im Maßregelvollzug siehe Elsner (2006).

gut daran tun, Versuche ihrer Beeinflussung zu unternehmen. Von einer Gruppe als nicht therapierbar eingeschätzter Maßregelvollzugspatienten (mit der Diagnose antisoziale Persönlichkeitsstörung) wird berichtet, dass diese sich dennoch nach vielen Jahren positiv veränderten, schließlich einer Berufstätigkeit nachgingen und keine weitere Delinquenz boten (Martens, 2000, siehe Leygraf, 2006). Nach heutigem Erkenntnisstand ist ein allgemeiner Therapie-Pessimismus hinsichtlich einer Behandelbarkeit von Menschen mit Persönlichkeitsstörungen sicher nicht mehr vertretbar (Grawe, 2004; Fiedler, 2010; Kury, 2004). Die entscheidende Frage ist die nach der Geeignetheit angewandter Therapie. Nicht zuletzt unter dem Druck von Entscheidungen des Europäischen Gerichtshofs für Menschenrechte und des Bundesverfassungsgerichts setzt sich inzwischen bei politischen Entscheidungsträgern mehr und mehr die Sicht durch, dass gefährliche Straftäter nicht mehr nur sicher unterzubringen sind, sondern dass die Zeit ihrer Verwahrung auch für ein therapeutisches Arbeiten genutzt werden muss, selbst dann, wenn es erfolglos erscheinen mag.

# 6 Vorgehensweisen und Methoden der Kriminalprognose

Welche Wege können von Sachverständigen gewählt werden, um zu einer prognostischen Entscheidung zu kommen?

Üblicherweise werden in der Forensik drei Prognosemethoden oder Hauptrichtungen unterschieden (siehe u. a. Dahle, 2005b; Egg, 2005; Leygraf & Nowara, 1992; Nedopil, 2000; Rasch, 1986; Rasch & Konrad, 2004; Tondorf, 2005):

- die intuitive Vorgehensweise,
- die statistische Methode,
- die einzelfallorientierte klinische Methode.

In der Praxis gibt es Überschneidungen zwischen diesen Varianten. So enthalten z. B. bestimmte statistische Prognoseinstrumente nicht selten zu beurteilende klinische Merkmale oder auch psychiatrische/klinisch-psychologische Diagnosen.

## 6.1 Zum intuitiven Vorgehen

Die intuitive Vorgehensweise zur Erlangung einer individuellen Prognoseeinschätzung richtet sich nicht nach Vorgaben für ein ganz bestimmtes Prozedere. Sie ist auch nicht empirisch begründet, sodass eigentlich nicht von einer Methode gesprochen werden kann. Bei der intuitiven Prognoseeinschätzung handelt es sich vielmehr um ein nicht diskursives (nicht methodisch fortschreitendes), eher gefühlsmäßiges, auf die eigene subjektive Erfahrung und Menschenkenntnis gründendes Erfassen der zu beurteilenden Person und der für sie bestimmenden Umstände. Die so entstehende, nicht näher explizierte Bildung eines Gesamteindrucks von einer Person stellt die Beurteilungsbasis dar.

Ein intuitives Vorgehen muss unterhalb des Anspruchs an Validität bleiben, der an Prognoseentscheidungen zu stellen ist. Aus grundlegenden sozialpsychologischen Studien zur Personwahrnehmung und -beurteilung wissen wir, wie unzuverlässig und fehlerbehaftet intuitive Beurteilungen von Personen sind, selbst dann, wenn sie durch Fachleute erbracht werden. Eine auf Intuition beruhende Kriminalprognose bezieht sich nicht auf wissenschaftliche Erklärungen für die gemachte Vorhersage, sie „bleibt gewissermaßen auf dem Niveau der Prophezeiung – Ereignis tritt ein bzw. tritt nicht ein – stehen" (Dahle, 2005b, S. 147). Dahle (2005b, S. 147) resümiert: „Vom wissenschaftlichen Standpunkt aus betrachtet sind intuitive Prognosen nicht akzeptabel [...]. Ohne greifbare Regeln entbehrt nicht nur die Methode als solche der nötigen Transparenz und Überprüfbarkeit, sie bietet auch keinerlei Anhaltspunkte, die Qualität einer Beurteilung im Einzelfall einzuschätzen."

## 6.2 Zu statistischen Prognosemethoden – empirisch-statistische Einschätzung der Rückfallwahrscheinlichkeit

Im Gegensatz zum intuitiven Vorgehen geben statistisch-nomothetische (auf bestimmten Gesetzmäßigkeiten basierende) Methoden zur Prognoseeinschätzung Regeln für den diagnostischen Prozess vor. Sie implizieren zudem auch theoretische Vorstellungen und empirische Erfahrungen hinsichtlich Delinquenz und Rückfalldelinquenz. Statistischen Prognosemethoden liegen üblicherweise sogenannte Rückfallstudien an Straftätergruppen zugrunde, die empirisch zu ermitteln suchen, in welchen wesentlichen Aspekten und Merkmalen sich rückfällige und nicht rückfällige Rechtsbrecher unterscheiden und welche Merkmale in einem engen Zusammenhang zum Kriterium „Rückfall in die Delinquenz" stehen. Die differenzierenden Merkmale werden in Prognosetafeln aufgelistet. Sie stellen die Grundlage für eine individuelle Prognoseermittlung dar. Auf den konkreten, zur Prognose anstehenden Einzelfall angewandt, werden – je nach Instrument – Summenscores von Negativ- und Positivmerkmalen gebildet. Mitunter werden in Abhängigkeit von der Bedeutung einzelner Merkmale diese auch entsprechend gewichtet. Der für einen Probanden schließlich ermittelte Gesamt-Prognosescore wird mit Kennwerten von Subgruppen der Normstichprobe verglichen, z. B. einschlägig rückfälligen pädophilen Sexualstraftätern und solchen ohne erneute einschlägige Straftat. Die für den Probanden einzuschätzende Prognose basiert letztlich auf der durchschnittlichen Rückfallquote der Subgruppe, der er zugeordnet werden kann. Ein bestimmter Gesamt-Prognosescore liefert damit aber lediglich einen Anhaltspunkt für ein mögliches individuelles Rückfallrisiko.

Wichtig ist, dass zur Prognoseeinschätzung eines Probanden auf statistischer Basis die Tätergruppe herangezogen wird, die dem delinquenten Probanden entspricht. So wird zur Feststellung der Rückfallgefährdung eines Sexualstraftäters auf bekannte einschlägige Rückfallzahlen von Sexualstraftätern Bezug genommen. Hierzu ein fiktives Beispiel:

Ein zur Haftentlassung vorgesehener Proband X erhält aufgrund einer Prognoseliste Y einen Gesamtscore von 21. Aus einer Rückfallstudie mit vergleichbaren Straftätern sind die folgenden, der **Tabelle 6.1** zu entnehmenden Daten bekannt:

**Tab. 6.1:** Beobachtete Legalbewährung haftentlassener Straftäter mit unterschiedlicher Risikoeinschätzung aufgrund der Prognoseliste Y

| Y-Score | Beobachtungszeitraum von 5 Jahren | | |
|---------|-----------------------------------|---|---|
| | keine neue Verurteilung | Geld-/Bewährungsstrafe | erneute Straftat |
| 0–10 | 55 % | 15 % | 30 % |
| 11–16 | 32 % | 22 % | 46 % |
| > 16 | 4 % | 22 % | 74 % |

In der Gruppe, der unser Proband zuzuordnen ist (Y-Score > 16), sind nur 4 % fünf Jahre nach der Haftentlassung ohne erneute Verurteilung. Nach fünf Jahren wurden 74 % erneut zu einer Freiheitsstrafe verurteilt. Insgesamt wäre somit das Rückfallrisiko des Probanden X für erneute Delinquenz nach Haftentlassung allein aufgrund der berücksichtigten Merkmale der Prognoseliste Y als hoch einzuschätzen.

Gegenüber der intuitiven Vorgehensweise tragen die statistischen Prognosemethoden in der praktischen Anwendung zweifellos zu sehr viel valideren Prognoseeinschätzungen bei. Zu kritisieren ist aber, dass sie nur eingeschränkt auf den Einzelfall (mit seinen individuellen Risiken und Besonderheiten) eingehen (siehe hierzu u. a. Egg, 2005), weshalb der klinischen Methodik (siehe Kap. 6.3) eher der Vorzug zu geben ist (Nowara, 2004). Statistische Methoden stoßen sicher an ihre Grenzen, wenn es z. B. um prognostische Einschätzungen situativ bestimmter, entwicklungsgebundener Delinquenz junger Straftäter geht mit der Erfordernis ihrer Abgrenzung gegenüber einer einsetzenden kriminellen Karriere (vgl. hierzu Egg, 2005). Für die im Strafrecht sich stellenden Aufgaben der Prognoseeinschätzungen durch Sachverständige reichen statistische Methoden zwar nicht aus, einzelne Instrumente dieser Methodenklasse können aber als Hilfsmittel in der Begutachtungspraxis durchaus wertvolle Dienste erfüllen. Dies trifft insbesondere auf statistische Instrumente der neueren Generation zu, da diese nicht nur statische, sondern auch sogenannte dynamische Faktoren für die prognostische Beurteilung berücksichtigen. Basieren die klassischen nomothetisch-statistischen Methoden auf den Ergebnissen aus sogenannten Rückfallstudien und den dort gefundenen Zusammenhängen zwischen Merkmalen von Straftätern und Rückfall in die Kriminalität, so beziehen sich Instrumente der neueren Generation auch auf empirisch begründete Annahmen über *Ursachen und Bedingungen* von Delinquenz und krimineller Rückfälligkeit. Auf diese Weise werden z. B. in viel stärkerem Maße individuelle Merkmale der zu beurteilenden Person berücksichtigt, die als Risikofaktoren anzusehen sind. Die Anwendung statistischer Instrumente der neueren Generation[73] markiert bereits den Übertritt in den Bereich *klinischer Methoden* der Prognoseeinschätzung.

---

73 Instrumente zum „risk-needs assessment". Mit „risk" ist das Risiko oder die Wahrscheinlichkeit einer erneuten Straftat (strafbaren Handlung), kurz die Rückfallpro-

Als Beispiel für Instrumente zum „risk-needs assessment" sei zunächst das *Level of Service Inventory-Revised* (LSI-R; Andrews & Bonta, 1995) angeführt. Beim LSI-R handelt es sich um ein standardisiertes und valides Prognoseinstrument, das auf der Grundlage unausgelesener Straftätergruppen zur Einschätzung des unspezifischen und allgemeinen statistischen Rückfallrisikos entwickelt wurde. Aus zehn, für die kriminelle Rückfälligkeit relevanten Bereichen werden insgesamt 54 Merkmale erfasst und beurteilt (siehe Anhang, **Tab. 9.1**). Die Einschätzung dieser Items kann nur unter Bezugnahme auf verschiedenste Informationsquellen erfolgen und setzt einen erfahrenen Psychodiagnostiker voraus.

In **Tabelle 6.2** sind die einzelnen Risikobereiche (in Klammern die jeweilige Zahl der dazugehörigen Merkmale/Items) und deren inhaltliche Beschreibung dargestellt. Die Merkmale werden zum einen Teil nur hinsichtlich des Vorliegens (ja/nein) und zum anderen Teil anhand einer vierstufigen Skala eingeschätzt[74], wobei für eine angemessene Beurteilung der Grenzwert von 5 nicht zu bewertenden Merkmalen nicht überschritten werden sollte. Der Gesamtwert kann mit vorliegenden Rückfallnormen männlicher Strafgefangener verglichen werden. Es liegen kanadische Normen vor, aber auch Rückfalldaten aus einer deutschen Stichprobe[75], die es gestatten, ein individuelles Risikoausmaß einzuschätzen (zu den deutschen Rückfallquoten aus der Crime-Studie siehe Anhang, **Tabelle 9.2** und **Tabelle 9.3**). Das LSI-R erlaubt nicht nur eine quantitative Bestimmung des möglichen Rückfallrisikos, sondern mit Blick auf die inhaltlich verschiedenen Risikobereiche auch die Erstellung eines individuellen Risikoprofils.

Es gibt eine Reihe von neueren statistischen Prognoseinstrumenten, die im Rahmen der Einschätzung von Rückfallrisiken *spezieller Straftätergruppen* zur Anwendung empfohlen werden. Zur Vorhersage von *Gewalttaten* werden vor allem zwei in Kanada entwickelte Verfahren genannt:

- das Historical-Clinical-Risk Management 20 Item-Schema (HCR-20/Version 2; Webster, Douglas, Eaves & Hart, 1997)[76],
- der Violence Risk Appraisal Guide (VRAG; Harris, Rice & Quinsey, 1993).

---

gnose gemeint. „Needs" bzw. „criminogenic needs" bezeichnen die mit einem delinquenten Handeln verbundenen Verhaltensmuster, Einstellungen, psychopathologischen Merkmale oder Persönlichkeitseigenschaften.

74 Die Skala wird jedoch in der Endauswertung bei der Verrechnung von Risikopunkten wieder in die Werte 0 (kein Risiko) und 1 (Risiko) dichotomisiert.

75 siehe Dahle (2005a): 307 wegen unterschiedlicher Delikte zu einer Freiheitsstrafe verurteilte erwachsene männliche Straftäter, deren Rückfälligkeit je nach Fall über einen Zeitraum von maximal 7 bis 21 Jahren nach Haftentlassung beobachtet werden konnte (Berliner Crime-Studie). Als Rückfall galt jede erneute strafrechtsrelevante Handlung mit Eintragung ins Strafregister (BZR).

76 die geringfügig veränderte deutsche Version (HCR-20+3) siehe Müller-Isberner, Jöckel & Cabeza, 1998a

**Tab. 6.2:** Risikobereiche des LSI-Revised (Andrews & Bonta, 1995)

| Risikobereich | Inhalte |
|---|---|
| kriminelle Vorgeschichte (10) | Umfang und Art früherer Delikte als Jugendlicher und Erwachsener sowie Verhaltensvariablen im Rahmen früherer Sanktionen |
| Schule/Ausbildung/ Beruf/Arbeit (10) | Schulbildung, Arbeitssozialisation, Motivationsfaktoren im Leistungskontext, Problemverhalten sowie soziale Verhaltensmuster im schulischen/beruflichen Umfeld |
| Finanzen (2) | finanzielle Probleme und Erfordernis sozialer Unterstützungsleistungen |
| Familie und Partnerschaft (4) | Bindungen und kriminogene Einflüsse in der Herkunftsfamilie, dem partnerschaftlichen Bereich und im weiteren familiären Umfeld |
| Wohnsituation (3) | Stetigkeit, Qualität und etwaige kriminogene Einflüsse im Wohnumfeld |
| Freizeitgestaltung (2) | Fähigkeiten zur adäquaten Strukturierung von Freizeit und etwaige Aktivitäten mit Schutzfunktion (bzw. deren Fehlen) |
| Freundschaften/ Bekanntschaften (5) | Vorhandensein und Qualität sozialer Beziehungen außerhalb familiärer Bezüge hinsichtlich etwaiger schützender und kriminogener Einflüsse |
| Substanzkonsum Drogen/Alkohol (9) | Art und Umfang des Suchtmittelgebrauchs sowie etwaige (bislang feststellbare) Zusammenhänge mit kriminellem Verhalten, partnerschaftlichen oder beruflichen/schulischen Problemen |
| emotionale/ psychische Probleme (5) | psychopathologische Auffälligkeiten sowie psychiatrische/psychologische Behandlungsmaßnahmen |
| Orientierung (4) | kriminogene Einstellungen, Werthaltungen und Normorientierungen |

Beide Prognoseinstrumente wurden ursprünglich zur Vorhersage gewalttätigen Verhaltens (Risikobewertung) *psychisch gestörter* Rechtsbrecher konzipiert. Ihre in vielen internationalen Studien erwiesene prädiktive Validität bestätigte sich aber inzwischen auch bei der Anwendung an anderen, durch Gewalttaten in Erscheinung tretenden Straftätergruppen. Diese Einschätzung findet in der Berliner Crime-Studie entsprechende Unterstützung.

In **Tabelle 6.3** sind die in drei Gruppen unterteilten Merkmale des HCR-20 dargestellt. Es handelt sich um eine Checkliste, eine Art Leitfaden zur Prognose zukünftigen gewalttätigen Verhaltens, bestehend aus insgesamt 20 Items, von denen sich zehn auf die Vorgeschichte (historische Merkmale: H) und jeweils fünf Items auf den aktuellen klinischen Befund (klinische Merkmale: C) sowie das zukünftige Risikomanagement (Merkmale des Risikomanagements: R) beziehen.

**Tab. 6.3:** Merkmalsliste des HCR-20/Version 2 (Webster et al., 1997)[77]

| Historische Merkmale (H) | | Klinische Merkmale (C) | |
|---|---|---|---|
| H1 | frühere Gewaltanwendung | C1 | Mangel an Einsicht |
| H2 | geringes Alter bei erster Gewalttat | C2 | negative Einstellungen |
| H3 | instabile Beziehungen | C3 | aktive Symptome |
| H4 | Probleme im Arbeitsbereich | C4 | Impulsivität |
| H5 | Substanzmissbrauch | C5 | fehlender Behandlungserfolg |
| H6 | (gravierende) seelische Störung | | |
| H7 | „psychopathy" (PCL) | **Risikomanagement (R)** | |
| H8 | frühe Fehlanpassung | R1 | Fehlen realistischer Pläne |
| H9 | Persönlichkeitsstörung | R2 | destabilisierende Einflüsse |
| H10 | frühere Verstöße gegen Auflagen | R3 | Mangel an sozialer Unterstützung |
| | | R4 | mangelnde Compliance |
| | | R5 | Stressoren |

Die Bewertung der Merkmale durch den Prognostiker, der in klinisch-psychologischer und psychiatrischer Diagnostik erfahren sein sollte, folgt einem 3-Punkte-Schema:

0 = nein        das Merkmal trifft definitiv nicht zu
1 = möglich     das Merkmal trifft möglicherweise zu/ist mäßig ausgeprägt
2 = ja           das Merkmal trifft sicher zu, es ist deutlich ausgeprägt
9 = unbekannt   die Informationen reichen für eine Bewertung nicht aus

Maximale Punktwerte bei den historischen Merkmalen:    20 Punkte
maximale Punktwerte bei den klinischen Merkmalen:     10 Punkte
maximale Punktwerte beim Risikomanagement:        10 Punkte

Maximaler Gesamtwert im HCR-20:              40 Punkte

Die Autoren des HCR-20 legen keine Punktwerte für die Risikoeinschätzung (niedriges, mittleres, hohes Risiko) fest, da für die Gesamt-Punktwerte nur mit Einschränkung von einem linearen funktionalen Zusammenhang mit dem Ge-

---

77 Übersetzung ins Deutsche von Müller-Isberner et al., 1998a

waltrisiko ausgegangen werden kann. Auch muss eine am Einzelfall orientierte individuelle Gewichtung von Items möglich sein. So kann z. B. bei einem niedrigen Gesamtwert das tatsächliche Gewaltrisiko eines Probanden dennoch hoch sein, weil er allein aufgrund bestimmter halluzinierter, imperativer Stimmen zu Gewalthandlungen tendiert. Umgekehrt ist es denkbar, dass bei einem Probanden mit hohem Gewaltpotenzial infolge seines schlechten gesundheitlichen Zustandes sein Gewaltrisiko tatsächlich niedrig ist. Der Gesamtwert des HCR-20 ist demnach stets unter Beachtung der gesamten Umstände, in denen der Proband existiert, zu interpretieren.[78]

Gretenkord (2001) entwickelte in Deutschland ein spezielles Instrument zur statistischen Gewaltrückfallprognose von Maßregelvollzugspatienten, die *Empirisch Fundierte Prognosestellung im Maßregelvollzug nach § 63 (EFP-63)*. Dem Verfahren liegt die Untersuchung der Legalbewährung von 196 aus dem psychiatrischen Maßregelvollzug entlassenen Patienten zugrunde. Die Bewährungszeit betrug mindestens 4 Jahre. Als statistisch bedeutsam für die Vorhersage neuerlicher Gewaltdelikte identifizierte Gretenkord die folgenden vier Merkmale:

- Vorliegen der Diagnose Persönlichkeitsstörung, unabhängig davon, ob noch weitere Diagnosen gestellt wurden,
- Vorbelastung mit einem Gewaltdelikt (im weitesten Sinne) in der Vorgeschichte,
- mindestens zweimal aggressives Verhalten während der Unterbringung, d. h. körperliche Auseinandersetzungen mit anderen Patienten oder Angriff auf das Personal,
- Lebensalter zum Beurteilungszeitpunkt (differenziert in fünf Stufen von 20 bis 60 Jahre).

Für verschiedene Konstellationen der genannten Merkmale gibt der Autor die anhand seiner Stichprobe ermittelten Rückfallwahrscheinlichkeiten (von 1 % bis 65 %) an (Tabelle bei Gretenkord, 2001, S. 272). So würde für einen Patienten im Entlassungsalter von 30 Jahren ohne Persönlichkeitsstörung mit einschlägiger Vorbelastung und zweimaligem Gewalthandeln während der Unterbringung eine Rückfallwahrscheinlichkeit von 25 % festzustellen sein.

Vorbehalte in der Verwendung des recht einfach erscheinenden EFP-63 für die individuelle Prognoseeinschätzung ergeben sich aufgrund der Stichprobenabhängigkeit der publizierten Rückfallwahrscheinlichkeiten. Kreuzvalidierungen des Verfahrens stehen noch aus. Es sind weitere wissenschaftliche Belege seiner spezifischen Geeignetheit zu erbringen (Dahle, 2005; Egg, 2005).

In dem von einem kanadischen Expertenteam entwickelten standardisierten, statistisch-aktuarischen Prognoseverfahren zur Vorhersage des gewalttätigen

---

78   In der Crime-Studie ermittelte Rückfallquoten in Abhängigkeit von HCR-20-Scores siehe Anhang, **Tab. 9.2** und **Tab. 9.3**.

Rückfallrisikos von Straftätern, dem *„Violence Risk Appraisal Guide"* (VRAG; Harris et al., 1993; Quinsey, Harris, Rice & Cormier, 1998) werden die über Diskriminanzanalysen ermittelten, Rückfälle und deliktfreies Verhalten prognostizierenden Merkmale nach ihrer Risikorelevanz einzeln gewichtet. Ihrem unterschiedlichen Gewicht entsprechend werden ihnen Punktwerte zugeordnet. Der für einen Probanden ermittelte Summenwert wird schließlich unter Bezug auf neun bekannte Risikolevels interpretiert. Der Entwicklung des Prognoseinstruments VRAG durch die kanadische Arbeitsgruppe liegt die empirische Untersuchung einer Stichprobe von 618 männlichen Rechtsbrechern (Gewalt- und Sexualstraftätern) zugrunde. Aus einem Pool von möglichen Risikofaktoren wurden letztlich zwölf ermittelt, die am besten mit Rückfälligkeit korrelierten.[79]

Im Folgenden wird eine ins Deutsche übersetzte Version des VRAG[80] mit seinen insgesamt 12 (überwiegend statischen) Merkmalen/Items und den dazugehörigen möglichen Bewertungen/Einstufungen vorgestellt (nach Quinsey et al., 1998):

## Merkmals-/Itembeschreibung und Bewertungsregeln des VRAG nach Quinsey et al. (1998) (vgl. Rossegger et al., 2009; Kröner, 2005)

*1) Bis zum 16. Lebensjahr mit beiden biologischen Elternteilen gelebt*
(außer bei Tod eines Elternteils)

Das Item wird mit *nein* gewertet, wenn der Täter nicht durchgehend bis zum vollendeten 16. Lebensjahr mit beiden biologischen Eltern gelebt hat, außer ein oder beide Elternteil(e) starben. Tod der Eltern ist als *ja* zu werten.

- Ja =      −2
- Nein =    +3

*2) Mangelhafte Anpassung in der Grundschule*
(bis einschließlich 8. Klasse)

- keine Probleme = −1
- leichte oder moderate Probleme mit Disziplin oder Anwesenheit = +2
- schwere (d. h. häufige oder gravierende) Verhaltens- oder Anwesenheitsprobleme

---

79 „Alter", „Schizophrenie", „weibliches Opfer" und „Verletzungsgrad des Opfers" korrelieren negativ mit dem Rückfallrisiko, alle anderen Variablen korrelieren positiv. Die negative Korrelation des Merkmals „Schizophrenie" im VRAG mit der Rückfälligkeit von Probanden steht im Gegensatz zu seiner Bewertung in anderen Prognoseverfahren. „Ob Schizophrenie ein protektiver Faktor oder ein Risikofaktor für zukünftige Straftaten ist, bleibt bis heute umstritten" (Kröner, 2005).

80 Übersetzungen erfolgten durch Rossegger, Urbaniok, Danielsson und Endrass (2009), auch durch Kröner (2005).

(z. B. Schule schwänzen oder störendes Verhalten, das über mehrere Jahre fortbestand oder zu einem Schulverweis führte) = +5

## 3) Alkoholprobleme in der Vorgeschichte

Für Folgendes ist je ein Punkt zu vergeben: Alkoholmissbrauch eines biologischen Elternteils, Alkoholprobleme als Teenager, Alkoholprobleme als Erwachsener, Alkohol in einem früheren Delikt involviert, Alkohol im Indexdelikt involviert.

- 0 Punkte = −1
- 1 oder 2 Punkte = 0
- 3 Punkte = +1
- 4 oder 5 Punkte = +2

## 4) Zivilstand

(zum Zeitpunkt des Indexdelikts)

- jemals verheiratet (oder mindestens 6 Monate in eheähnlicher Gemeinschaft gelebt) = −2
- nie verheiratet = +1

## 5) Punktwert der kriminellen Vorgeschichte für Verurteilungen und Anklagen wegen nicht gewalttätiger Delikte vor dem Anlassdelikt

(aus dem Cormier-Lang-System, siehe **Tab. 9.4** im Anhang)

- Wert 0 = −2
- Wert 1 oder 2 = 0
- Wert 3 oder mehr = +3

## 6) Versagen bei früherer bedingter Entlassung

(einschließlich Verstößen nach bedingter Entlassung; Widerruf einer bedingten Entlassung; Verstößen gegen Auflagen und Weisungen während einer laufenden Untersuchung sowie neuen Anklagen, inklusive des Indexdeliktes während der Bewährungszeit)

- Nein = 0
- Ja = +3

## 7) Alter zum Zeitpunkt des Indexdelikts

(aktuellster Geburtstag)

- $\geq 39$ = −5
- 34 bis 38 = −2
- 28 bis 33 = −1
- 27 = 0
- $\leq 26$ = +2

8) *Verletzungsgrad des Opfers*
(nur Indexdelikt; die schwerwiegendste Verletzung wird gewertet)

- Tod = –2
- hospitalisiert = 0
- behandelt und entlassen = +1
- keine oder leichte Verletzungen (inkl. kein Opfer) = +2

9) *Irgendein weibliches Opfer*
(beim Indexdelikt)

- Ja = –1
- Nein (inkl. kein Opfer) = +1

10) *Erfüllt die Kriterien des DSM-III (oder DSM-IV oder anderer DSM-Revisionen) für irgendeine Persönlichkeitsstörung*

- Nein = –2
- Ja = +3

11) *Erfüllt die Kriterien des DSM-III (oder DSM-IV oder anderer DSM-Revisionen) für Schizophrenie*

- Ja = –3
- Nein = +1

12) *Anzahl Punkte auf der Psychopathy Checklist-Revised*[81]
(PCL-R; Hare, 1991)

- $\leq 4$ = –5
- 5–9 = –3
- 10–14 = –1
- 15–24 = 0
- 25–34 = +4
- $\geq 35$ = +12

Der für einen Probanden ermittelte VRAG-Summenwert kann nun einer von neun Risikokategorien zugeordnet werden, für die empirische Rückfallquoten nach 7 bzw. 10 Jahren[82] vorliegen (siehe **Tab. 6.4**).

---

81 Item mit dem größten Gewicht im VRAG. – War ein Straftäter zum Zeitpunkt des Indexdeliktes jünger als 18 Jahre alt, kann die Psychopathy Checklist-Youth Version (PCL-YV) anstatt der PCL-R verwendet werden. Zur PCL-R siehe Kap. 6.4.4
82 time-at-risk: Zeitraum einer möglichen Rückfälligkeit eines Probanden nach dem Indexdelikt (Beobachtungszeit). Es fällt auf, dass mit zunehmender Beobachtungszeit die Rückfallwahrscheinlichkeit ansteigt. Dies trifft auch für andere statistische

**Tab. 6.4:** Rückfallwahrscheinlichkeit (erneute Anklage) nach 7 und 10 Jahren, nach Quinsey et al. (1998)

| VRAG | | Rückfallwahrscheinlichkeit | |
|---|---|---|---|
| Summenwert | Risikolevel | 7 Jahre | 10 Jahre |
| ≤ −22 | 1 | 0 % | 8 % |
| −21 bis −15 | 2 | 8 % | 10 % |
| −14 bis −8 | 3 | 12 % | 24 % |
| −7 bis −1 | 4 | 17 % | 31 % |
| 0 bis +6 | 5 | 35 % | 48 % |
| +7 bis +13 | 6 | 44 % | 58 % |
| +14 bis +20 | 7 | 55 % | 64 % |
| +21 bis +27 | 8 | 76 % | 82 % |
| ≥ +28 | 9 | 100 % | 100 % |

Die international festgestellte hohe prädiktive Validität des VRAG konnte an einer deutschen Stichprobe von Straftätern (N = 136) bestätigt werden, auch seine prädiktive Überlegenheit in der Vorhersage gewalttätigen Verhaltens gegenüber manch anderen Instrumenten, wie z. B. HCR-20, was auf die Kombination seiner Variablen und das differenzierte Bewertungssystem zurückgeführt wird (siehe Kröner, 2005). Einschränkend ist darauf hinzuweisen, dass die von Quinsey et al. (1998) angegebenen, den Risikolevels zuzuordnenden Rückfallraten von Gewaltstraftätern (**Tab. 6.4**) gruppenstatistisch ermittelte Normwerte darstellen, die nicht ohne weiteres Einzelfallbeurteilungen erlauben. Die Normwerte könnten zudem – auf deutsche Verhältnisse übertragen – zu einer Überschätzung des Rückfallrisikos führen (siehe Rossegger et al., 2009). Rossegger et al. (2009, S. 577) ziehen folgendes Resümee: „Der VRAG ist auch im deutschen Sprachraum ein valides Maß für die Beurteilung der Rückfallwahrscheinlichkeit, wobei bislang auf eine Normierung verzichtet wurde. Die Anwendung des VRAG kann erste Anhaltspunkte für die Beurteilung des Rückfallrisikos geben und in eine einzelfallorientierte Prognose einfließen."

Als Beispiel eines (in Kanada entwickelten) statistischen Prognoseinstruments für die spezielle Delinquentengruppe von Sexualstraftätern ist das *Sexual Violence Risk-20 Schema (SVR-20)* zu nennen (Boer, Hart, Kropp & Webster, 1997). Es kann zur prognostischen Einschätzung zukünftiger sexueller Gewalttaten herangezogen werden und berücksichtigt statische wie dynamische Aspekte. Wie beim HCR-20 handelt es sich auch beim SVR-20 um ein Hilfsmit-

---

Prognoseinstrumente zu. So zeigt z. B. die Crime-Studie, dass sich die Differenzierungsleistung (zwischen strafhaftentlassenen Probanden ohne neue Verurteilung und solchen mit Delinquenzrückfällen) der Instrumente LSI-R, HCR-20 und PCL-R im Zeitverlauf erhöht. Man sollte demnach im Begutachtungsfall bei der Anwendung statistischer Instrumente sinnvollerweise auf Rückfalldaten rekurrieren, die auf der Basis einer mehrjährigen time-at-risk gewonnen wurden.

tel, einen Leitfaden für die klinische Beurteilung des Rückfallrisikos von Sexualstraftätern durch den Prognosesachverständigen. In **Tabelle 6.5** sind die insgesamt 20, verschiedenen Bereichen (Psychosoziale Anpassung, Sexualdelinquenz und Zukunftspläne) zuzuordnenden, empirisch gesicherten Risikomerkmale aufgelistet. Die Bewertung (Einstufung) jedes einzelnen Merkmals – entsprechend der individuellen Bedeutung im konkreten Begutachtungsfall – erfolgt analog der im HCR-20 (siehe S. 84). Zudem besteht die Möglichkeit, bei wiederholter Verwendung des SVR-20 aktuelle Änderungen bezüglich einzelner Items zu vermerken, die Hinweise auf eine Zunahme, Abnahme oder Konstanz des vormals eingeschätzten Risikos sein können.

**Tab. 6.5:** Liste von Risikomerkmalen des SVR-20 (Boer et al., 1997)[83]

| Risikomerkmale | | Merkmal vorhanden? 0 / 1 / 2 | Aktuelle Änderung? + / 0 / – |
|---|---|---|---|
| A. | *Psychosoziale Anpassung* | | |
| | sexuelle Deviation oder Paraphilie | | |
| | Opfer von Kindesmissbrauch | | |
| | Psychopathy (PCL nach Hare) | | |
| | schwere seelische Störung | | |
| | Substanzproblematik | | |
| | Selbst-/Fremdtötungsgedanken | | |
| | Beziehungsprobleme | | |
| | Beschäftigungsprobleme | | |
| | nicht sexuelle gewalttätige Vordelinquenz | | |
| | gewaltfreie Vordelikte | | |
| | früheres Bewährungsversagen | | |
| B. | *Sexualdelinquenz* | | |
| | hohe Deliktfrequenz | | |
| | multiple Formen der Sexualdelinquenz | | |
| | physische Verletzung der Opfer | | |
| | Waffengebrauch/Todesdrohung gegen Opfer | | |
| | Zunahme der Deliktfrequenz oder Tatschwere | | |
| | extremes Bagatellisieren oder Leugnen | | |
| | deliktfördernde Ansichten | | |
| C. | *Zukunftspläne* | | |
| | Fehlen realistischer Pläne | | |
| | Ablehnung weiterer Interventionen | | |

---

83 Übersetzung von Müller-Isberner, Cabeza & Eucker, 2000

Ein weiteres statistisches Prognoseinstrument, das für die spezielle Delinquentengruppe von Sexualstraftätern entwickelt wurde, ist das Verfahren „STATIC-99" (Hanson & Thornton, 1999, 2000). Im Hinblick auf zehn biographische Variablen (Merkmale), die ausschließlich statische Prädiktoren der Sexualkriminalität darstellen, wird für einen Probanden jeweils ein Punktwert ermittelt (**Tab. 6.6**). Der schließlich zu bildende Summenscore (von 0–12) gestattet, den Probanden einer von vier Rückfall-Risikoklassen zuzuordnen (**Tab. 6.7**). Die genannten Risikoklassen sind auf der Basis von Rückfallerhebungen an 1 086 aus dem Strafvollzug oder aus psychiatrischen Einrichtungen entlassenen britischen oder kanadischen Sexualdelinquenten gebildet worden. Ein Proband mit einem „STATIC-99"-Gesamtscore von 0–1 wäre danach der Klasse mit geringem Risiko zuzuordnen, die für eine Gruppe von Sexualdelinquenten steht, die lediglich zu 6 % innerhalb von 5 Jahren einschlägig rückfällig wurden. Demgegenüber wäre ein Proband mit einem „STATIC-99"-Gesamtscore von mindestens 6 der Klasse mit hohem Risiko zuzuordnen, das für Sexualstraftäter steht, die zu 39 % innerhalb von 5 Jahren mit einem erneuten Sexualdelikt in Erscheinung traten. Auch in Studien des deutschsprachigen Raums wird den statischen Risikoparametern des STATIC-99 eine hohe Prognosequalität zugesprochen (Eher, Rettenberger & Matthes, 2009, Rettenberger, Matthes, Boer & Eher, 2010a, Rettenberger, Matthes, Schilling & Eher, 2010b).

**Tab. 6.6:** Die zehn Merkmale des Prognosesystems „STATIC-99" zur Vorhersage des Rückfalls bei Sexualstraftätern (Hanson & Thornton, 1999; Übersetzung: Endres, 2004)

| Variable | Kodierung | | | Erläuterung |
|---|---|---|---|---|
| frühere Sexualdelikte | Anklagen | Verurteilungen | Score | Nur offiziell registrierte Delikte, ohne Indexdelikt (letzte Verurteilung). Bei Nichtübereinstimmung der Scores für Anklagen und Verurteilungen gilt der höhere Score. |
| | keine | keine | 0 | |
| | 1–2 | 1 | 1 | |
| | 3–5 | 2–3 | 2 | |
| | 6 + | 4 + | 3 | |
| Vorstrafen | 3 oder weniger:  0 Punkte | | | Gewertet wird die Anzahl der früheren (d. h. außer Indexdelikt) Verurteilungen |
| | 4 und mehr:  1 Punkt | | | |
| Verurteilungen für Sexualdelikte ohne Körperkontakt | Nein:  0 Punkte | | | Gab es Verurteilungen für Delikte wie Exhibitionismus, Besitz von Pornographie, verbale oder telefonische Belästigung? (Indexdelikt oder Vorstrafen) |
| | Ja:  1 Punkt | | | |

Tab. 6.6: Fortsetzung

| Variable | Kodierung | Erläuterung |
|---|---|---|
| Indexdelikt nicht sexuelle Gewalttat | Nein: 0 Punkte<br>Ja: 1 Punkt | Schließt die letzte Verurteilung Körperverletzung, Bedrohung, Raub oder Tötung ein? |
| frühere nicht sexuelle Gewalttat | Nein: 0 Punkte<br>Ja: 1 Punkt | Gab es frühere Verurteilungen wegen Körperverletzung, Bedrohung, Raub oder Tötung? |
| nicht verwandte Opfer | Nein: 0 Punkte<br>Ja: 1 Punkt | Waren Opfer der Sexualdelikte Nicht-Blutsverwandte (Kinder, Geschwister)? |
| fremde Opfer | Nein: 0 Punkte<br>Ja: 1 Punkt | Gab es bei den Sexualdelikten ein Opfer, das der Täter 24 Std. vor der Tat noch nicht kannte? |
| männliche Opfer | Nein: 0 Punkte<br>Ja: 1 Punkt | Gab es bei den Sexualdelikten ein männliches Opfer? |
| Lebensalter | 25 Jahre und älter: 0 Punkte<br>bis 24;11 Jahre: 1 Punkt | Lebensalter des Probanden zum Zeitpunkt der Beurteilung (Entlassung) |
| Familienstand | Jemals verheiratet: 0 Punkte<br>Single: 1 Punkt | Zur Kategorie „verheiratet" zählt auch mindestens 2-jähriges Zusammenleben mit einem Partner. Ehen, die weniger als zwei Jahre bestanden, werden nicht gewertet. |

**Tab. 6.7:** Rückfallquoten für verschiedene Risikoklassen aufgrund der „STATIC-99"-Scores (Hanson & Thornton, 1999, 2000; Übersetzung: Endres, 2004)

| Score im STATIC-99 | Risiko-klassifikation | Rückfallquote nach 5 und 10 Jahren für Sexualdelikt | Rückfallquote nach 5 und 10 Jahren für Gewaltdelikt |
|---|---|---|---|
| 0–1 | Geringes Risiko | 6 % ---- 9 % | 9 % ---- 17 % |
| 2–3 | Eher geringes Risiko | 11 % ---- 14 % | 20 % ---- 26 % |
| 4–5 | Eher hohes Risiko | 29 % ---- 34 % | 39 % ---- 46 % |
| 6 + | Hohes Risiko | 39 % ---- 45 % | 44 % ---- 51 % |

Die Kritik an diesem recht ökonomischen Prognoseinstrument hebt allerdings darauf ab, dass viele, durch wissenschaftliche Forschung für Sexualstraftäter als bedeutsam erkannte psychologische Merkmale nicht erfasst werden. Endres (2004, S. 181) vermutet, „dass das STATIC-99 für bestimmte Tätertypen, z. B. persönlichkeitsgestörte oder minderbegabte Pädophile, die erst *einmal* verurteilt worden sind, die zukünftige Gefährlichkeit unterschätzt". Wegen der Nichtberücksichtigung individualprognostisch bedeutsamer dynamischer Aspekte, in denen auch mögliche Veränderungen des Sexualdelinquenten zum Ausdruck kommen könnten, ist von einer nur begrenzten Einsatzmöglichkeit des STATIC-99 im Gerichtsverfahren oder im Rahmen von Planungen des Vollzugs auszugehen (Egg, 2005).

Um den mit dem STATIC-99 verbundenen Mangel an dynamischen Aspekten auszugleichen, wird bisweilen vorgeschlagen, zusätzlich das Verfahren STABLE-2007 anzuwenden. Hierbei handelt es sich um ein Instrument zur Beurteilung des Rückfallrisikos von Sexualstraftätern, das dynamische Faktoren wie „Emotionale Identifikation mit Kindern", „Feindseligkeit gegenüber Frauen", „Empathiedefizite", „Impulsivität" oder „Sexuelle Devianz" erfasst und bewertet. Das Verfahren zum „risk-needs assessment" berücksichtigt damit auch Variablen, die mit einer Beeinflussungs- und Veränderungsabsicht im Fokus forensischer Behandlung und Therapien von Sexualstraftätern stehen. Es kann nicht nur Hinweise auf (eingetretene) Modifikationen von Risikofaktoren geben, sondern auch wertvolle Informationen zur (weiteren) Betreuung und Kontrolle des zu beurteilenden Delinquenten liefern. **Tabelle 6.8** sind die fünf Risikobereiche mit den dazugehörigen Items des STABLE-2007 zu entnehmen.

**Tab. 6.8:** Fünf Risikobereiche und dazugehörige Items des STABLE-2007 (Hanson, Harris, Scott & Helmus, 2007; Übersetzung: Rettenberger et al., 2010b)

| |
|---|
| *Bedeutende soziale Einflüsse (1)* |
| *Intimitätsdefizite (5)* |
| • Bindungs- und Beziehungsfähigkeit<br>• emotionale Identifikation mit Kindern<br>• Feindseligkeit gegenüber Frauen<br>• soziale Zurückweisung, Isolation und Einsamkeit<br>• Empathiedefizite |
| *Allgemeine Selbstregulation (3)* |
| • Impulsivität<br>• defizitäre kognitive Problemlösestrategien<br>• negative Emotionalität und Feindseligkeit |
| *Sexuelle Selbstregulation (3)* |
| • sexuelle Voreingenommenheit<br>• Sexualität als Coping-Mechanismus<br>• sexuelle Devianz |
| *Kooperation mit Therapie- und Betreuungsmaßnahmen (1)* |

Die Bewertung der insgesamt 13 Items des STABLE-2007 erfolgt nach dem Schema 0 („kein Problem"), 1 („bedenklich – geringes Problem") oder 2 („vorhanden – definitives Problem"). Der Gesamtscore für einen Probanden im STABLE-2007 ergibt sich durch Addition der Bewertung aller Items und kann einen maximalen Punktwert von 26 erreichen. Nach Hanson et al. (2007) entsprechen 0 bis 3 Punkte einer niedrigen, 4 bis 11 Punkte einer moderaten und 12 und mehr Punkte einer hohen Risikokategorie. Liegen für einen Probanden Ergebnisse sowohl des STATIC-99 als auch des STABLE-2007 vor, kann nach einer bestimmten Verfahrensweise ein Gesamtprognoseurteil gebildet werden (siehe **Tab. 6.9**).

**Tab. 6.9:** Regeln zur Kombination statischer und dynamischer Risikofaktoren (Hanson et al., 2007; vgl. Rettenberger et al., 2010b)

| Empirisch ermittelte Einteilung | | |
|---|---|---|
| STATIC-99-Risikokategorie | STABLE-2007-Risikokategorie | Gesamturteil |
| Niedrig | Niedrig | Niedrig |
| | Moderat | Niedrig |
| | Hoch | Niedrig bis moderat |
| Niedrig bis moderat | Niedrig | Niedrig |
| | Moderat | Niedrig bis moderat |
| | Hoch | Moderat bis hoch |
| Moderat bis hoch | Niedrig | Niedrig bis moderat |
| | Moderat | Moderat bis hoch |
| | Hoch | Hoch |
| Hoch | Niedrig | Hoch |
| | Moderat | Hoch |
| | Hoch | Sehr hoch |

Gegenüber dem STATIC-99 ergibt sich für die zusätzliche Anwendung des STABLE-2007 und der damit verbundenen Berücksichtigung dynamischer Faktoren eine inkrementelle Validität im Sinne eines signifikanten Zugewinns in der Rückfallrisikoeinschätzung von Sexualstraftätern. Wie Rettenberger et al. (2010b) aufgrund einer eigenen Untersuchung berichten, fand dies auch für eine Stichprobe von aus dem österreichischen Strafvollzug entlassenen pädosexuellen Tätern (N = 135, Katamnesezeitraum von 5,54 Jahren) Bestätigung. Die Prognoseeinschätzung der sexuell motivierten Rückfälligkeit dieser Delinquenten konnte durch den zusätzlichen Einsatz des STABLE-2007 deutlich verbessert werden. Rettenberger et al. (2010b) sprechen aufgrund ihrer Studienergebnisse von der differenziellen Validität des STATIC-99 und STABLE-2007 und sehen die Prognoseleistung dieser

Verfahren eher auf das Rückfallrisiko erneuter *sexuell motivierter* Straftaten begrenzt.

Ein weiteres, recht differenziertes statistisches Prognoseinstrument der neueren Generation ist das von Rehder in Deutschland entwickelte Verfahren zur Feststellung des *Rückfallrisikos bei Sexualstraftätern (RRS; Rehder, 2001)*, ein Verfahren zur Bestimmung von Rückfallgefahr und Behandlungsmöglichkeiten. Zu seiner Entwicklung wurden 245 verurteilte Sexualstraftäter einer Rückfalluntersuchung unterzogen. Der Beobachtungszeitraum, innerhalb dessen ein Rückfall (erneuter Eintrag in BZR) möglich war, betrug 5 Jahre.

Anhand prognostisch bedeutsamer Merkmale haben Rehder & Suhling (2008) Untergruppen von Sexualstraftätern mit differierenden Rückfallrisiken ermittelt. So finden sich im RRS Kriterien, die bei verurteilten Vergewaltigern und Missbrauchern eine einschlägige Rückfalltat wahrscheinlich machen.

Tabelle 6.10 sind Korrelationen der Hauptkriterien des RRS und einschlägiger Rückfälligkeit von allen Sexualstraftätern sowie separat von Vergewaltigern und Missbrauchern zu entnehmen.

**Tab. 6.10:** Korrelationen der Hauptkriterien des RRS und einschlägiger Rückfälligkeit von Sexualstraftätern (Quelle: Brand, 2006)

| Hauptkriterien | erneutes Sexualdelikt | | |
|---|---|---|---|
| | alle | Vergewaltiger | Missbraucher |
| Alter beim ersten Sexualdelikt | –.25*** | –.26** | –.24* |
| depressive Persönlichkeitsanteile | .20** | .19* | .22* |
| Bindungsfähigkeit | –.18** | –.11 ns | –.32** |
| Hafterfahrung | .16*[1] | – | – |
| berufliche Leistungsbereitschaft | ns | ns | –.25* |
| soziale Kompetenz | –.28***[1] | – | – |
| Zahl der Verurteilungen wegen Sexualdelikten | .30*** | .26** | .36*** |
| Bekanntheitsgrad zwischen Täter und Opfer | –.22*** | –.27*** | –.19 ns |
| Planung der Tat | .14* | .18* | .14 ns |

*signifikant, **sehr signifikant, ***hoch signifikant, ns = nicht signifikant
[1]Für diese Kriterien gibt Rehder nur Werte für eine erneute Inhaftierung an.

Einige Schlussfolgerungen:
- Die negativen Korrelationen bezüglich „Alter beim ersten Sexualdelikt" besagen, dass die Wahrscheinlichkeit eines einschlägigen Rückfalls (eines erneuten Sexualdelikts) um so größer ist, je jünger der Täter zum Zeitpunkt des ersten Sexualdeliktes war. Offenbar kann ein niedriges Einstiegsalter als Indiz eines stabilen devianten Sexualverhaltens gesehen werden.

- Die positiven Korrelationen hinsichtlich des Kriteriums „depressive Persönlichkeitsanteile" bringen zum Ausdruck, dass die Wahrscheinlichkeit eines erneuten Sexualdelikts umso größer ist, je ausgeprägter depressive Merkmale des Probanden sind.
- Die „Bindungsfähigkeit" betreffende negative Korrelationen können als Hinweis darauf gewertet werden, dass aus der Haft entlassene Sexualstraftäter mit Problemen und Defiziten in der Herstellung und Aufrechterhaltung sozialer Beziehungen, von Gefühlen des Alleinseins und der Einsamkeit betroffen werden, die einen Rückfall in sexuell deviantes Verhalten begünstigen können.
- Den engsten und bedeutendsten Zusammenhang mit Rückfall in die Sexualdelinquenz bietet das Kriterium „Zahl der Verurteilungen wegen Sexualdelikten". Damit stellt die einschlägige Vorkriminalität das stärkste Prognosekriterium dar.

Merkmale im RRS, wie z. B. „depressive Persönlichkeitsanteile", „Bindungsfähigkeit", „soziale Kompetenz", „Planung der Tat" machen im konkreten Begutachtungsfall eine eingehende psychologische Untersuchung des Probanden sowie eine genaue Analyse des Straftatgeschehens erforderlich. Hauptbestandteile des RRS sind:

- der RRS-H zur Bestimmung der Wahrscheinlichkeit einer erneuten Inhaftierung und
- der RRS-S zur Bestimmung der Wahrscheinlichkeit eines erneuten Sexualdelikts.

Grundlage einer Rückfallrisikoeinschätzung von Sexualstraftätern sind die festgestellten Zusammenhänge zwischen einer ganzen Reihe von Merkmalen/Kriterien und erneuter Sexualdelinquenz. Entsprechend ist die Vergabe von Risikopunktwerten im RRS.

Vergleichsweise höhere Risikopunktzahlen erhalten u. a.:
- Täter mit niedrigem Einstiegsalter zum Zeitpunkt des ersten Sexualdelikts,
- Täter mit der Auswahl unbekannter Opfer,
- Täter mit Tatplanung,
- Täter mit höherer Opferanzahl.

Als vergleichsweise vermindert rückfallgefährdet werden u. a. Täter eingestuft:
- mit hoher Alkoholisierung zur Tatzeit,
- mit einem hohen Maß an Bedrohung des Opfers.

Unter Beachtung von Prognosefaktoren des RRS kann die Basisrate für einen Rückfall eines Sexualstraftäters spezifiziert werden. Als diagnostisches Instrument ist „allerdings eine ausreichende Validität des RRS nicht belegt" (Beier, 2005, S. 502). Gleichwohl kann es im Prozess einer umfassenden individuellen klinischen Prognoseerstellung dem Sachverständigen nützliche Informationen an die Hand geben. „Hilfreich soll der RRS auch bei der Feststellung der Behandlungsindikation [...] sein" (Brand, 2006, S. 71).

Ein anderes, zur Einschätzung des Rückfallrisikos von Sexualstraftätern konzipiertes, standardisiertes, statistisch-aktuarisches Prognoseinstrument ist der *Sex Offender Risk Appraisal Guide (SORAG)*, ein Verfahren, das von dem bereits genannten kanadischen Expertenteam in Anlehnung an den VRAG entwickelt wurde (siehe Quinsey et al., 1998). Es zählt zu den „prominentesten Vertretern aktuarischer Kriminalprognosemethoden für Sexualstraftäter, dessen Anwendung bei entsprechenden prognostischen Fragestellungen als *state of the art* bezeichnet werden kann" (Rettenberger, Gaunersdorfer, Schilling & Eher, 2009, S. 318). Von 178 in kanadischen Gefängnissen einsitzenden Sexualstraftätern wurden umfassend Daten erhoben und auf empirischer Grundlage rückfallrelevante Merkmale extrahiert. Im Unterschied zu anderen empirisch fundierten statistischen Prognoseinstrumenten, wie z. B. dem Static-99, wurden diese Merkmale in Abhängigkeit zu ihrer jeweiligen prädiktiven Bedeutung gewichtet. In der konkreten Prognoseeinschätzung durch den SORAG werden für jedes auf einen Probanden zutreffende Merkmal seinem Gewicht entsprechend Punktwerte vergeben. Der zu ermittelnde Summenscore wird unter Bezug auf neun bekannte Risikolevels interpretiert.

Im Folgenden wird eine ins Deutsche übersetzte Version des SORAG[84] mit ihren insgesamt 14 (überwiegend statischen) Merkmalen/Items und den dazugehörigen möglichen Bewertungen/Einstufungen vorgestellt (nach Quinsey et al., 1998). Anzumerken ist, dass die Bewertung der vier psychopathologischen Variablen (Item 11 bis 14: Persönlichkeitsstörung, Schizophrenie, sexuelle Deviation und Psychopathy nach Hare) eine gründliche klinische Diagnostik voraussetzen.

### Merkmals-/Itembeschreibung und Bewertungsregeln des SORAG nach Quinsey et al. (1998) (vgl. Rossegger et al., 2010)[85]

*1) Bis zum 16. Lebensjahr mit beiden biologischen Elternteilen gelebt* (außer bei Tod eines Elternteils)

. Das Item wird mit *nein* gewertet, wenn der Täter nicht durchgehend bis zum vollendeten 16.Lebensjahr mit beiden biologischen Eltern gelebt hat, außer ein oder beide Elternteil(e) starben. Tod der Eltern ist als *ja* zu werten.

---

84 Die autorisierte Übersetzung erfolgte durch Rossegger, A., Gerth, J., Urbaniok, F., Laubacher, A. und Endrass, J., publiziert unter www.zurichforensic.org => Prognose Portal pdf.datei. Eine deutsche Adaptation des SORAG wurde auch von Rettenberger und Eher (2007) vorgestellt.

85 Bis auf „Alter", „Schizophrenie", und „weibliches Opfer unter 14 Jahren" korrelieren alle anderen Variablen positiv mit dem Rückfallrisiko. Die negative Korrelation des Merkmals „Schizophrenie" im SORAG mit der Rückfälligkeit von Probanden steht im Gegensatz zu seiner Bewertung in anderen Prognoseverfahren. „Ob Schizophrenie ein protektiver Faktor oder ein Risikofaktor für zukünftige Straftaten ist, bleibt bis heute umstritten" (Kröner, 2005, S. 53).

- Ja = –2
- Nein = +3

*2) Mangelhafte Anpassung in der Grundschule*
(bis einschließlich 8. Klasse)

- keine Probleme = –1
- leichte oder moderate Probleme mit Disziplin oder Anwesenheit = +2
- schwere (d. h. häufige oder gravierende) Verhaltens- oder Anwesenheitsprobleme
  (z. B. Schule schwänzen oder störendes Verhalten, das über mehrere Jahre fortbestand oder zu einem Schulverweis führte) = +5

*3) Alkoholprobleme in der Vorgeschichte*
Für Folgendes ist je ein Punkt zu vergeben: Alkoholmissbrauch eines biologischen Elternteils, Alkoholprobleme als Teenager, Alkoholprobleme als
Erwachsener, Alkohol in einem früheren Delikt involviert, Alkohol im Indexdelikt involviert.

- 0 Punkte = –1
- 1 oder 2 Punkte = 0
- 3 Punkte = +1
- 4 oder 5 Punkte = +2

*4) Zivilstand*
(zum Zeitpunkt des Indexdelikts)

- jemals verheiratet (oder mindestens 6 Monate in eheähnlicher Gemeinschaft gelebt) = –2
- nie verheiratet = +1

*5) Punktwert der kriminellen Vorgeschichte für Verurteilungen und Anklagen
wegen nicht gewalttätiger Delikte vor dem Anlassdelikt*
(aus dem Cormier-Lang-System, siehe **Tab. 9.4** im Anhang)

- Wert 0 = –2
- Wert 1 oder 2 = 0
- Wert 3 oder mehr = +3

*6) Punktwert der kriminellen Vorgeschichte für Verurteilungen und Anklagen
wegen gewalttätiger Delikte vor dem Anlassdelikt*
(aus dem Cormier-Lang-System, siehe **Tab. 9.5** im Anhang)

- Wert 0 = –1
- Wert 2 = 0
- Wert 3 oder mehr = +6

7) *Anzahl von Verurteilungen für frühere Sexualstraftaten*
(bezieht sich auf Verurteilungen für Sexualstraftaten, die vor dem Indexdelikt erfolgten).
Zu zählen sind jegliche Delikte, von denen bekannt ist, dass sie sexuell sind, einschließlich z. B. unsittlicher Entblößung.

- 0 = −1
- 1 oder 2 = +1
- ≥ 3 = +5

8) *Vorgeschichte von Sexualstraftaten ausschließlich zum Nachteil von Mädchen unter 14 Jahren*
(inklusive Indexdelikt; falls der Straftäter weniger als 5 Jahre älter als das Opfer war, ist immer +4 zu werten).

- Ja = 0
- Nein = +4

9) *Versagen bei früherer bedingter Entlassung*
(einschließlich Verstößen nach bedingter Entlassung; Widerruf einer bedingten Entlassung; Verstößen gegen Auflagen und Weisungen während einer laufenden Untersuchung sowie neuen Anklagen, inklusive des Indexdeliktes während der Bewährungszeit)

- Nein = 0
- Ja = +3

10) *Alter zum Zeitpunkt des Indexdelikts*
(aktuellster Geburtstag)

- ≥ 39 = −5
- 34 bis 38 = −2
- 28 bis 33 = −1
- 27 = 0
- ≤ 26 = +2

11) *Erfüllt die Kriterien des DSM-III (oder DSM-IV oder anderer DSM-Revisionen) für irgendeine Persönlichkeitsstörung*

- Nein = −2
- Ja = +3

12) *Erfüllt die Kriterien des DSM-III (oder DSM-IV oder anderer DSM-Revisionen) für Schizophrenie*

- Ja = −3
- Nein = +1

*13) Phallometrische Testergebnisse*

- *Alle* weisen auf nicht deviante sexuelle Präferenzen hin = −1
- *Irgendein* Test weist auf deviante sexuelle Präferenzen hin = +1

Phallometrische Testergebnisse können wie folgt ersetzt werden:
- Ausreichend Hinweise aus der Krankengeschichte, welche die Diagnose Pädophilie oder Sadismus (gemäß einer Version des DSM) rechtfertigen, werden mit +1 bewertet. Hinweise darauf, dass der Täter die Kriterien für eine solche Diagnose nicht erfüllt, werden mit −1 bewertet.
- Ein Punktwert von 4 oder 5 auf der Screening Scale for Pedophilic Interests (SSPI)[86] kann verwendet werden, um +1 zu werten. Ein Punktwert von 1 oder 2 wird mit −1 gewertet. Ein Punktwert von 3 wird mit 0 gewertet.

*14) Anzahl Punkte auf der Psychopathy Checklist-Revised*[87]
(PCL-R; Hare, 1991)

- $\leq 4$ = −5
- 5–9 = −3
- 10–14 = −1
- 15–24 = 0
- 25–34 = +4
- $\geq 35$ = +12

Der für einen Probanden ermittelte SORAG-Summenwert kann nun einer von neun Risikokategorien zugeordnet werden, für die empirische Rückfallquoten nach 7 bzw. 10 Jahren[88] vorliegen (siehe **Tab. 6.11**).

Die englischsprachige Fassung des SORAG wurde „mehrfach mit zufrieden stellenden Ergebnissen evaluiert. Eine deutschsprachige Version wurde u. a. von Quenzer (2005) untersucht. Auch hierbei zeigten sich positive Ergebnisse" (Hermann, 2008, S. 141). Rettenberger et al. (2009, S. 319) zitieren nordamerikanische und europäische Validierungsstudien zum SORAG mit „fast ausschließlich zufriedenstellenden Vorhersageergebnissen". Mit den Einschränkungen, die Rossegger et al. (2009) bereits hinsichtlich der Verwendung des VRAG äußerten, ist auch der SORAG zu empfehlen. Er kann in eine umfassende individuelle Prognoseeinschätzung von Sexualstraftätern mit einbezogen

---

86 siehe Anhang, **Tab. 9.7**
87 Item mit dem größten Gewicht im SORAG. – War ein Straftäter zum Zeitpunkt des Indexdeliktes jünger als 18 Jahre alt, kann die Psychopathy Checklist-Youth Version (PCL-YV) anstatt der PCL-R verwendet werden. Zur PCL-R siehe Kap. 6.4.4
88 time-at-risk: Zeitraum einer möglichen Rückfälligkeit eines Probanden nach dem Indexdelikt (Beobachtungszeit)

werden, diese aber keinesfalls ersetzen. Eine Begrenzung seines Einsatzes ergibt
sich aufgrund der Tatsache, dass der SORAG dynamische Faktoren, d. h. Ver-
änderungsaspekte, unberücksichtigt lässt, die z. B. bei Entlassungsprognosen
länger behandelter Straftäter oder Maßregelvollzugspatienten unbedingt Beachtung finden müssen.

**Tab. 6.11:** Rückfallwahrscheinlichkeit (erneute Anklage) nach 7 und 10 Jahren, nach
Quinsey et al. (1998)

| Risiko-level | SORAG-Summenwert | Rückfallwahr-scheinlichkeit 7 Jahre | SORAG-Summenwert | Rückfallwahr-scheinlichkeit 10 Jahre |
|---|---|---|---|---|
| 1 | ≤ −10 | 7 % | ≤ −11 | 9 % |
| 2 | −9 bis −4 | 15 % | −10 bis −5 | 12 % |
| 3 | −3 bis +2 | 23 % | −4 bis +1 | 39 % |
| 4 | +3 bis +8 | 39 % | +2 bis +7 | 59 % |
| 5 | +9 bis +14 | 45 % | +8 bis +13 | 59 % |
| 6 | +15 bis +19 | 58 % | +14 bis +19 | 76 % |
| 7 | +20 bis +24 | 58 % | +20 bis +25 | 80 % |
| 8 | +25 bis +30 | 75 % | +26 bis +31 | 89 % |
| 9 | ≥ +31 | 100 % | ≥ +32 | 100 % |

Rettenberger et al. (2009) haben in einer eigenen Studie zur Vorhersage der
Rückfälligkeit entlassener männlicher Sexualstraftäter (N = 519; der durch-
schnittliche Nachbeobachtungszeitraum betrug ca. 3,5 Jahre) die prädiktive
und differenzielle Validität sowohl des SORAG als auch einer Kurz- oder
Screening-Version des SORAG (SORAG-SV) untersucht. Letztere soll ausschließlich auf Akteninformationen rekurrierend durchgeführt werden können.[89] Die SORAG-SV verzichtet auf die Items 1, 2, 3 und 14[90]. Die Einschät-

---

89  Rettenberger et al. (2009, S. 319) verweisen in diesem Zusammenhang auf das
    Strafrechtsänderungsgesetz (StRÄG) 2008 in Österreich, nach dem „vor jeder Ent-
    scheidung über die bedingte Entlassung eines Sexualstraftäters obligatorisch eine
    kriminalprognostische Stellungnahme der *Begutachtungs- und Evaluationsstelle
    für Gewalt- und Sexualstraftäter* (BEST) einzuholen" ist. Gefordert sei damit kei-
    ne Begutachtung des Täters, vielmehr eine auf Vollzugsinformationen und reliable
    Methoden gründende „Abschätzung des Basisrisikos". Insofern bestehe „eine er-
    höhte Notwendigkeit ökonomisch anwendbarer Prognosemethoden".

90  Wie Rettenberger et al. (2009) darlegen, hat der Verzicht auf das Item 14 (Punkt-
    zahl in der Psychopathy Checklist-Revised) mit dem größten Gewicht im SORAG
    (Quinsey et al., 1998) auf die prädiktive Validität der SORAG-SV keinen Einfluss.
    Als Grund nehmen die Autoren an, „dass sich die für die Prognoseleistung der
    PCL-R relevanten Dimensionen (vor allem Impulsivität und Dissozialität) im SO-
    RAG bereits in anderen Items abbilden (u. a. Vordelikte) und es daher durch die

zung der psychopathologischen Variablen „Persönlichkeitsstörung",
„Schizophrenie" und „sexuelle Devianz" erfolgt „anhand von Hinweisen, die
forensische Psychologen und Psychiater aus den jeweils zur Verfügung stehenden Unterlagen extrahieren können" (Rettenberger et al., 2009, S. 319). Die
Gesamtscore-Ermittlung in der SORAG-SV wurde derart adaptiert, dass die
für den SORAG gültigen Normwerte und Risikolevels anzuwenden sind.

Zu den Ergebnissen der prospektiven Studie: Die Autoren ermitteln sowohl
für den SORAG als auch für die SORAG-SV eine sehr hohe Interrater-Relia-
bilität. Für beide Versionen ist unterschiedslos eine zufriedenstellende prädiktive Validität festzustellen. Dies trifft auch für eine separate Untergruppenbe-
trachtung von Vergewaltigungstätern (n = 229) und pädosexuellen Tätern (n =
268) zu, wobei die Vorhersagegüte der Instrumente für die Subgruppe der
pädosexuellen Delinquenten vergleichsweise höher ist. Für den praktisch tätigen Forensiker ist der Zusammenhang zwischen aktuarischer Prognoseeinschätzung und Rückfälligkeit von besonderer Relevanz. Es zeigt sich, dass mit
ansteigendem Risikolevel im SORAG bzw. in der SORAG-SV die tatsächliche
Rückfallrate sowohl in der Gesamtgruppe als auch in beiden Untergruppen
von Vergewaltigern und pädosexuellen Delinquenten zunimmt. Rettenberger
et al. (2009) beziehen sich in ihrer abschließenden Bewertung auf Dahle, wenn
sie betonen, dass trotz der Bedeutung aktuarischer Prognoseinstrumente, deren
prädiktive Validität empirische Bestätigung findet, ein klinisch-idiographisches
Vorgehen in der Prognoseeinschätzung nicht zu ersetzen ist.

## 6.3 Zu einzelfallorientierten, klinisch-idiographischen[91] Prognosemethoden

Die Berücksichtigung der allgemeinen, durchschnittlichen Basisrate für Rückfälligkeit und die Abschätzung der statistischen Rückfallgefährdung auf der
Grundlage aktuarischer[92] Prognoseinstrumente reicht nicht aus. Entgegen der
mitunter geäußerten Auffassung kann nicht von einer Überlegenheit der statistischen gegenüber der klinischen Prognose ausgegangen werden (Endres,
2002). Für die Prognose ist es unabdingbar, die Faktoren zu eruieren und zu
beurteilen, welche die Rückfallwahrscheinlichkeit im jeweiligen *individuellen
Einzelfall* erhöhen (ungünstige Faktoren) bzw. senken (günstige Faktoren) können. Dabei geht es nicht mehr nur um eine Quantifizierung und Summierung
festzustellender Merkmale und deren statistische Bewertung. Es geht vielmehr

---

Aufnahme der PCL-R zu keinem weiteren Zuwachs der Vorhersagegüte kommen
kann" (Rettenberger et al., 2009, S. 326). Dies stellt die allgemein vertretene prognostische Bedeutung des „Psychopathy"-Konstrukts für verschiedene Straftätergruppen keinesfalls in Frage.

91  idiographisch: das Eigentümliche, Einmalige (Singuläre) einer Person beschreibend
92  Aktuarische Informationen sind objektivierbar, aus Akten entnommen.

um eine idiographische und qualitative Einschätzung dieser Merkmale. Dies kann u. U. bedeuten, dass im Einzelfall nur ein Merkmal oder wenige brisante Merkmale eine ungünstige Prognose begründen, umgekehrt aber auch, dass kompensierende und stabilisierende Merkmale trotz Vorhandensein einzelner Risikofaktoren eine eher günstige Prognose stellen lassen können.

Zur individualprognostischen Einschätzung eines Probanden können Kataloge oder Listen von Prognosemerkmalen (siehe u. a. Dittmann, 1999, Endres, 2004, Nedopil, 2005) herangezogen werden, die als valide und praxistauglich gelten. Eine die Verhältnisse glättende und vereinfachende Checklistendiagnostik soll damit jedoch ausdrücklich nicht empfohlen werden. Die empirisch gestützte, individualdiagnostische Kriminalprognose beachtet Delinquenzursachen, eingetretene Wandlungen, Risiko- und auch Schutzfaktoren, sie berücksichtigt sogenannte *statische* (kaum oder nicht mehr veränderbare, auch die Vergangenheit betreffende) und *dynamische* (veränderbare und intentionale) Aspekte oder Faktoren.[93]

Beispiele für statische Faktoren sind:

- die Sozialisation,
- die Herkunftsfamilie,
- die zurückliegende Kriminalitätsentwicklung (Vorstrafen),
- Opfer- oder Tatmerkmale,
- die Anlasstat erklärende Faktoren (individuelle Delinquenztheorie),
- das Lebensalter zum Zeitpunkt der zurückliegenden Straftat(en).

Beispiele für dynamische Faktoren sind:

- die (Weiter-)Entwicklung der Persönlichkeit,
- besondere Lebensumstände,
- die deliktbegünstigenden Einstellungen,
- psychische Auffälligkeiten und Störungen,
- die Änderungsbereitschaft,
- ggf. die Behandlungsbereitschaft,
- die Auseinandersetzung mit der begangenen Straftat,
- der soziale Empfangsraum nach Beendigung der Sanktion.

Den Stoff oder das Material, dem die zu beurteilenden Aspekte oder Faktoren zu entnehmen sind, liefern all die gewonnenen Informationen, die Aufschluss geben über den Lebenslauf des Straftäters (einschließlich der Delikt- und Sanktionsbiographie), den Verlauf und Ausgang von Behandlungen (Therapien), das Verhalten im Vollzug, das familiäre Umfeld sowie die Arbeits- und Freizeitsituation.

---

93  Die Einordnung von Faktoren/Merkmalen als statisch oder dynamisch erfolgt nicht immer einheitlich (Endres, 2002).

Die klinische Prognose konzentriert sich auf den jeweiligen Einzelfall, sie darf dabei jedoch den Boden ihrer wissenschaftlichen Begründung nicht verlassen, worin auch ihre klare Abgrenzbarkeit zur intuitiven Vorgehensweise zum Ausdruck kommt. Problematisch erscheint in diesem Zusammenhang Nedopils Äußerung zur Urteilsbildung des Prognostikers: Es bleibe „der individuellen Erfahrung und der Intuition des Gutachters vorbehalten, wie er zu seiner Prognose kommt, d. h. wie er die spezifischen Risikofaktoren gewichtet und welche Kombinationen von Risikofaktoren er für relevant hält" (zitiert nach Endres, 2002, S. 5f.). Klinische Prognosen und Verhaltensvorhersagen basieren auf einer Theorie des Einzelfalls. Sie „fußen auf der inhaltlichen Aufklärung der für die Vorhersage relevanten Zusammenhänge". Die Inanspruchnahme eines individuellen Erklärungsmodells für die Vorhersage „darf [...] nicht widersprüchlich in sich oder zu den vorliegenden diagnostischen Befunden sein, es darf ebenfalls nicht widersprüchlich im Verhältnis zu bewährten Theorien und gesicherten empirischen Erfahrungen sein" (Dahle, 2005b, S. 148), sondern sollte sich auf diese stützen. Dahle (2005b, S.149) fügt noch hinzu: „Ein solches individuelles Erklärungsmodell [...] sollte [...]

- in der Lage sein, die relevanten Zusammenhänge des vorherzusagenden Ereignisses hinreichend zu erklären (und nicht nur Einzelaspekte) und schließlich
- möglichst sparsam vor allem mit unbelegten (unbelegbaren) und theoretisch bzw. empirisch nicht fundierten Zusatzannahmen sein."

## 6.3.1 Klinische Prognosemethoden mit beschränkter Anwendungsbreite

Unter den klinischen Prognosemethoden finden sich solche, die nur eingeschränkt anzuwenden sind. Sie sind auf eine umschriebene Klientel von Straftätern hin konzipiert, etwa für

- Sexualstraftäter,
- psychisch kranke Straftäter,
- Straftäter mit Persönlichkeitsstörungen.

Insofern sind diese Prognosemethoden auch nur zur Vorhersage delinquenten Verhaltens ganz bestimmter Personengruppen heranzuziehen. Dahle (2005b) weist z. B. auf Untersuchungen hin, die sich der wissenschaftlichen Analyse der Ursachen von Gewalttaten psychisch Kranker widmen.[94] Die Forschungsergebnisse werden für die Prognosepraxis in Form von „Leitfragen der klini-

---

94 Es geht hierbei nicht einfach um Fragen korrelativer Zusammenhänge einzelner Merkmale mit Gewalthandeln, sondern um eine theoriegeleitete Aufklärung der Ursachen von Gewalttaten psychisch gestörter Personen.

schen Prognose gefährlichen Verhaltens" nutzbar gemacht. Die in einem konkreten Begutachtungsfall vom Sachverständigen abzuarbeitenden Leitfragen betreffen u. a.:

- Details der Biographie des Probanden,
- frühere Gewalthandlungen,
- Klärung der Opferbeziehung(en),
- situative Gegebenheiten.

Auch die von Schwab (1995, S. 82) für die Prognose nach Gewalttaten in der Familie empfohlenen Indikatoren zur Einschätzung wahrscheinlichen zukünftigen Verhaltens können zu den klinischen Prognosemethoden mit beschränkter Anwendungsbreite gerechnet werden (siehe **Tab. 6.12**).

**Tab. 6.12:** Prognose bei Gewalt in der Familie (nach Schwab, 1995)

| *Indikatoren einer eher günstigen Prognose:* |
|---|
| <ul><li>geringfügige oder keine frühere Vorgeschichte von Gewalt beim Einzelnen oder in der Familie,</li><li>ein Gefühl von Schuld,</li><li>Beginn vor kurzer Zeit,</li><li>eine halbwegs spezifische Ursache, z. B. eine spezifische psychische Erkrankung wie eine Depression oder ein schwerwiegendes, belastendes Lebensereignis,</li><li>die Bereitschaft, an einer Therapie teilzunehmen,</li><li>eine helfende Familienstruktur oder andere stützende Systeme und ein festes Arbeitsverhältnis.</li></ul> |
| *Indikatoren einer eher ungünstigen Prognose:* |
| <ul><li>eine massive familiäre und persönliche Vorgeschichte an Gewalt,</li><li>Chronizität und deutlich fixierte Verhaltens- oder Interaktionsmuster,</li><li>Alkohol- und Drogenmissbrauch,</li><li>wenig oder gar keine Reue,</li><li>wiederholte, belastende Stressfaktoren,</li><li>Widerstand, an Gruppentherapien teilzunehmen,</li><li>Fehlen einer Großfamilie oder anderer stützender Sozialsysteme,</li><li>unsicherer Arbeitsplatz,</li><li>Leben in einer gewalttätigen, zerrütteten Umwelt.</li></ul> |

Klinische Prognosemethoden, die für Straftäter mit Persönlichkeitsstörungen vorgeschlagen werden, gehen in ihren zugrundeliegenden theoretischen Vorstellungen davon aus, dass es eine zu kriminellen/gewalttätigen Handlungen neigende Persönlichkeitsvariante gibt. Insofern erscheint es gerechtfertigt, im Falle eines entsprechend diagnostizierten Symptommusters (Syndroms) einer Persönlichkeitsstörung hieraus auch Annahmen zukünftigen Verhaltens abzuleiten. So gestattet z. B. die als prognostisch valide geltende *Psychopathy Checklist-Revised (PCL-R)* psychopathische Persönlichkeitszüge in der Defi-

105

nition von Hare (2005)[95] zu erfassen und über die Bewertung der einzelnen Merkmale für eine prognostische Einschätzung zu nutzen (siehe hierzu ausführlich Kap. 6.4.4). Im Vergleich zu anderen Straftätern wird für „Psychopaths" eine doppelt so hohe kriminelle Rückfallquote angenommen. Das Risiko *gewalttätiger Rückfälle* im ersten Jahr nach Haftentlassung wird bis zu „drei- bis viermal höher als bei anderen ehemaligen Inhaftierten (Hemphill et al., 1998)" veranschlagt (Rasch & Konrad, 2004, S. 390). Dahle (2005b, S. 151) bemerkt kritisch, dass es sich bei Prognoseinstrumenten wie der PCL trotz ihrer theoretischen Fundierung um diagnostische Verfahren handelt, „die eine Zuordnung von Personen zu einer hypothetischen Hochrisikogruppe erlauben. Eine Individualprognose im engeren Sinne ist hiermit allein noch nicht möglich."

Die klinisch-prognostische Einschätzung von Straftätern im Psychiatrischen Maßregelvollzug hat ihre Besonderheiten[96], zumal es sich bei den Tätern, die als Patienten geführt und behandelt werden, bekanntermaßen häufig um Sexualdelinquenten handelt. Dönisch-Seidel (1998, S. 143) befasst sich mit dieser Klientel und macht u. a. ansonsten eher selten zu findende Angaben über prognostisch *irrelevante* Faktoren und Aspekte, für die im Allgemeinen zwar kein nachweislicher Zusammenhang mit dem Ausgangsdelikt bestehe, die aber „im Alltag [...] ihren Einfluß auf Lockerungsentscheidungen geltend machen". Es sind dies u. a.:

- die soziale Akzeptanz des zu Beurteilenden auf der Station (die Beliebtheit aufgrund seiner Art, Umgangsformen, seines Charmes etc.; umgekehrt: die Unbeliebtheit),
- häufige Verstöße gegen die Stationsordnung,
- Sexualkontakte,
- Nichteinhalten von Ausgangszeiten,
- Anzahl von Entweichungen, „die per se noch keinerlei Hinweis auf die Legalprognose geben".

Für die Prognose *relevant* sind nach Dönisch-Seidel (1998, S. 144f.) folgende Bereiche und Aspekte:

---

95 Der von Hare verwendete Begriff „psychopathy" entspricht nicht völlig der sogenannten psychopathischen Persönlichkeit. Das Konzept der „Psychopathy" zeigt hohe Korrelationen zur antisozialen und zur narzisstischen Persönlichkeitsstörung (DSM-IV). Es dürfte eine Unterform der antisozialen bzw. dissozialen Persönlichkeitsstörung (ICD-10) darstellen, „die durch narzisstische Persönlichkeitsanteile eine charismatische und gleichzeitig besonders egozentrische Attitüde erhält (Huchzermeier et al. 2003)" (Rasch & Konrad, 2004, S. 284).

96 Zu der von Gretenkord (2001) vorgestellten, an Maßregelvollzugspatienten entwickelten statistischen Methode zur Einschätzung der Gewaltrückfallprognose (EFP-63) der genannten Klientel siehe Kap. 6.2.

- Fragen zur Anlasstat:
  - handelt es sich um eine Einzel- oder Wiederholungstat?
  - findet sich eine progrediente Verlaufsform, indem sich das Verhalten verschlimmert hat, verschärft oder häufiger und intensiver aufgetreten ist?
- Abhängigkeit der Delinquenz von Lebens- und Persönlichkeitskrisen: „Je gebundener die Delinquenz an erlebbare Krisen und situative Bedingungen ist, desto günstiger die Prognose, desto aussichtsreicher erscheint eine Therapie."
- Insbesondere bei sexuellen Aggressionsdelikten ist die Objektbezogenheit der Affekte, Impulse und Fantasien bei der Straftat von Interesse: „ob es nämlich, wenn auch noch so entstellt und verzerrt, in der Intention um so etwas wie Beziehung, Interaktion geht oder ob das Opfer wahlloses Projektionsfeld destruktiver Überwältigungs- und Zerstörungsimpulse ist. Je mehr Letzteres im Vordergrund steht, desto problematischer wird die Prognose".
- Ich-Nähe der Straftat:
  Gemeint ist die Integration triebhafter und aggressiver Dynamik in das Selbstbild. „Je Ich-näher die Dynamik, desto leichter ist sie kontrollierbar und damit auch therapierbar." Prognostisch ungünstig ist es nach Dönisch-Seidel, wenn Patienten die sexuellen und aggressiven Impulse abspalten und als fremd, ihnen nicht zugehörig empfinden.[97]
- Verhältnis von Anpassung und Durchsetzung eigener Interessen,
- Fähigkeit zur Impulskontrolle,
- Neigung zu Fremd- und Selbstaggression,
- Kontaktfähigkeit,
- affektive Resonanz/Schwingungsfähigkeit,
- emotionale Störbarkeit,
- Frustrationstoleranz und Ängste.

Dönisch-Seidel betont, dass für Patienten, deren Delinquenz in engem Zusammenhang mit recht stabilen Persönlichkeitsmerkmalen steht und Ausdruck bestimmter Verhaltensmuster ist, die Prognose als ungünstiger einzuschätzen ist. Veränderungen sind möglich – auch und gerade durch Therapie –, sodass zur Prognoseeinschätzung herangezogene Kriterien stets auf Veränderungen hin zu überprüfen sind.

An prognoserelevantem Verhalten im Verlauf der Behandlung des Patienten nennt Dönisch-Seidel (1998, S. 145f.):

- Kooperationsfähigkeit im Stationsalltag (keine oberflächliche Anpassung!),
- Krankheitseinsicht und kritische Selbsteinschätzung,
- Behandlungsmotivation,

---

97 Die Erfahrung des Verfassers im Umgang mit Sexualstraftätern ist die, dass viele Delinquenten gerade zu Beginn der Konfrontation mit ihren Taten diese nicht mit ihrer Person in Verbindung bringen und ihre Fremdheit thematisieren. Erst ein längeres Befassen mit ihren Taten ermöglicht eine Integration in ihr Selbstbild und ein zunehmendes Verstehen, wie es dazu kommen konnte.

- Bereitschaft zur Wahrnehmung therapeutischer Angebote,
- vertrauensvolle Bindung an den Therapeuten,
- Fähigkeit zum Erfahrungslernen,
- Nachreifung,
- Impulskontrolle[98],
- dauerhafte Kontakte zu Personen außerhalb der Einrichtung,
- Fähigkeit zu Tagesstrukturierung und Freizeitgestaltung,
- Ausbildungs-/Arbeitsvertrag,
- Kontakt zum Bewährungshelfer,
- Teilnahme an ambulanter forensischer Nachsorge.

Dönisch-Seidel (1998, S. 146) weist unter Bezugnahme auf Ergebnisse aus Projekten, wie sie u. a. in Düren und Haina durchgeführt wurden, darauf hin, dass die ambulante forensische Nachsorge für Maßregelpatienten „die Prognose eindeutig verbessert".

## 6.3.2 Klinische Prognosemethoden mit größerer Anwendungsbreite

Zahlreiche Forensiker aus dem Bereich der Psychiatrie und der Klinischen Psychologie (siehe u. a. Dahle, 2000; Dittmann, 2003; Leygraf & Nowara, 1992; Nowara, 1995; Rasch, 1985; Rasch & Konrad, 2004; Schorsch, Galedary, Haag, Hauch & Lohse, 1985) befassen sich mit Fragen der Kriminalprognose und unterbreiten Vorschläge, welche Kriterien und Aspekte bei der klinischen Prognosebeurteilung beachtet werden sollten (siehe **Tab. 6.13**). Dabei stehen verschiedene Straftäter mit unterschiedlichen Rechtsbrüchen im Fokus. Die konkrete prognostische Einzelfallanalyse und -beurteilung muss deshalb unter Beachtung der jeweils als relevant anzusehenden Kriterien und Aspekte erfolgen. Ihre Feststellung und Gewichtung sollen helfen, in einer Gesamtbeurteilung von einer eher günstigen oder ungünstigen Prognose auszugehen, eine Wahrscheinlichkeit zukünftiger schwerwiegender Straftaten anzugeben sowie die Gefährlichkeit eines Täters einzuschätzen und gegebenenfalls Angaben zur Therapierbarkeit (Therapiemöglichkeit und Therapiebereitschaft des Probanden) zu machen. Die in **Tabelle 6.13** aufgeführten Kriterien und Aspekte klinischer Prognosebeurteilung berücksichtigen sowohl statische (unveränderbare) als auch (durch Interventionen oder eintretende Lebenssituationen veränderbare) dynamische Merkmale und Gegebenheiten.[99] In den Vorgaben der zu beachtenden Kriterien und Aspekte erfährt die Prog-

---

98 Nach Untersuchungen von Gretenkord besteht ein empirischer Zusammenhang zwischen körperlichen Auseinandersetzungen und Übergriffen auf der Station (Impulsdurchbrüchen) und einer späteren Gewaltrückfälligkeit.

99 Beispiel eines statischen Merkmals: Lebensalter zum Zeitpunkt der begangenen Straftat; Beispiel eines dynamischen Merkmals: Konfliktverhalten des Probanden, das durch Therapie und Sozialtraining modifizierbar ist.

nosebeurteilung eine gewisse Standardisierung der ihr zugrundeliegenden diagnostischen Analyse.

**Tab. 6.13:** Kriterien und Aspekte der klinischen Prognosebeurteilung von Straftätern unterschiedlicher Delinquenz

> - Anlasstaten (z. B. massive Gewaltanwendung bei der Tat, Seriendelikte)
> - frühere Delinquenz (Kriminalitätsentwicklung)
> - Alter des Probanden zum Tatzeitpunkt/Beginn der Delinquenz („early starters"/„late starters")
> - Alter des Probanden zum Zeitpunkt der Prognosebeurteilung
> - Querschnittsbild der Persönlichkeit (z. B. Fähigkeit zur Empathie, zum Erfahrungslernen)/Entwicklungsstand des Delinquenten
> - Zusammenhang von Tat und entwicklungsbedingter Phase (Adoleszenz)
> - lebensphasische Krise zum Tatzeitpunkt
> - psychischer Hintergrund der Tat(en)
> - Erkrankung des Probanden (psychische Störung)
> - Einsicht des Probanden in seine gegebene Krankheit/Störung
> - Auswahl des Opfers (Opfervariablen)
> - bei Sexualstraftaten: Fixierung abweichender Sexualität, progrediente deviante Fantasien und Handlungen
> - Haft-/Unterbringungsverlauf seit der Tatbegehung
> - Perspektiven nach Haft-/Unterbringungsende (Entlassungsumfeld, sozialer Empfangsraum)
> - andauerndes antisoziales Verhalten des Probanden
> - soziale Kompetenz des Probanden
> - spezifisches Konfliktverhalten
> - Auseinandersetzung mit der begangenen Straftat

## 6.3.2.1 Dimensionen klinischer Prognose nach Rasch und Konrad

Rasch & Konrad (2004, S. 396) schlagen für die diagnostische Untersuchung im Rahmen der klinischen Prognosebeurteilung die Beachtung und Analyse der folgenden vier „Dimensionen" vor (siehe bereits Rasch, 1986), die im Wesentlichen auch von anderen Autoren als prognoserelevant erkannt und mit ähnlicher Begrifflichkeit umschrieben werden[100]:

- bekannte Kriminalität und Auslösetat(en),
- Verlauf seit Begehung der Tat(en)/während Freiheitsentzug,
- Persönlichkeitsquerschnitt, aktueller Krankheitszustand,
- Perspektiven, Außenorientierung.

---

100 So benennt z. B. Nedopil (2000) die folgenden, für die Prognosebegutachtung bedeutsamen, empirisch begründeten Dimensionen: „Ausgangsdelikt", „prädeliktische Persönlichkeit", „postdeliktische Persönlichkeitsentwicklung", „sozialer Empfangsraum" (siehe Anhang, **Tab. 9.8**).

Die Autoren fordern:

- eine unabhängige und zu gewichtende Befunderhebung zu jeder der vier Dimensionen und schließlich
- eine Gegenüberstellung und ein gegenseitiges Abwägen dieser Befunde.

Sie äußern, dass einem Prognosegutachter, der „diese Dimensionen ernsthaft und kritisch geprüft hat [...], auch wenn sich die Vorhersage als irrig erweist, kein Vorwurf zu machen sein wird" (siehe Rasch & Konrad, 2004, S. 393). Jeder der oben genannten vier „Dimensionen der klinischen Prognose kriminellen Verhaltens" sind inhaltliche Beschreibungen zugeordnet, denen Hinweischarakter auf eine eher günstige respektive eher ungünstige Prognose zukommt. Den **Tabellen 6.14** und **6.15** sind entsprechende Anhaltspunkte für die unterschiedlichen Prognosen zu entnehmen (siehe Rasch & Konrad, 2004, S. 396), die allerdings nicht als „Checkliste" missverstanden und gehandhabt werden sollten. Ihre präzisierte inhaltliche Bedeutung und ihre Wertigkeit ergeben sich erst durch ihre Übertragung auf den individuellen Kasus mit der ihm eigenen Problematik.[101] Die für die konkrete Einzelfallbeurteilung notwendigen Informationen sind durch umfassende Untersuchungen des zu Begutachtenden zu erlangen. Akteneinsicht ist unerlässlich, d. h., alle relevanten Akten, die Auskunft über ergangene Urteile zu Straftaten mit Schilderungen zur Tatsituation und zum Tathergang (gegebenenfalls Ermittlungsakte der Staatsanwaltschaft), über frühere Begutachtungen, den Vollzugsverlauf (Gefangenenpersonalakten) und auch über eventuelle Krankengeschichten Auskunft geben können, sind zu Rate zu ziehen. Letztlich wird „das Sachverständigenurteil umso zuverlässiger sein, je mehr möglichst voneinander unabhängige Informationsquellen berücksichtigt werden" (Scholz & Schmidt, 2003, S. 108).

**Tab. 6.14:** Klinische Prognose kriminellen Verhaltens – Anhaltspunkte für eine eher günstige Prognose (nach Rasch & Konrad, 2004)

| *Bekannte Kriminalität/Auslösetat(en):* |
|---|
| • Resultat lebensphasischer Bedingungen, eines schicksalhaften Konflikts, einer aktuellen Situation oder einer flüchtigen psychotischen Episode<br>• Es bestand eine hochspezifische Täter-Opfer-Beziehung.<br>• Strafbare Handlung entstand aus der Gruppendynamik der Mittäterschaft. |

---

101 Auch Endres (2004) listet prognoserelevante Merkmale in den vier wesentlichen Beurteilungsdimensionen auf. Er bezieht sich hierbei teilweise auf Ermer und Dittmann (2001) sowie auf Nedopil (2001) und fügt eigene Ergänzungen hinzu (siehe Anhang, **Tab. 9.9** und **Tab. 9.10**). In der Handhabung dieses Merkmalskatalogs gelten die gleichen Einschränkungen, die bezüglich der Prognosekriterien nach Rasch und Konrad (2004) sowie der sogenannten Dittmannliste (siehe Kap. 6.4.2) gemacht wurden.

Tab. 6.14: Fortsetzung

| *Verlauf seit Begehung der Tat(en)/während Freiheitsentzug:* |
| --- |
| • keine weiteren ähnlichen Straftaten<br>• keine strafbaren Handlungen während längerer Zeit der Entweichung aus der Haft oder der Unterbringung<br>• komplikationslose Beurlaubungen aus dem Freiheitsentzug<br>• Aufgeschlossenheit gegenüber Therapie<br>• Bindung an einen Therapeuten oder eine entsprechende Bezugsperson (z. B. Bewährungshelfer)<br>• Impulskontrolle<br>• in Verlaufskontrollen psychologischer Tests: konstante Entwicklung in Richtung Normalisierung |
| *Persönlichkeitsquerschnitt, aktueller Krankheitszustand:* |
| • keine Verhaltensauffälligkeiten oder Testbefunde, die auf psychische Abweichungen hinweisen, die zu dem spezifischen kriminellen Verhalten disponieren<br>• gute Remission einer zur Tatzeit vorhandenen psychotischen Symptomatik<br>• keine Hinweise auf Inhalte, die bei den strafbaren Handlungen von Bedeutung waren<br>• guter körperlicher Allgemeinzustand<br>• Empathie<br>• gute soziale Komponenten/Problemlösekomponenten |
| *Perspektiven, Außenorientierung:* |
| • gute soziale Kontakte (Partner, Verwandte, Freundschaften)<br>• Wohnung<br>• Arbeitsstelle<br>• Fortsetzung der Therapie, Bindung an einen Therapeuten<br>• frühzeitiger Kontakt mit dem Bewährungshelfer |

**Tab. 6.15:** Klinische Prognose kriminellen Verhaltens – Anhaltspunkte für eine eher ungünstige Prognose (nach Rasch & Konrad, 2004)

| *Bekannte Kriminalität/Auslösetat(en):* |
| --- |
| • Kriminalität ist auf grundlegende Persönlichkeitsmerkmale zurückzuführen oder auf eine psychopathologische Entwicklung oder auf eine chronische psychotische Erkrankung.<br>• Sie entspricht einem eingeschliffenen Verhaltensmuster.<br>• Der zur Tatzeit wirksame Einfluss von Alkohol oder Drogen beruht auf einer süchtigen Bindung. |
| *Verlauf seit Begehung der Tat(en)/während Freiheitsentzug:* |
| • weitere ähnliche Straftaten oder Versuche<br>• keine Einsicht in eigene Probleme, Tendenz zur Bagatellisierung<br>• Unmöglichkeit, sich der speziellen Problematik zu nähern<br>• Verweigerung therapeutischer Angebote (soweit Therapie indiziert ist)<br>• mehrfache Therapieabbrüche |

Tab. 6.15: Fortsetzung

| |
|---|
| • impulsive Handlungen |
| • in Verlaufskontrollen psychologischer Tests: keine positive Entwicklung |
| *Persönlichkeitsquerschnitt, aktueller Krankheitszustand:* |
| • Befunde, die auf hohe psychische Abnormität hinweisen, insbesondere auf hohe Störbarkeit, geringe Frustrationstoleranz, Depressivität, geringes Selbstwertgefühl, Impulsivität, Augenblicksverhaftung<br>• produktiv-psychotische Symptomatik mit Bezug zum Tatthema<br>• hohes Suchtpotenzial, sofern kriminelles Verhalten auf Sucht zurückzuführen war<br>• Konversionssymptomatik (psychosomatische Beschwerden) |
| *Perspektiven, Außenorientierung:* |
| • Fehlen realistischer Zukunftspläne, überhöhte Erwartungen<br>• problematische Wohnverhältnisse<br>• keine Aussicht auf Arbeit<br>• fehlende oder instabile soziale Beziehungen, insbesondere zum Partner<br>• Rückkehr in pathogene Familienverhältnisse |

Das von Rasch & Konrad (2004) empfohlene Vorgehen in der klinischen Kriminalprognose ist anerkannt und erfährt eine breite Anwendungspraxis in der Aufklärung und Einschätzung des fortbestehenden individuellen Risikopotenzials von Straftätern. Es besteht keine Beschränkung auf bestimmte Fallkonstellationen.

## 6.3.2.2 Prozessmodell klinischer Prognose nach Dahle

Dahle (2005b, S. 153) beklagt, dass in der von Rasch und Konrad propagierten klinischen Kriminalprognoseerstellung die im Einzelnen zu beachtenden Dimensionen (siehe oben) ohne Bezüge „weitgehend unverbunden nebeneinander stehen […]. Die Art ihrer Verknüpfung innerhalb des prognostischen Urteilsbildungsprozesses bleibt insofern offen." Dahle stellt ein ebenfalls breit anwendbares sogenanntes *„Prozessmodell klinischer Kriminalprognosen"* vor, in welchem der prognostische Urteilsbildungsprozess in vier eigenständigen, jedoch aufeinander bezogenen Teilaufgaben/Teilschritten erfolgt, wobei die Ergebnisse der Analyse und Klärung einer Teilaufgabe das Prozedere der nachfolgenden Teilaufgaben steuert.

Die *erste diagnostische Teilaufgabe* besteht in einer *Analyse und einem erklärenden Zugang der bisherigen delinquenten Entwicklung* des zu Begutachtenden. Es geht „letztlich um die Formulierung einer *individuellen Handlungstheorie der Delinquenz der fraglichen Person"*. Diese Handlungstheorie „sollte eine plausible, nachvollziehbare und vollständige Erklärung der Ursachen für die bisherige Delinquenz des Betreffenden bieten" (Dahle, 2005b, S. 154).

Die Aufgabe eines erklärenden Zugangs zur bisherigen Delinquenz eines Straftäters erfordert eine „Strukturanalyse" seines früheren strafbaren Handelns, wobei sowohl persongebundene (internale) als auch situative (externale)

Bedingungsfaktoren in den Blick zu nehmen sind. Gleichzeitig ist zu fragen, wie stabil oder variabel diese Bedingungsfaktoren sind (siehe **Abb. 6.1**).

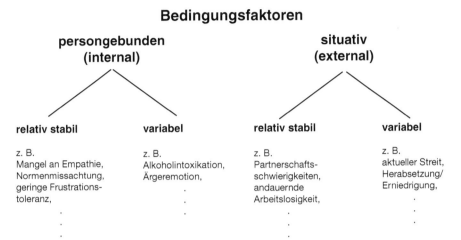

**Abb. 6.1:** Beispiele für zu beachtende Bedingungsfaktoren einer Strukturanalyse delinquenten Handelns

Die *zweite diagnostische Teilaufgabe* im Prozess der klinischen Kriminalprognose besteht darin, die Modifizierbarkeit relativ stabiler, persongebundener Bedingungsfaktoren, d. h. die Beeinflussbarkeit und eventuelle Veränderung des individuellen Risikopotenzials (durch welche Umstände auch immer, durch Sanktionsmaßnahmen, Interventionen, z. B. Therapie) einzuschätzen. Dies bedeutet im Kern, die Frage der *Entwicklung des Delinquenten seit Begehung der Anlasstat* zu beantworten. Hierbei wird auf die als persönliche Risiken erkannten, die Delinquenz mitbedingten Faktoren fokussiert. Eingetretene Entwicklungen und Veränderungen werden beschrieben und deren Zustandekommen nachvollziehbar erklärt.

Die *dritte diagnostische Teilaufgabe* besteht in der von Rasch und Konrad bezeichneten Befundung des aktuellen „*Persönlichkeitsquerschnitts* und *Krankheitszustandes*" des zu Begutachtenden. Positive Entwicklungen hinsichtlich der Risikopotenziale werden mit gegebenenfalls verbleibenden risikobehafteten Defiziten abgewogen und Faktoren/Umstände eruiert, die diese Defizite zu kompensieren vermögen. Realen Zukunftsperspektiven z. B. könnte eine solche Kompensationsfunktion zukommen. Umgekehrt könnten aber auch zu erwartende situative und variable Rahmenbedingungen – wie sie bereits zum Zeitpunkt des zurückliegenden delinquenten Handelns bestanden[102] – in Verbindung mit noch fortbestehenden persongebundenen Defiziten und Risiken zukünftig erneut Straftaten befürchten lassen. Wie Steller (2005, S. 13) darlegt, projiziert der Prognosegutachter „Wenn-dann-Aussagen auf denkbare zukünftige Situationen". Damit wird bereits die *vierte diagnostische Teilaufgabe* an-

---

102 siehe **Abb. 6.1** „Bedingungsfaktoren einer Strukturanalyse delinquenten Handelns"

gesprochen. Der Prognostiker hat sich ein Bild des sogenannten sozialen Empfangsraums und des beabsichtigten Lebens des Probanden zu verschaffen. Er muss dessen Zukunftsperspektive, Einbindung in einen Arbeitsprozess, Freizeitinteressen, soziale Bindungen und dergleichen ausloten. Es geht demnach in der vierten diagnostischen Teilaufgabe um eine *Einschätzung der Wahrscheinlichkeit zukünftiger situativer Bedingungen, die geeignet sein könnten, ein* noch bestehendes *Risikopotenzial* der zu begutachtenden Person *zum Ausdruck zu bringen,* sodass sie erneut delinquent handelt.

In der folgenden **Tabelle 6.16** sind die vier Dimensionen klinischer Prognosebeurteilung nach Rasch und Konrad (2004) und – inhaltlich weitgehend entsprechend – die sich stellenden vier diagnostischen Teilaufgaben des Prozessmodells klinischer Kriminalprognosen nach Dahle (2005b) synoptisch gegenübergestellt.

**Tab. 6.16:** Dimensionen und Teilaufgaben klinischer Kriminalprognosen

| Klinische Kriminalprognostik | |
|---|---|
| **Teilaufgaben** | **Dimensionen** |
| Analyse und Erklärung der bisherigen Delinquenz | Bekannte Kriminalität/Auslösetat(en) |
| Analyse und Erklärung des relevanten Verhaltens seit der letzten Tat | Verlauf seit Begehung der Tat(en)/ während Freiheitsentzug |
| Analyse des aktuellen Entwicklungsstandes/Persönlichkeitsquerschnitts | Persönlichkeitsquerschnitt, aktueller Krankheitszustand |
| Analyse und Perspektiven der zukünftigen Lebensgestaltung | Perspektiven, Außenorientierung |

Nicht nur mit Blick auf die prädiktive Güte, sondern vor allem auch unter Beachtung der rechtlichen Anforderungen an Prognosestellungen sind das Prozessmodell wie auch der dimensionale Ansatz der klinischen Kriminalprognose einer ausschließlich statistischen Methodik vorzuziehen.

### 6.3.2.3 Integrative klinische Prognose

Die kombinierte Methode der Risikoeinschätzung, die sowohl die Anwendung valider Prognoseinstrumente als auch die klinische Beurteilung einschließt, kann aktuell als „state of the art" gesehen werden. Der früher geführte Streit um die Präferenz des statistischen oder des klinischen Prognoseansatzes scheint überwunden (Egg, 2005). Auch für die Praxis kriminalprognostischer Begutachtung ist eine allgemein bewährte Vorgehensweise einer multimethodalen Diagnostik angeraten, die am ehesten eine gegenseitige Absicherung von erhobenen Befunden gewährleistet sowie gegebene methodenspezifische Schwächen zu kompensieren vermag. Die rechtspsychologische Praxis, die mit der wissenschaftlich begründeten Erstellung von Rückfallprognosen befasst ist, basiert im Wesentlichen auf dem gruppenstatistischen und dem individuumzentrierten

Ansatz. Wie dargestellt, stehen für beide Ansätze Instrumente und methodische Strategien zur Verfügung. Beide Ansätze haben jeweils Vorzüge, aber auch Grenzen (Bliesener, 2007). In der Begutachtungspraxis der individuellen klinischen Prognosebeurteilung erfolgt deshalb nicht selten die Hinzuziehung statistischer Prognoseinstrumente, wobei empirisch begründete Basisrückfallraten und prognoserelevante Prädiktoren einer Risikoklassifikation Berücksichtigung finden. Eine Kombination von statistischer und klinischer Einschätzung schlägt u. a. auch Endres (2002) vor, der im Übrigen sowohl statische (in der Vergangenheit liegende, kaum oder nicht veränderbare Faktoren) als auch dynamische Prognosefaktoren beachtet und „auf sinnvolle Weise" verbunden wissen möchte. Dahle empfiehlt bei der Erstellung von Rückfall- und Gefährlichkeitsprognosen den statistischen und den individuumzentrierten Ansatz integrativ zu berücksichtigen. Ein integratives Vorgehen führe am ehesten zu einer verlässlichen Einschätzung. Er stellt die sogenannte „integrative Prognosestellung" vor, bestehend aus einer Bestimmung des allgemeinen Rückfallrisikos (Basisrückfallrisiko, Abweichung des Probanden vom Durchschnitt, Zugehörigkeit zu einer Hoch- bzw. Niedrigrisikogruppe …) sowie aus einer Analyse des individuellen Rückfallrisikos (idiographische Prognose). Eine Übereinstimmung beider Bereiche erhöht die Validität des Prognoseurteils. Im Falle von Diskordanz ergibt sich die Notwendigkeit weiterer Klärung. Die Hinzuziehung solcher statistischer Methoden, die allgemeine Rückfallraten aus der Haft entlassener, heterogen zusammengesetzter Straftätergruppen zur Verfügung stellen, ist hierbei jedoch nicht recht weiterführend. Vielmehr sind statistische Methoden zu wählen, die Rückfallbasisraten für spezielle, den individuell zu beurteilenden Personen möglichst ähnliche Tätergruppen vorhalten.

Auch die von Endres (2002, 2004) vorgestellte zweistufige Vorgehensweise in der Prognoseerstellung sieht eine Verknüpfung von statistischer und klinischer Prognose vor. In einem ersten Schritt erfolgt die statistische Prognose, eine quantitative Rückfallklassifikation des Straftäters mittels eines oder mehrerer Prognoseschemata (statistische Risikoabschätzung). In einem zweiten Schritt erfolgt dann die klinische Prognose. Im Hinblick auf den Auftraggeber empfiehlt Endres (2002) die folgende Vorgehensweise in der Ergebnismitteilung der zweistufigen Prognoseeinschätzung eines Probanden:

a. *Die statistische Prognose, die quantitative Rückfall-/Risikoklassifikation betreffend* ist zu bedenken, dass herangezogene Statistiken, insbesondere auch ausländischer Herkunft und älteren Datums, nur eingeschränkt auf den Einzelfall übertragbar sind. Statistische „Rückfallraten hängen zudem von der Weite oder Enge des gewählten Rückfallkriteriums sowie vom Katamnesezeitraum ab, sodass es *die* Rückfallwahrscheinlichkeit sowieso nicht geben kann" (vgl. Endres, 2002, S. 21). Auf eine genaue Prozentzahlangabe oder auch Schätzgröße für die Rückfallwahrscheinlichkeit eines aktuell zu begutachtenden Probanden sollte deshalb verzichtet werden.[103] Auch sollte

---

103 Nicht selten wird eine Verwendung mehrerer auf Rückfallstudien gründender Prognoseinstrumente zu differierenden Zahlenangaben führen.

eine kategoriale Einordnung in „überdurchschnittlich, durchschnittlich oder wenig gefährlich" nicht vom Gutachter vorgenommen werden. Angeraten ist vielmehr eine an der jeweiligen statistischen Prognosemethode orientierten Beschreibung des „Ergebnisses" eines Probanden etwa in der Art: Für die Person NN wurde in der Prognoseliste Y (erstellt auf der Basis einer Stichprobe von N Haftentlassenen) ein Prognosescore x ermittelt, der auch für eine vergleichbare Subgruppe von n Häftlingen gefunden wurde, von denen während eines Beobachtungszeitraums von z. B. 5 Jahren 74 % erneut zu einer Strafhaft verurteilt wurden. Bei Verwendung der Prognoseliste Y wäre demnach für den Probanden NN von einer hohen Rückfallgefahr auszugehen.

b. *Die klinische Prognose betreffend* ist anzumerken, dass sie „keine quantitative Bestimmung des Risikos erneuter Straftaten liefert" (Endres, 2002, S. 21), vielmehr hat sie eine analytische Aufgabe zu erfüllen, Antworten auf folgende Fragenkomplexe zu finden:

- Welche spezifischen (in Persönlichkeit, Einstellungen, Verhaltensstilen, Lebensumständen, sozialen Beziehungen liegenden) Ursachen erklären die Straftaten des Delinquenten (individuelles Erklärungsmodell, das Aufschluss über rückfallgefährdende Bedingungen und Situationen gibt)?
- Bestehen diese Kausalbedingungen weiter oder sind Veränderungen eingetreten? Wie war die Entwicklung in der Haft, wie ist eine eventuelle Behandlung/Therapie verlaufen?
- Unter welchen Umständen können die bekannten Kausalbedingungen wieder aktualisiert werden, und welche Straftaten sind dann zu erwarten (qualitative Hinweise auf die Art der Gefährlichkeit und auf ihre situativen Bedingungen)? Wie ist der soziale Empfangsraum zu beurteilen? Welche protektiven Umstände und Faktoren könnten kriminellen Verhaltensbereitschaften entgegenwirken (Risikomanagement)?

Die Zusammenführung von statistischer und klinischer Prognose ermöglicht Verhaltensvorhersagen, „welche über eine bloße Wahrscheinlichkeitsschätzung für den Rückfall hinausgehen und auch Aufschlüsse hinsichtlich der Art der zu erwartenden Straftaten und deren Anlässen geben" (Endres, 2002, S. 22). Nicht immer werden statistische und klinische Prognosebeurteilung allerdings übereinstimmen, was am ehesten mit den Grenzen der angewandten statistischen Verfahren zu tun haben dürfte. Es entsteht dann Klärungs- und Erklärungsbedarf. Zu denken ist etwa an die bevorzugte Berücksichtigung eher statischer Merkmale, durch die vielleicht eine recht ungünstige Prognose eines Probanden nahegelegt wird, aber dynamische Faktoren wie Änderungen durch Therapie und die Etablierung protektiv wirksamer neuer Lebensumstände sein Risikopotenzial deutlich mindern. Einer Favorisierung statistischer gegenüber klinischen Prognosemethoden, wie sie gelegentlich noch von einzelnen Autoren vertreten wird, ist nicht das Wort zu reden, auch deshalb nicht, weil damit unverzichtbare general- und spezialpräventive Ansätze des Behandlungsvollzugs und der Therapie konterkariert würden.

## 6.4 Die individuelle klinische Prognosebeurteilung unterstützenden Methoden

### 6.4.1 Statistische Prognoseinstrumente der neuen Generation

In Erfüllung der diagnostischen Teilaufgaben des klinischen Prognosefindungsprozesses, insbesondere „zur Prüfung der inhaltlichen Vollständigkeit könnten […] auch […] statistische Prognoseinstrumente der neuen Generation hilfreiche Dienste leisten" (vgl. Dahle, 2005b, S. 156). Gemeint sind solche Prognoseinstrumente, denen wissenschaftlich fundierte Annahmen über Ursachen/Bedingungen von Kriminalität und Rückfallrisiken zugrunde liegen und die somit Inhaltliches zur klinischen Prognose beitragen.

Beispiele für heranzuziehende statistische Prognoseinstrumente:
- Level of Service Inventory-Revised (LSI-R; Andrews & Bonta, 1995): zur Diagnostik individueller Risikofaktoren (siehe Kap. 6.2)
- Historical-Clinical-Risk Management 20 Item Scheme (HCR-20; Webster, Douglas, Eaves & Hart, 1997; deutsche Version Müller-Isberner, Jöckel & Cabeza, 1998): zur Einschätzung der Rückfallgefahr bei Gewalttaten (siehe Kap. 6.2)
- Sexual Violence Risk-20 Scheme (SVR-20; Boer, Hart, Kropp & Webster, 1997; deutsche Version Müller-Isberner, Cabeza & Eucker, 2000): zur Beurteilung der Rückfallprognose von Sexualstraftätern (siehe Kap. 6.2)

Ersetzen können diese und andere statistischen Instrumente eine individuelle klinische Prognosebeurteilung allerdings nicht. Sie können lediglich als Hilfsmittel im diagnostischen Prozess verstanden werden.

### 6.4.2 Prognosechecklisten – Prognostische Kriterienlisten

Eingedenk dessen, dass eine exakte Vorhersage menschlichen Verhaltens mit keiner Methode zu leisten ist, muss eine notwendige Einschätzung der Kriminalprognose umso eher möglichst umfassend fundiert sein. Hierzu gehört, dass voneinander unabhängige, geeignete Informationsquellen Berücksichtigung finden. Letztendlich soll der Sachverständige imstande sein, eine Aussage zur Wahrscheinlichkeit abzugeben, mit der ein Delinquent erneut Straftaten verüben wird.

Zu den weiteren, die individuelle klinische Prognosebeurteilung gegebenenfalls unterstützenden Methoden zählt die Gruppe der sogenannten *Prognosechecklisten* oder prognostischen Kriterienlisten[104], die zwar dem erfahrenen

---

104 Mitunter werden die hier genannten Instrumente unter dem Kapitel „kriterienorientierte Prognosemethode" abgehandelt (in Gegenüberstellung zu den statistischen und klinischen Methoden).

und umsichtigen Sachverständigen keine völlig neuen Informationen an die Hand geben, ihn aber womöglich davor bewahren, einzelne, für die Prognosebeurteilung relevante Aspekte zu ignorieren. Es handelt sich hierbei um keineswegs Vollständigkeit beanspruchende Kataloge/Listen von Kriterien/Merkmalen, die – auf entsprechendes forensisches Erfahrungswissen gründend – mit eher hoher bzw. eher niedriger Rückfallwahrscheinlichkeit assoziiert sind und somit eine gewisse Aussagekraft besitzen. Dahle (2005b, S. 159) kritisiert allerdings, dass für Prognosechecklisten „Hinweise auf die Objektivität ihrer Anwendbarkeit und insbesondere ihre prognostische Validität fehlen".

Bekannt ist die sogenannte „Dittmannliste", die im Hinblick auf besonders gefährliche Straftäter in der Schweiz entwickelt wurde (Dittmann, 1999, 2007; Ermer & Dittmann, 2001).[105] Die zur Risikoeinschätzung „gemeingefährlicher Täter" empfohlene umfangreiche Liste umfasst insgesamt zwölf Kriterienbereiche, die jeweils eine Reihe von prognostisch günstigen respektive ungünstigen Einzelmerkmalen beinhalten (siehe **Tab. 6.17** und **6.18** sowie den vollständigen Merkmalskatalog nach Dittmann im Anhang, **Tab. 9.11**).[106] Relevanz und Anwendbarkeit der einzelnen Kriterienbereiche sind allerdings vom konkreten Begutachtungsfall abhängig. Im Grunde handelt es sich bei der „Dittmannliste" um ein Arbeitsinstrument zur Fallanalyse. Die zur Beurteilung der Einzelkriterien heranzuziehenden Informationen werden unterschiedlichsten Quellen entnommen (u. a. Strafvollzugsakten, früheren Urteilen, Gutachten, Krankenakten, Therapieverlaufsberichten).

**Tab. 6.17:** Zwölf Kriterienbereiche der sogenannten „Dittmannliste" (Dittmann, 2007)

| |
|---|
| 1. Analyse der Anlasstat(en) |
| 2. bisherige Kriminalitätsentwicklung |
| 3. Persönlichkeit, vorhandene psychische Störung |
| 4. Einsicht des Täters in seine Krankheit oder Störung |
| 5. soziale Kompetenz |
| 6. spezifisches Konfliktverhalten |
| 7. Auseinandersetzung mit der Tat |
| 8. allgemeine Therapiemöglichkeiten |
| 9. reale Therapiemöglichkeiten |
| 10. Therapiebereitschaft |
| 11. sozialer Empfangsraum bei Lockerung, Urlaub, Entlassung |
| 12. bisheriger Verlauf nach der (den) Tat(en) |

---

105 Arbeitsinstrument der Fachkommissionen des Strafvollzugskonkordats der Nordwest- und Innerschweiz.

106 Die „Dittmannliste" beinhaltet vergleichbare Kriterien, die auch in den Ansätzen zur Prognoseeinschätzung nach Rasch und Konrad sowie Nedopil herangezogen werden (Egg, 2005).

**Tab. 6.18:** Prognostisch „günstige" und „ungünstige" Einzelmerkmale zu den Kriterienbereichen 1 und 2 der „Dittmannliste"

| Kriterium „Analyse der Anlasstat(en)" | |
|---|---|
| **günstig** | **ungünstig** |
| Einzeldelikt ohne übermäßige Gewaltanwendung | besonders grausame Tat mit übermäßiger Gewaltanwendung („Overkill") |
| | Deliktserie |
| hochspezifische Täter-Opfer-Beziehung | Opferwahl zufällig |
| Mittäterschaft unter Gruppendruck | Delikt mit hoher statistischer Rückfallwahrscheinlichkeit (sog. Basisrate) |
| Kriterium „Bisherige Kriminalitätsentwicklung" | |
| **günstig** | **ungünstig** |
| Kriminalität als Ausdruck lebensphasischer Veränderungen, eines schicksalhaften Konfliktes oder einer besonderen aktuellen Situation | Kriminalität als eingeschliffenes Verhaltensmuster in der Biographie erkennbar, Delinquenzbeginn in Kindheit oder Jugend, Herkunft aus dissozialem Milieu |
| | in der Vorgeschichte gewalttätige Delikte, besonders grausame Taten mit übermäßiger Gewaltanwendung („Overkill") |
| | Deliktserie in der Vorgeschichte |
| | Lockerungs- oder Bewährungsversagen in der Vorgeschichte |

Die aus 84 Items bestehende „Dittmannliste" erfordert in ihrer Anwendung seitens des Prognostikers ein profundes Wissen über bekannte Rückfallrisiken bestimmter Straftäter und differenzierte Zusammenhänge zwischen Merkmalen des zu begutachtenden Probanden und deren prognostischer Wertigkeit, die letztlich nur individuell und in Abhängigkeit zur Deliktart einzuschätzen ist. So wäre z. B. das Einzelmerkmal „besonders grausame Tat mit übermäßiger Gewaltanwendung" im Kontext einer als Affektdelikt zu sehenden Tötungshandlung[107] eines Probanden ganz anders zu beurteilen als bei einem zum Sadismus neigenden, persönlichkeitsgestörten Straftäter mit einem nach Außen hin „vergleichbaren" Delikt. Auch das in der Dittmannliste als ungünstig geltende Einzelmerkmal „zufällige Opferwahl" kommt im Rahmen von Affekttaten vor, worauf u. a. Rasch und Konrad (2004, S. 270) im Zusammenhang mit affektgeleiteten Tötungshandlungen hinweisen, zu denen es schließlich

---

107 Solche typischen Affektdelikte hat Rasch bereits 1964 in der „Tötung des Intimpartners" beschrieben (Rasch, 1995).

nach Monate oder Jahre andauernden konfliktreichen Partnerbeziehungen kommen kann: „Das Opfer, das mit einer Vielzahl von Verletzungen hingemetzelt wird, ist vielleicht nur ein Zufalls- oder Ersatzopfer." Viele Affektdelikte von psychisch nicht gestörten Tätern bleiben einmalige Ereignisse, ohne ein besonderes Rückfallrisiko des Delinquenten. Die unterschiedliche Wertigkeit und prognostische Bedeutung der einzelnen Merkmale verbieten eine zahlenmäßige Addition von Positiv- und Negativpunkten. Eine solche Handhabung wäre unwissenschaftlich und ohne Sachverstand. Wären für einen Probanden insgesamt eher günstige Merkmale festzustellen, würden dennoch einige wenige, sehr gravierende Aspekte wie z. B. „Deliktserie" die Risikoeinschätzung letztlich negativ bestimmen können. Generell ist für die in Prognosechecklisten aufgeführten Merkmale (Prädiktoren) nicht von deren Gleichwertigkeit und Gleichgewichtigkeit auszugehen. Auch besteht kein linearer Zusammenhang zwischen der Zahl von Risikomerkmalen und der Gefährlichkeit eines Probanden. Endres (2004, S. 184) sieht deshalb schlussfolgernde prognostische Gutachtenäußerungen wie „die günstigen Faktoren überwiegen" oder „günstige und ungünstige Gesichtspunkte halten sich die Waage" als „nicht überzeugend" an. Aus dem Gesagten wird deutlich, wie wichtig die Einzelfallbetrachtung ist. Es „ist zu beachten, dass die Einstufung von Merkmalen in Prognosechecklisten als prognostisch ‚günstig' oder ‚ungünstig' Pauschalisierungen darstellt, die in den meisten Fällen zutreffend sein mögen. Im konkreten Einzelfall können einzelne Merkmale mitunter jedoch auch eine entgegengesetzte Bedeutung gewinnen" (Dahle, 2005a, S. 64). So könnte ein unter Haftbedingungen beobachtbares unauffälliges und angepasstes Verhalten eines Straftäters mit häufig begangenen Körperverletzungsdelikten als eher günstig bewertet werden, „bei einem sadistischen Kindesmissbraucher hingegen als unwesentlich oder gar als Alarmzeichen" (Endres, 2004, S. 185) gesehen werden. Checklisten sind lediglich Hilfsinstrumente in den Händen eines erfahrenen Sachverständigen, der im Übrigen eine delikt- und persönlichkeitsspezifische, *individuelle klinische Prognosebeurteilung* zu erbringen hat, wobei sich das Gesamtrisiko der Gefährlichkeit eines Täters aus Art und Anzahl der zu erwartenden Straftaten und der Rückfallwahrscheinlichkeit ergibt.

### 6.4.3 Operative Fallanalyse – Tatort- und Tathergangsanalyse

Als weitere, die individuelle klinische Prognosebeurteilung unterstützende Methode wird neuerdings das in den USA entwickelte „Profiling" propagiert (Musolff & Hoffmann, 2001). In der kriminalpsychologischen Methode „Crime Scene Analysis", bestehend aus „Tatortanalyse (TOA)" und „Tathergangsanalyse (THA)" werden Verhalten, Handlungsmotive und -ziele bestimmter Täter anhand objektiver Tatbestandsmerkmale systematisch untersucht. Es werden Entscheidungen des Täters sowie für ihn charakteristische Verhaltensweisen vor, während und nach dem Tatgeschehen eruiert (Wegener, 2003; Kröber, 2006a) und damit Rückschlüsse auf seine Persönlichkeit gezogen. Von Interesse sind hierbei u. a. auch Auswahl und Eigenschaften (Persönlichkeit) des Opfers sowie der Modus der Kontaktaufnahme durch den Täter.[108] Letztlich ist es das Ziel, aufgrund von Charakteristika der handelnden Person zu empirisch begründeten Typologien von Tätern verschiedener Deliktgruppen zu gelangen, z. B. zu bestimmten Subtypen von Sexualstraftätern (Knight & Prentky, 1990; Rehder, 2004). Eine eigenschaftstheoretisch ausgerichtete Täterprofilerstellung impliziert eine gewisse situationsübergreifende Stabilität im Verhalten der delinquenten Person, die am ehesten bei Straftätern gegeben ist, deren Delikthandeln in engem Zusammenhang mit Krankheit (psychischer Störung) steht (typenbildende Kraft von Krankheit). Erkenntnisse aus der kriminalpsychologischen Methode der Täterprofilerstellung, die wesentlich auch auf der Tathergangsanalyse basiert, werden „insbesondere zur Risikobeurteilung bei Gewalt- und Sexualdelinquenz eingesetzt". Generell liefert das in Deutschland als *„Operative Fallanalyse"* oder kurz *„Tathergangsanalyse"* bezeichnete Verfahren „Basisinformationen nicht nur für Ermittlungsansätze, sondern auch für die Gefährlichkeits- und Rückfallprognose, die Klassifizierung des Deliktes und die (paraphilen) Fantasien des Täters" (Osterheider, 2008, S. 6f.). So können bestimmte, immer wiederkehrende Fantasien Indiz eines intensiven Vorgestaltens eines ritualisiert ablaufenden Tatgeschehens sein, wie es bei Sexualdelikten häufiger beobachtbar ist.

Sofern bestimmte Delinquenztypen empirisch begründet sind, ermöglichen sie Einsichten in Hintergründe, Umstände und Beschreibungsmerkmale von Straftatbegehungen. Je ähnlicher der zur Kriminalprognose anstehende konkrete Einzelfall einem solchen Typus mit bekannter Risikoklassifikation ist, umso eher sind vorhandene Erkenntnisse über die Gefährlichkeits- und Risikoeinschätzung für die individuelle Prognosebeurteilung heranzuziehen. Ähnlichkeit bedeutet aber gerade nicht Gleichheit, sodass in der individuellen klinischen Prognoseeinschätzung auch die Unterschiede zur typischen Fallkonstellation aufzuzeigen sind und in der Beurteilung des Einzelfalls berücksichtigt werden müssen. Osterheider (2008) weist darauf hin, dass der Operativen Fallanalyse (Tathergangsanalyse) in der Anwendung durch forensische Gutachter aus juristischer Sicht argwöhnisch begegnet werde. Im Übrigen bedürfe die Methode noch der weiteren wissenschaftlichen Fundierung und Fortentwicklung. Egg (2006, S. 572) sieht in der Tathergangsanalyse einen Fortschritt zur klassischen Prognoseerstellung, da nun auch „das jeweilige Bezugsdelikt, dessen Entstehung und Verlauf sowie dessen Einbindung in über-

---

108 Es sei in diesem Zusammenhang darauf hingewiesen, dass auch angewandte Prognoseinstrumente zur Einschätzung des Rückfallrisikos von Straftätern selbstverständlich *Tatumstände* berücksichtigen. Das Sexual Violence Risk-20 Scheme (SVR-20) (Müller-Isberner et al., 2000) zur Beurteilung des Rückfallrisikos von sexuellen Gewalttätern verlangt Aussagen über die körperliche Verletzung des Opfers, zum Waffengebrauch und zu Todesdrohungen gegenüber dem Opfer. Im Forensisch-Operationalisierten Therapie-Risiko-Evaluations-System (FOTRES) (Urbaniok, 2004) sind Angaben zur Tatankündigung, zur Tatvorbereitung, zu eventuellen sadistischen Anteilen der Tatausführung und entsprechenden Fantasien zu machen.

dauernde oder situationsgebundene Aspekte einen Schwerpunkt der Risikobeurteilung darstellt".

## 6.4.4 Psychologische Testverfahren aus dem Bereich der Persönlichkeitsdiagnostik

Die Prävalenzraten von Persönlichkeitsstörungen und anderen psychischen Störungen werden bei Straftätern als hoch eingeschätzt. Gerade im Kontext von gravierenden Gewaltdelikten sind nicht selten individuelle psychische und charakterliche Defizite der Straftäter von Bedeutung. Unterschiedliche Persönlichkeitsstörungen, u. a. auch Störungen der Sexualpräferenz sind anzutreffen. Menschliches Verhalten – auch kriminelles Verhalten – wird wesentlich durch Dispositionen und Vulnerabilitäten der Person bestimmt. Sie stellen zumindest entscheidende Einflussgrößen dar, wenn auch das Handeln zu einem Zeitpunkt X sich nur erklärt, indem zugleich situative Lebensbedingungen und -umstände der Person in den Blick genommen werden. Für den Prozess einer individuellen kriminalprognostischen Entscheidung ist die Hinzuziehung und Anwendung persönlichkeitsdiagnostischer Untersuchungsverfahren der Klinischen Psychologie keinesfalls entbehrlich. So können nicht nur statische, sondern auch dynamische Faktoren der Person, etwa durch Interventionen eingetretene Veränderungen ursprünglich problematischer Persönlichkeitsaspekte eruiert werden. Im Vergleich zur Psychiatrie „erscheint die Herangehensweise der Psychologie dort erfolgversprechender, wo es darum geht, für die Erklärung von Kriminalität relevante Persönlichkeitsmerkmale und Verhaltensdispositionen differenziert herauszuarbeiten" (vgl. Endres, 2002, S. 18). Dass eine ausschließliche Persönlichkeitsbeurteilung zur prognostischen Einschätzung zukünftigen Verhaltens eines Straf-/Gewalttäters nicht ausreicht, wurde bereits dargelegt. Kriminalprognosen sind nur unter der gleichzeitigen Beachtung der sich darstellenden Persönlichkeit des Probanden und zukünftig zu erwartender situativer Gegebenheiten zu leisten. Dem widerspricht nicht, dass in Einzelfällen sehr stark ausgeprägte, im Hinblick auf Gewalttätigkeit riskante Persönlichkeitseigenschaften eine zuverlässige Prognoseeinschätzung ermöglichen und Erwägungen situativer Gegebenheiten demgegenüber eher nachrangig sind. In der Literatur (siehe u. a. Scheurer & Richter, 2005) wird eine ganze Reihe von Persönlichkeitsmerkmalen aufgeführt, die von forensischem Interesse sind. Unter dem Aspekt der Gefährlichkeit von Gewalttätern sind es neben Intelligenz Merkmale wie Erregbarkeit, Impulsivität, Aggressivität, Ichstärke, Empathie. Insbesondere wird auch eine mögliche Gestörtheit der Person und ihres Verhaltens in den Fokus rücken, hier vor allem der Aspekt der Dissozialität. Auf der Ebene der Verhaltensstörungen werden sich gegebenenfalls Fragen der Sexualpräferenz, der Einflussnahme und Auswirkungen des Gebrauchs psychotroper Substanzen stellen. Beim Verdacht einer psychotischen Gestörtheit kann eine psychiatrische Abklärung erforderlich sein. Kriminologisch und prognostisch relevante körperliche, auch neurologische Erkrankungen wären durch (fach-) ärztliche Untersuchungen des zu begutachtenden Straftäters einzuschätzen.

In der forensischen Begutachtung wird erwartet, dass Diagnosen psychischer Störungen unter Rekurs auf international gebräuchliche und anerkannte (konsensuelle) Klassifikationssysteme (wie die International Classification of Diseases – ICD – oder das Diagnostic and Statistical Manual of Mental Disorders – DSM) erfolgen.[109] Mit der Einführung dieser fortlaufend überarbeiteten, relativ theoriefreien, strukturierten und standardisierten Klassifikationssysteme sind insofern Fortschritte eingetreten, als durch ihre Verwendung wesentliche Verbesserungen der Objektivität, Reliabilität und Validität im Bereich psychiatrischer und klinisch-psychologischer Diagnostik psychischer Störungen erreicht wurden. Ein überaus bedeutsames und entscheidendes Untersuchungs„instrument" ist und bleibt jedoch das Gespräch mit dem Probanden, seine Exploration, die trotz der Möglichkeiten, die strukturierte Interviews und Checklisten zur Fremdbeurteilung bieten, unverzichtbar ist. Freie Explorationen erfolgen nicht unstrukturiert, jedenfalls in der Durchführung erfahrener Gutachter. Hier ist der Sachverständige gleichsam die Untersuchungsmethode. Seine Fähigkeiten und Erfahrungen entscheiden über deren Validität für die Diagnostik. Auskünften des Probanden ist mit einer „angemessenen Skepsis" zu begegnen. Sie dürfen schon gar nicht die Basis eines unmittelbaren diagnostischen Schlusses sein. Allein dass ein brutaler Vergewaltiger Fragen nach sadistischen Fantasien von sich weist, darf nicht dazu führen, eine sexuelle Deviation zu verneinen (vgl. Endres, 2002, S. 19).

Die Wahl anzuwendender persönlichkeitsdiagnostischer Verfahren (z. B. Fragebogenmethoden) ist abhängig

- von der jeweiligen Fragestellung des Gutachtenauftrags und
- von den zu erhellenden Persönlichkeitsaspekten des Straftäters.

Im Falle anstehender prognostischer Entscheidungen heißt dies, dass die Persönlichkeitsaspekte, die hypothetisch in einem Zusammenhang mit dem spezifischen kriminellen Verhalten stehen, über die Auswahl von Untersuchungsmethoden entscheiden. Erste vorläufige Hypothesen zur Persönlichkeit eines Probanden können sich bereits aufgrund des Studiums und der Analyse der (Gerichts- und Vollzugs-)Akten ergeben. Was die Erklärung des Zustandekommens und Auftretens kriminellen Verhaltens anbelangt, kennt der praktisch tätige Forensiker die Grenzen von Persönlichkeitstests. Im Einzelfall können Anamnesen, vertiefende Explorationen und Verhaltensbeobachtung ergiebiger sein, um ein Persönlichkeitsbild eines Delinquenten zu erhalten. Tatsächlich formen ja auch die biographische Anamnese, die Exploration zur Entwicklung delinquenten Verhaltens und zu bestimmten anderen Sachverhalten beim Untersucher ein Bild von der Persönlichkeit und den Dispositionen des zu begutachtenden Probanden.

Generell können bei der Durchführung von psychodiagnostischen Verfahren unterschiedlicher Art – dies betrifft nicht nur Tests und Methoden der Selbst-

---

109 In Deutschland kommt bevorzugt die ICD zum Einsatz.

beurteilung, sondern auch Fremdeinschätzung und Ergebnisse explorativer Vorgehensweisen – durch Verfälschungstendenzen des zu Begutachtenden Validitätseinbußen eintreten. Bei der kriminalprognostischen Beurteilung sind Ergebnisse aus Fragebogenmethoden (Selbstbeurteilungsverfahren) wohl am „anfälligsten". Verfälschungen, mit denen hier vor allem zu rechnen ist, sind:

- die Tendenz zu Antworten und Reaktionen des Probanden im Sinne sozialer Erwünschtheit („social desirability", SD), sodass ein Bild einer Persönlichkeit mit allseits akzeptierten und positiven Eigenschaften entsteht,
- die absichtliche Verfälschung („faking") von Antworten und Reaktionen im Sinne von Dissimulation oder Diminution, indem der Proband etwa zur Vortäuschung von Gesundheit tatsächliche Störungssymptome verbirgt oder verheimlicht bzw. abschwächt.

Daneben gibt es aber auch scheinbare (unbeabsichtigte) Verfälschungstendenzen, die letztlich eher Ausdruck eines unzutreffenden Selbstbildes eines womöglich auch wenig selbstkritischen Probanden sind. Eine solche Beobachtung hat einen eigenen diagnostischen Wert. Erfahrene Sachverständige rechnen mit validitätsmindernden Einflüssen auf diagnostische Ergebnisse, die im Übrigen aber in einer ganzen Reihe von Untersuchungsverfahren (Tests) durch immanente Kontrollmöglichkeiten (z. B. SD- und Offenheits-Skalen) zu begrenzen sind. Eine Minimierung von Verfälschungstendenzen bei Persönlichkeitsfragebogen erscheint z. B. auch durch den Zeitpunkt ihrer Bearbeitung möglich, nämlich erst nach erfolgter Anamnese und Exploration (Scheurer & Richter, 2005). Es gibt keinen Grund, auf Verfahren der Selbstbeurteilung zu verzichten, zumal es immer noch der Proband selbst ist, der in Kenntnis seiner Person Auskünfte über sich zu machen imstande ist, die ansonsten nicht zu erhalten wären.[110] In diesem Zusammenhang können auch Antworten/Reaktionen auf *einzelne* Items eines Persönlichkeitsfragebogens von besonderem Interesse sein und Informationen liefern, die u. U. zu weiteren Gesprächen und Explorationen mit dem Probanden Anlass geben können. Insgesamt gewinnt die Psychodiagnostik an Zuverlässigkeit je mehr möglichst unabhängige Untersuchungsmethoden sich gegenseitig stützende (konkordante) Befunde erbringen.

In der folgenden **Tabelle 6.19** sind einige psychodiagnostische Methoden aufgeführt, die im Rahmen kriminalprognostischer Begutachtung von Gewalt- und Sexualstraftätern je nach Lage des Falles und der zu prüfenden Hypothesen zur Anwendung kommen können.[111]

---

110 Zu Problemen forensisch-psychologischer Diagnostik siehe Wegener und Steller (1986), Scheurer und Richter (2005).

111 Zur Beschreibung einzelner psychodiagnostischer Methoden und Indikation ihrer Anwendung siehe Testkatalog 2010/11, Testzentrale Göttingen: Hogrefe Verlag, auch Testhandbücher, z. B. Brickenkamp Handbuch psychologischer und pädagogischer Tests, herausgegeben von Brähler et al., 2002.

**Tab. 6.19:** Beispiele psychodiagnostischer Methoden im Rahmen der prognostischen Begutachtung von Gewalt- und Sexualstraftätern

| **Intelligenzdiagnostik:** |
|---|
| Hamburg-Wechsler-Intelligenztest für Erwachsene (HAWIE-III) bzw. Wechsler Intelligenztest für Erwachsene (WIE), Intelligenz-Struktur-Test 2000 R (I-S-T 2000 R), Wilde-Intelligenz-Test (WIT), Mehrfachwahl-Wortschatz-Intelligenztest (MWT), Zahlen-Verbindungs-Test (ZVT), Standard Progressive Matrices (SPM) |
| **Persönlichkeitsdiagnostik:** |
| 16-Persönlichkeits-Faktoren-Test (16 PF-R), Freiburger Persönlichkeitsinventar (FPI-R), Eysenck-Persönlichkeits-Inventar (EPI), Minnesota Multiphasic Personality Inventory 2 (MMPI-2), Narzissmusinventar (NAI), Rorschach-Psychodiagnostik[112], Thematic Apperception Test (TAT)[113], Persönlichkeits-Stil- und Störungs-Inventar (PSSI), Fragebogen zu Kompetenz- und Kontrollüberzeugungen (FKK), Rosenzweig P-F Test (PFT), State-Trait-Ärgerausdrucks-Inventar (STAXI), Konfliktverhalten situativ (KV-S), Fragebogen zur Erfassung von Aggressivitätsfaktoren (FAF), Fragebogen zur Selbsteinschätzung aggressiven Verhaltens (FSA), Psychopathy Personality Inventory Revised (PPI-R), Multiphasic Sex Inventory (MSI) – Fragebogen zur Erfassung psychosexueller Merkmale bei Sexualtätern, International Personality Disorder Examination (IPDE), Strukturiertes Klinisches Interview für DSM-IV (SKID-II), Internationale Diagnosen-Checkliste für Persönlichkeitsstörungen (IDCL-P)[114], Psychopathy-Checklist-Revised (PCL-R) |
| **Beurteilung psychischer Störungen:** |
| Diagnostisches Expertensystem für Psychische Störungen nach ICD-10 und DSM-IV (DIA-X), Strukturiertes Klinisches Interview für DSM-IV (SKID-I), Internationale Diagnosen-Checklisten für ICD-10 (IDCL), Brief Psychiatric Rating Scale (BPRS), Allgemeine Depressionsskala (ADS), Beck-Depressions-Inventar (BDI-II), Paranoid-Depressivitäts-Skala (PD-S), Münchner Alkoholismus-Test (MALT) |

Der Prozess einer individuellen prognostischen Einschätzung von Rückfallrisiken eines Straftäters erfordert die Prüfung fallbezogener Hypothesen, so z. B. der Annahme einer im Hinblick auf Gewalttaten relevanten Persönlichkeitsstörung. Wir wissen aus der Prognoseforschung um die Bedeutung der Identifizierung von Tätern mit der Diagnose „psychopathy". Eine entsprechende Untersuchungsmöglichkeit steht zur Verfügung.

---

112 Projektive Tests wie Rorschach-Verfahren und TAT werden im Allgemeinen kritisch beurteilt. Dennoch sind „Projektive Tests in der Hand des erfahrenen Diagnostikers wertvolle diagnostische Hilfsmittel" (Rasch & Konrad, 2004, S. 365). Auch Endres (2004), Scheurer und Richter (2005) sowie Jost (2008) weisen auf ihren gewinnbringenden Einsatz für die forensische Begutachtung hin.

113 siehe Anmerkung 112

114 Die IDCL-P dient der Erfassung von Persönlichkeitsstörungen nach ICD-10 und DSM-IV.

Wegen des Gewichts der von R. D. Hare und Mitarbeitern entwickelten *Psychopathy Checklist Revised (PCL-R)* im Rahmen kriminalprognostischer Beurteilungen soll diese Methode ausführlicher dargestellt werden. Bekanntermaßen ist das Rückfallrisiko von (gewalttätigen) Straftätern, die im Sinne von Hare als Psychopathen zu sehen sind[115], im Vergleich mit anderen Delinquenten deutlich erhöht. Die für einen Probanden festzustellenden Werte in der PCL-R gehen denn auch mit dem vergleichsweise höchsten Gewicht in die Risikoermittlung durch den Violence Risk Appraisal Guide (VRAG) und den Sex Offender Risk Appraisal Guide (SORAG) ein. Auch in anderen Prognoseinstrumenten wie dem Historical-Clinical-Risk Management 20 Item-Schema (HCR-20) findet die Einschätzung mittels PCL-R besondere Berücksichtigung.

Das Konstrukt „psychopathy" geht auf H. Cleckley (1976) zurück. Es wird als ein eigenes Störungsbild aufgefasst, welches sich in früher Lebensphase abzeichnet. Offenbar zeigen sich entsprechende Tendenzen bereits in der Kindheit. Defizite und Eigenschaften sind beobachtbar, die als Gefühllosigkeit (Mitleidlosigkeit) und Unemotionalität imponieren („callous and unemotional traits") und der Kernsymptomatik des erwachsenen Psychopathen nach Hare entsprechen (Frick, Cornell, Barry, Bodin & Dane, 2003). Es ist darin „ein starkes Warnsignal für das Ausbilden einer lebenslangen Psychopathie" zu sehen (Roth & Strüber, 2009, S. 601). Als Ursache für den emotionalen Mangel im sozialen Umgang mit anderen, der als entscheidend für eine antisoziale, psychopathische Persönlichkeitsstörung gesehen wird, ist primär eine genetische Komponente anzunehmen (Blair, Peschardt, Budhani, Mitchell & Pine, 2006, Roth & Strüber, 2009). Umwelteinflüssen scheint demgegenüber keine besondere Relevanz zuzukommen. Dies bedeutet auch, dass eine gute Erziehung von Kindern mit psychopathischen Tendenzen nicht den erwarteten Erfolg zeigt. Ihrer Sozialisierbarkeit sind zumindest erhebliche Grenzen gesetzt. Das Störungsbild scheint recht beständig und auch durch therapeutische Interventionsversuche wenig beeinflussbar. Cleckley (1941, 1976) beschrieb in seinem bekannten Buch *The Mask of Sanity* (Maske der Vernunft) zahlreiche Patienten und „ermöglichte (damit) der Allgemeinheit einen ersten detaillierten Einblick in die Psychopathie" (Hare, 2005, S. 24). So charakterisierte er „psychopathic individuals" u. a. als Menschen mit dissozialem und antisozialem Verhalten, mit Fehlen einer emotionalen Bindung und der Unfähigkeit zu Gefühlen von Schuld, Bedauern und Reue. Weitere Persönlichkeitsmerkmale, die auch zu einem ihnen eigenen erhöhten Straftatrisiko beitragen, sind: Impulsivität, ein Mangel an Angst, ein Defizit an Empathie sowie ein ausgeprägter Egoismus. Im Umgang mit anderen imponieren Psychopathen als übertrieben, egozent-

---

115 Gegenüber der antisozialen Persönlichkeitsstörung des DSM-IV („antisocial personality disorder", APD), deren Definition vor allem auf aggressives und delinquentes Verhalten abstellt, beschreibt die dissoziale Persönlichkeitsstörung des ICD-10 („dissocial personality disorder", DPD) stärker charakterliche Besonderheiten und Abweichungen und lässt damit eine größere Nähe zur „Psychopathy" im Sinne von Hare erkennen. Das Konzept der „Psychopathy" entspricht am ehesten einer Unterform dissozialer Persönlichkeitsstörung mit narzisstischen Anteilen.

risch, manipulierend, dominant, gewaltsam und kaltherzig. Im Affektiven sind sie labil, flach und nicht fähig, anhaltende Beziehungen zu anderen Menschen herzustellen. Dass sie wenig durch Erfahrung (insbesondere negativer Art) lernen, mag auch ihre Unbeeindruckbarkeit durch Strafen erklären. Cleckleys Beschreibungen beförderten die Psychopathie-Forschung vor allem in den USA und Kanada. Der kanadische Professor für Psychologie Robert D. Hare formuliert die sich letztlich darstellende Konsequenz: „[…] in dem Maße, wie unser Wissen über die von Psychopathen angerichteten, verheerenden gesellschaftlichen Schäden wächst, ergibt sich für die moderne Forschung ein noch wichtigeres Ziel – *die Entwicklung von zuverlässigen Verfahren zur Identifizierung solcher Individuen, um das potenzielle Risiko, das sie für andere darstellen, zu minimieren*" (Hare, 2005, S. 25). Durch Cleckley beeinflusst, entwickelten Hare und seine Mitarbeiter 1980 zunächst die „Psychopathy Checklist" und 1991 schließlich die 20 Variablen umfassende „Psychopathy Checklist-Revised" (siehe **Tab. 6.20**).

**Tab. 6.20:** Merkmale der Psychopathy Checklist-Revised (PCL-R)[116]

1. trickreich sprachgewandter Blender mit oberflächlichem Charme
2. erheblich übersteigertes, grandioses Selbstwertgefühl
3. Stimulationsbedürfnis (Erlebnishunger), ständiges Gefühl der Langeweile
4. pathologisches Lügen (Pseudologia)
5. betrügerisch-manipulatives Verhalten
6. Mangel an Gewissensbissen oder Schuldbewusstsein
7. oberflächliche Gefühle
8. Gefühlskälte, Mangel an Empathie
9. parasitärer Lebensstil
10. unzureichende Verhaltenskontrolle
11. Promiskuität
12. frühe Verhaltensauffälligkeiten
13. Fehlen von realistischen, langfristigen Zielen
14. Impulsivität
15. Verantwortungslosigkeit
16. mangelnde Bereitschaft und Fähigkeit, Verantwortung für eigenes Handeln zu übernehmen
17. viele kurzzeitige ehe(ähn)liche Beziehungen
18. Jugendkriminalität
19. Widerruf einer bedingten Entlassung
20. polytrope Kriminalität

Als Beispiel wird die Beschreibung des Merkmals 1 wiedergegeben: „Ein schlagfertiger, trickreich-redegewandter Proband, der eine unaufrichtige und oberflächliche Art von Charme ausstrahlt. Er ist oft ein amüsanter und unterhaltsamer Gesprächspartner, hat immer eine schnelle und clevere Erwiderung

---

116 Müller-Isberner, R., Jöckel, D. & Cabeza, S. G. (1998). Psychopathy Checklist-Revised PCL-3 Manual Copyright 1998, Institut für Forensische Psychiatrie, Haina

parat und ist in der Lage, unwahrscheinliche, aber überzeugend klingende Geschichten zu erzählen, die ihn in einem guten Licht erscheinen lassen. Es mag ihm gelingen, sich gut selbst darzustellen und man mag ihn sogar mögen. Gleichwohl wirkt er insgesamt zu gewieft und aalglatt, um gänzlich glaubwürdig zu sein. Er weckt den Anschein, sich in vielen Bereichen auszukennen und vermag im Einzelfall technische Begriffe und Fachausdrücke effektiv genug einzusetzen, um die meisten Menschen zu beeindrucken. Näheres Nachfragen deckt für gewöhnlich aber auf, dass sein Wissen nur oberflächlich ist" (zitiert nach Tondorf, 2005, S. 77f.).

Es ist Konsens, dass die Anwendung der PCL einen klinisch erfahrenen, mit dem Prognoseinstrument vertrauten Diagnostiker voraussetzt. Auf der Basis zugänglicher Informationen (Interviews, Gutachtenergebnisse) wird das Zutreffen oder Nichtzutreffen aller 20 Merkmale nach einem 3-Punkte-Schema bewertet:

0: Das Merkmal trifft auf den Probanden definitiv nicht zu.
1: Das Merkmal trifft bis zu einem gewissen Grade auf den Probanden zu, in einigen Punkten bestehen Übereinstimmungen, aber eine gewisse Unsicherheit bleibt.
2: Das Merkmal trifft in den meisten wesentlichen Punkten auf den Probanden zu.

Ergeben sich im Hinblick auf einzelne Merkmale erhebliche Diskrepanzen aufgrund zugänglicher Informationen, werden diese Variablen ausgelassen und registriert.

Als Summenscore ergibt sich ein Gesamtwert zwischen 0 und 40. Er drückt aus, inwieweit der Proband dem Prototyp des Psychopathen (im Sinne von Hare) entspricht. In den USA wird der Untersuchte – den Empfehlungen der Autoren entsprechend – ab einem Grenzwert (Cut-Off) von 30 als „psychopath" klassifiziert (Kiehl, 2006). Ein Summenscore von 20 rechtfertigt eine Verdachtsdiagnose. Für den europäischen Anwendungsbereich werden eher niedrigere Trennwerte von 25 und 20 empfohlen (siehe Cooke, 1998). Aufgrund vieler Studien ist von der transkulturellen Gültigkeit der weltweit untersuchten PCL-R und des Konstrukts „psychopathy" auszugehen. Es ist ein empirisch begründetes Persönlichkeitsverfahren, das recht stabile Merkmale und Eigenschaften erfasst. Analysen der Items des Verfahrens erbrachten eine Zwei-, neuerdings auch Drei-Faktoren-Lösung (siehe Kröner, 2005):

Faktor 1 umfasst den zwischenmenschlichen Bereich mit täuschenden und manipulativen Facetten,
Faktor 2 den affektiven Bereich mit Rücksichts- und Gefühllosigkeit und
Faktor 3 die Verhaltensstörung mit einer unverantwortlichen und impulsiven Lebensweise.

Vornehmlich handelt es sich bei der PCL um eine Persönlichkeitsskala zur Diagnostik des Konstrukts „psychopathy" und erst sekundär um eine Methode der Prognoseeinschätzung. Es soll eine bestimmte Personengruppe mit hohem Risiko zur anhaltenden Straffälligkeit, insbesondere auch zur Begehung von Gewalttaten, erfasst werden. Dahle (2006, S. 48f.) teilt mit, dass gleichwohl ihr Anteil an allen Delinquenten relativ klein ist. „Untersuchungen zur Prävalenz von Straftätern mit der Diagnose ‚psychopathy' innerhalb verschiedener Vollzugsanstalten ergaben meist Größenordnungen zwischen 5 % und 25 %." Die PCL „erfasst […] keineswegs alle potenziell kriminogenen und rückfallgefährdeten Risikogruppen und ist insofern ein Prognoseverfahren mit entsprechend begrenzter Reichweite" (Dahle, 2006, S. 49). Gleichwohl hat sich die Identifizierung des „psychopathic" Täters empirisch als ein wichtiger Prognosefaktor bestätigt. In zahlreichen Studien wird von einer mittleren bis guten prädiktiven Validität der PCL-R zur Vorhersage von Rückfälligkeit berichtet (siehe u. a. Dolan & Doyle, 2000; Grann, Langström, Tengström & Stalenheim, 1999; Langström & Grann, 2002; Walters, 2003; Dahle, 2005a).[117] Individuen mit hohen PCL-R-Gesamtwerten begehen mehr gewaltsame Verbrechen als Individuen mit niedrigen Werten, sie haben ein dauerhaft höheres Risiko eines auch gewalttätigen Rückfalls, werden früher rückfällig und sprechen schlechter auf eine Therapie an (siehe u. a. Harris, Rice & Cormier, 2002; Ogloff, Wong & Greenwood, 1990; Quinsey et al., 1998; Serin & Amos, 1995). Letzteres dürfte im Zusammenhang damit stehen, dass es sich bei dem Konstrukt „psychopathy" um recht stabile Eigenschaften handelt, deren Ausprägung sich allenfalls mit zunehmendem Lebensalter abschwächt. Dies bedeutet zugleich, dass sich die PCL-R zur Messung von Veränderungen (z. B. durch Therapie) nicht gut eignet, sie erfasst zu wenig dynamische Aspekte.[118] Für die Prognose nach erfolgten Interventionen müssen daher zusätzliche Informationen über den Probanden eingeholt werden.

---

117 In der Crime-Studie ermittelte Rückfallquoten in Abhängigkeit von PCL-R-Scores siehe Anhang, **Tab. 9.2** und **Tab. 9.3**.

118 Siehe hierzu u. a. Endres (2002, S. 8), der auf Unklarheiten der Differenzierung zwischen statischen und dynamischen Merkmalen auch in Fachkreisen verweist, sodass mitunter die PCL-R als Instrument der Veränderungsmessung verwandt wird.

# 7 Mindestanforderungen und aktuelle Qualitätskriterien für kriminalprognostische Begutachtungen

Beurteiler, auch Therapeuten zeigen insbesondere nach längeren Kontakten zu ihren Patienten bekanntermaßen Wahrnehmungsverzerrungen. Dies kann im speziellen Fall der Gefährlichkeitsbeurteilung zu Fehleinschätzungen führen. „Gegenübertragungen [...] führen zu dem Phänomen, die Gefährlichkeit eines Patienten zu über- oder unterschätzen" (Nowara, 1998, S. 150). Noch 1982 äußerte die American Psychiatric Association, „es sei [...] eine anerkannte Tatsache [...] und durch Studien belegt, daß es psychiatrischen Prognosen über zukünftige Gefährlichkeit an Zuverlässigkeit fehle" (Dönisch-Seidel, 1998, S. 138f.). Nowara (1998) hat in den 1990er Jahren 137 Prognosegutachten im Maßregelvollzug einer kritischen Analyse unterzogen und sie auf ihre Qualität hin untersucht, d. h. im Hinblick auf Informationsverwendung, Standards der Gutachten, Nutzung von Erkenntnissen der Prognoseforschung und Zeitaufwand der Gutachten-Untersuchung (z. B. Exploration). Einige der Ergebnisse (Nowara, 1998, S. 152ff.):

- Die Qualität anamnestischer Erhebungen „läßt sehr zu wünschen übrig". In 46,5 % der Fälle erfolgte keine Deliktanamnese, in 81,4 % keine Sexualanamnese. Das Versäumnis der Sexualanamnese „ist besonders fatal unter dem Aspekt des hohen Anteils von Sexualdelinquenten und dem der als sexuell abweichend diagnostizierten Patienten".
- Selbst bei Sexualdelikten mit Gewaltanwendung erfolgte nur zu 29,4 % eine Sexualanamnese.
- In über zwei Drittel der Fälle mit deutlichen Auffälligkeiten im Sexuellen hat sich „der Gutachter nicht darum gekümmert".
- Ein großer Teil der Gutachten weist formal wie inhaltlich Mängel auf und „hält einer kritischen Prüfung nicht stand".
- Bekannte Prognosekriterien z. B. von Rasch (1985, 1986) haben „noch längst nicht Einzug in die Beurteilungspraxis gefunden".
- Die Gutachten erfüllen häufig nicht den Auftrag, sie „gehen dem eigentlichen Thema – nämlich der Legalprognose eines Patienten – oft weit aus dem Weg oder äußern sich nur unscharf".

Seit der Untersuchung Nowaras, die sehr ernst zu nehmende „handwerkliche" Mängel und Fehler bei der Erstellung von Prognosegutachten aufgedeckt hat, gab es auf mehreren Ebenen eine eingehende, sicher nicht abgeschlossene Qualitätsdebatte forensischer Begutachtung, die auch zu formulierten Standards kriminalprognostischer Beurteilungen geführt hat.

In **Tabelle 7.1** sind „Anforderungen an eine sachgemäße Methode der Kriminalprognose" nach Dahle (2005b, S. 140) wiedergegeben.

**Tab. 7.1:** Anforderungen an eine sachgemäße Methode der Kriminalprognose (nach Dahle, 2005b)

| Die Methode der Kriminalprognose sollte |
| --- |
| • einen grundsätzlichen Schutz vor den Schwächen und Verzerrungen menschlicher Urteilsbildung bei der Beurteilung komplexer Sachverhalte bieten, |
| • in ihrem allgemeinen Vorgehen logisch evident und inhaltlich nachvollziehbar sowie hinsichtlich ihrer Angemessenheit und Effizienz prinzipiell (empirisch) überprüfbar sein, |
| • eine im Einzelfall transparente und kontrollierbare Anwendungspraxis erlauben, |
| • die Bezugnahme auf bewährte theoretische Konzepte und gesicherte empirische Befunde gewährleisten sowie |
| • eine (hinreichende) Erkundung der spezifisch relevanten individuellen Risikofaktoren erlauben und deren inhaltliche Zusammenhänge mit dem zu prognostizierenden Verhalten explizieren. |

Wenngleich die Grenzen in den Möglichkeiten kriminalprognostischer Einschätzungen – einschließlich des Irrtumsrisikos – gesehen werden müssen, ist unabhängig davon auf diesem Feld inzwischen ein hoher Standard erreicht. Eine interdisziplinäre Arbeitsgruppe aus 26 Mitgliedern (Richtern, Bundesanwälten, Rechtsanwälten, Kriminologen, forensischen Psychiatern, Rechtspsychologen und Sexualmedizinern) hat detaillierte Qualitätskriterien (Mindestanforderungen) für kriminalprognostische Begutachtungen erarbeitet und vorgelegt (siehe Boetticher et al., 2007). Diese haben den Rang von Empfehlungen. „Sie thematisieren Prognosen von der Anordnung einer Rechtsfolge im Erkenntnisverfahren bis zur Entlassung aus dem Straf- und Maßregelvollzug" (Boetticher et al., 2007, S. 90). Im Einzelnen verfolgen die Empfehlungen die Ziele:

- den Sachverständigen in der Prognosebegutachtung zu unterstützen,
- den Verfahrensbeteiligten die Bewertung der gutachterlichen Beurteilung zu erleichtern,
- Fragen danach zu differenzieren, welche den Gutachter als Adressaten haben und welche allein dem Gericht zur Beantwortung überlassen sind.

Im Folgenden werden Ausführungen zu Mindestanforderungen für Prognosegutachten aus dem publizierten Text der Arbeitsgruppe wiedergegeben (vgl. Boetticher et al., 2007, S. 90–100, auch Kröber, 2006b, S. 173–177).

## Formelle Mindestanforderungen an ein Prognosegutachten

- *Nennung von Auftraggeber und (gegebenenfalls präzisierter) Fragestellung*
  Eine Präzisierung der Fragestellung kann notwendig werden, wenn sie dem Gutachter unklar erscheint. Sie muss jedoch mit dem Auftraggeber abgestimmt werden.
- *Darlegung von Ort, Zeit und Umfang der Untersuchung*
- *Dokumentation der Aufklärung des Probanden*
- *Darlegung der Verwendung besonderer Untersuchungs- und Dokumentationsmethoden (z. B. Video-, Tonbandaufzeichnung, Beobachtung durch anderes Personal, Hinzuziehung von Dolmetschern)*
- *Exakte Angabe und getrennte Wiedergabe der Erkenntnisquellen*
  - Akten
  - subjektive Darstellung des Probanden
  - Beobachtung und Untersuchung
  - zusätzlich durchgeführte Untersuchungen (z. B. bildgebende Verfahren, psychologische Untersuchung, Fremdanamnese)
    fremdanamnestische Angaben (z. B. von Partnerinnen) können notwendig werden, um etwa Informationen zum sogenannten sozialen Empfangsraum oder auch zum Sexualleben des Probanden zu erhalten. Sie sollten aber nur in Absprache mit dem Auftraggeber des Gutachtens erfolgen (Zeugnis- und Auskunftsverweigerungsrecht von Personen!).
- *Kenntlichmachen der interpretierenden und kommentierenden Äußerungen und deren Trennung von der Wiedergabe der Informationen und Befunde*
- *Trennung von gesichertem medizinischem (psychiatrischem, psychopathologischem) sowie psychologischem und kriminologischem Wissen und subjektiver Meinung oder Vermutungen des Gutachters*
- *Offenlegung von Unklarheiten und Schwierigkeiten und den daraus abzuleitenden Konsequenzen, gegebenenfalls rechtzeitige Mitteilung an den Auftraggeber über weiteren Aufklärungsbedarf*
- *Kenntlichmachen der Aufgaben- und Verantwortungsbereiche der beteiligten Gutachter und Mitarbeiter*
- *Beachtung üblicher Zitierpraxis bei Verwendung wissenschaftlicher Literatur*
  Gemeint ist spezielle Literatur, auf die im Gutachten Bezug genommen wird, um bestimmte wissenschaftliche Sachverhalte zu erläutern, nicht aber gängige Lehrbücher oder Diagnosemanuale.
- *Klare und übersichtliche Gliederung des Gutachtens*
- *Hinweis auf die Vorläufigkeit des schriftlichen Gutachtens*

## Mindestanforderungen bei der Informationsgewinnung

- *Umfassendes Aktenstudium (Sachakten, Vorstrafakten, Gefangenen-Personalakten (GPA), Maßregelvollzugsakten, Krankenakten)*
  Das Studium der Sachakten des zugrundeliegenden Verfahrens und gegebenenfalls der Akten zu früheren relevanten Strafverfahren dient der notwen-

digen Rekonstruktion der Ausgangsproblematik. Für die Rekonstruktion des Verlaufs seit der Verurteilung sind Stellungnahmen der Haftanstalten und Maßregeleinrichtungen (im Vollstreckungsheft) sowie die Anstaltsakten grundlegend.

Wesentliche, beurteilungsrelevante Ergebnisse der Aktenauswertung sind im Gutachten schriftlich wiederzugeben, sodass das Gutachten aus sich heraus verständlich und auch in seinen Schlussfolgerungen nachvollziehbar wird.

- *Adäquate, fachlich vertretbare Untersuchungsbedingungen*
  u. a. Wahrung der Diskretion, Gewährleistung eines ungestörten, konzentrierten Untersuchungsablaufs.
- *Angemessene Untersuchungsdauer unter Berücksichtigung des Schwierigkeitsgrads, gegebenenfalls an mehreren Tagen*
- *Mehrdimensionale Untersuchung*
  Es sind stets drei Bereiche (Person, Krankheit, Delinquenz) zu explorieren:
  – Entwicklung und gegenwärtiges Bild der Persönlichkeit
  – Krankheits- und Störungsanamnese
  – Analyse der Delinquenzgeschichte und des Tatbildes
  Die drei Bereiche sind im Lebenslauf zeitlich und sachlich miteinander verwoben, sodass sich in der Exploration überwiegend ein chronologisches Vorgehen empfiehlt. Sofern die Prognosebegutachtung die Erstbegutachtung darstellt, sollte man sich hinsichtlich der zu erhebenden Informationen an den „Mindestanforderungen für die Schuldfähigkeitsbegutachtung" orientieren. Dies betrifft insbesondere die delikt- und diagnosenspezifische Exploration.
- *Umfassende Erhebung der dafür relevanten Informationen*
  Sie umfasst vor allem: (Herkunfts-)Familie, Kindheit, Schule, Ausbildung, Beruf, finanzielle Situation, (allgemeine, psychische) Erkrankungen, Suchtmittelgebrauch, Sexualität, Freundschaften/Partnerschaften, Freizeitgestaltung, Lebenszeit-Delinquenz (eventuell Benennung spezifischer Tatphänomene wie Progredienz, Gewaltbereitschaft, Tatmotive etc.), gegebenenfalls Vollzugs- und Therapieverlauf, soziale Bezüge, Lebenseinstellungen, Selbsteinschätzung, Verhalten in Konflikten, Zukunftsperspektive. Eingehende Befragung zur Lebenszeit-Delinquenz (Delikteinsicht, Opferempathie, Veränderungsprozesse seit letztem Delikt, Einschätzung zukünftiger Risiken und deren Management).
  Der Gutachter kann und muss von Urteilsfeststellungen ausgehen, die Rechtskraft erlangt haben. Diskrepanzen, die sich aus Angaben des Probanden und früheren Einlassungen oder Akteninformationen ergeben, sind in der Exploration aufzugreifen und entsprechende Reaktionen des Probanden zu registrieren.
- *Verhaltensbeobachtung während der Untersuchung, psychischer Befund (psychischer Ist-Zustand), Beschreibung der sich darstellenden Persönlichkeit*
  Beschreibung und (persönlichkeits-)diagnostische Zuordnung von Interaktionsverhalten, Selbstdarstellungsweisen, emotionalen Reaktionen und Denkstil des Probanden in der Untersuchungssituation. Der „Psychische Befund" wird durch testpsychologische Ergebnisse nicht ersetzt.

133

- *Überprüfung des Vorhandenseins empirisch gesicherter, kriminologischer und psychiatrischer/psychologischer Risikovariablen, gegebenenfalls unter Anwendung geeigneter standardisierter Prognoseinstrumente*
  Checklisten können prüfen helfen, ob die kriminologisch relevanten Bereiche beachtet und erfasst wurden, die Risikofaktoren beinhalten. Herangezogene Prognoseinstrumente müssen allein schon aus ethischen Gründen methodischen Mindestanforderungen entsprechen und unerlässliche Gütekriterien standardisierter Verfahren wie Reliabilität und Validität erfüllen.[119] Solche Instrumente sind zwar hilfreich, können aber die individuelle kriminalprognostische Einschätzung letztlich nicht ersetzen.
- *Indikationsgeleitete Durchführung testpsychologischer Diagnostik unter Beachtung der Validitätsprobleme, die sich aus der forensischen Situation ergeben*
  Eignung und Validität psychologischer Testverfahren müssen im Prognosegutachten dargelegt werden.
- *Indikationsgeleitete Durchführung geeigneter Zusatzuntersuchungen*
  z. B. mit Hilfe bildgebender Verfahren, die allerdings sehr selten erforderlich sind, es sei denn, dass eingetretene Erkrankungen und deren Folgen abzuklären sind (Unfall oder alkoholbedingte Schädigungen).

## Diagnose und Differenzialdiagnose

Sofern psychische Störungen vorliegen, findet die Zusammentragung der Informationen ihren Abschluss in der Erstellung einer möglichst genauen Diagnose (entsprechend der aktuell gültigen Version von ICD oder DSM[120]). Es sind auch differenzialdiagnostische Erwägungen anzusprechen.

Die Diskussion der Diagnose und der ihr zugrundeliegenden Sachverhalte, gegebenenfalls auch der Differenzialdiagnose, erfolgt an dieser Stelle oder im Zusammenhang mit der Beurteilung.

## Mindestanforderungen bei Abfassung des Gutachtens[121]

Die Verfahrensbeteiligten müssen nachvollziehen können, wie und auf welcher wissenschaftlichen Grundlage der Sachverständige zu den von ihm ermittelten Ergebnissen gelangt ist. Seine Vorgehensweise im konkreten Fall ist abhängig von

---

119 Für den Violence Risk Appraisal Guide gehen Rossegger et al. (2009) davon aus, dass der VRAG die unter den Mindestanforderungen an Prognosegutachten in Deutschland genannten Voraussetzungen für den Einsatz von Prognoseinstrumenten erfüllen dürfte.

120 derzeit ICD-10 oder DSM-IV-TR

121 Nach Westhoff und Kluck (1994) ist ein Grundprinzip der Gutachtenerstellung die Trennung zwischen Ergebnis- und Befundteil, d. h. zwischen den erhobenen Daten und Fakten und ihrer Bewertung. Endres (2004, S. 189) betont, dass nur dann „das Gutachten den Qualitätsstandards genügt, die sich aus den zentralen Forderungen der Transparenz und Nachvollziehbarkeit ergeben".

- der speziellen Beurteilungsproblematik,
- dem Gewicht des zu beurteilenden Delikts,
- der Gefahr weiterer erheblicher Straftaten.
- *Konkretisierung der Gutachtenfrage aus sachverständiger Sicht, z. B. Rückfall nach Entlassung, Missbrauch einer Lockerung*
  Zu Beginn der gutachterlichen Schlussfolgerungen den Kern des Begutachtungsauftrags nochmals benennen, formulieren, worum es konkret geht (z. B. um Entlassung, Lockerungen, Begehung neuer Straftaten, Flucht).

### Erste Teilaufgabe des Gutachtens

- *Darstellung und Analyse der individuellen delinquenten Entwicklung, ihrer Hintergründe und Ursachen (Verhaltensmuster, Einstellungen, Werthaltungen, Motivationen, Intentionen)*
  Klärung der Fragen:
  - Worin besteht beim Probanden seine „in den Taten zutage getretene Gefährlichkeit"?
  - Was sind die allgemeinen und besonderen Gründe seiner Straffälligkeit (verhaltenswirksame Aspekte und Umstände)?
- *Mehrdimensionale biographisch fundierte Analyse unter Berücksichtigung der individuellen Risikofaktoren*
  a. deliktspezifisch
     Rekonstruktion von Tatablauf und Tathintergründen, Analyse der Dynamik, die den Anlasstaten zugrunde lag.
  b. krankheits- oder störungsspezifisch
     Sofern vorhanden, Beschreibung psychischer Störungen, sexueller Paraphilien oder anderer Erkrankungen und ihres möglichen Einflusses auf delinquentes Verhalten.
  c. persönlichkeitsspezifisch
     Mögliche Relevanz der Persönlichkeit(sentwicklung) für delinquentes Verhalten (gegebenenfalls auch ihr protektiver Einfluss).
  Aufgrund dieser mehrdimensionalen Analyse soll eine empirisch gestützte individuelle Theorie entwickelt werden, wodurch die Straffälligkeit des Probanden entstanden und gefördert wurde. Zu erörtern sind persönliche und situative Bedingungsfaktoren des delinquenten Handelns, mit Blick auf eine bestehende Rückfallgefahr und zugleich auf deren Stabilität und Dauerhaftigkeit. In diesem Zusammenhang sind empirische Erkenntnisse zur Bedeutung der festgestellten Risikofaktoren mitzuteilen. Sie dienen einer orientierenden Risikoeinschätzung, ebenso wie Ergebnisse angewandter standardisierter Prognoseinstrumente. Auf diese Weise ist eine grobe Zuordnung des Falles zu Risikogruppen möglich (Vorhandensein eines hohen, mittleren oder niedrigen Risikos). Notwendig und entscheidend ist aber letztlich die individuelle Beurteilung des Rückfallrisikos, das sich von dem der Bezugs-/Vergleichsgruppe erheblich unterscheiden kann.
- *Abgleich mit dem empirischen Wissen über das Rückfallrisiko möglichst vergleichbarer Tätergruppen (Darlegung von Übereinstimmungen und Unterschieden)*

Prüfung des konkreten Falls, ob er als typisch für eine bekannte Delinquentengruppe (z. B. Sexualstraftäter) zu sehen ist, zu der gruppenstatistische Rückfallquoten publiziert sind, d. h. zu der Basisraten einer erneuten allgemeinen Straffälligkeit (unspezifische Rückfälligkeit) bzw. einer erneuten einschlägigen Straffälligkeit (spezifische Rückfälligkeit) vorliegen. Die Heranziehung von kriminologischen Basisraten kann im konkreten Begutachtungsfall lediglich als Orientierung zur prognostischen Risikoeinschätzung dienen.

## Zweite Teilaufgabe des Gutachtens

- *Darstellung der Persönlichkeitsentwicklung des Probanden seit der Anlasstat unter besonderer Berücksichtigung der Risikofaktoren, der protektiven Faktoren, des Behandlungsverlaufs und der Angemessenheit (Geeignetheit) der angewandten therapeutischen Verfahren*
  Darstellung und Bewertung
  - des Verlaufs und der Persönlichkeitsentwicklung seit der Anlasstat
  - des Risikopotenzials des Probanden,
  - des Veränderungspotenzials, der eingetretenen Veränderungsprozesse (und der sie bedingenden Faktoren/Umstände) sowie der Grenzen der Veränderbarkeit
  - der Etablierung und/oder Stärkung protektiver Faktoren
  - der Geeignetheit der angebotenen oder durchgeführten Therapien (Wirksamkeit im Hinblick auf delinquentes Verhalten, Minderung von Risikofaktoren und Förderung/Stärkung protektiver Faktoren).
- *Auseinandersetzung mit Vorgutachten*
  sowohl im Falle von Übereinstimmung als auch bei Abweichungen, bei tatsächlichen oder scheinbaren Widersprüchen.
- *Prognostische Einschätzung des künftigen Verhaltens und des Rückfallrisikos bzw. des Lockerungsmissbrauchs unter besonderer Berücksichtigung des sozialen Empfangsraums, der Steuerungsmöglichkeiten in der Nachsorge und der zu erwartenden belastenden und stabilisierenden Faktoren (z. B. Arbeit, Partnerschaft)*
  - Eruieren der subjektiven und objektiven Zukunftsperspektiven im Hinblick auf Wohnen, Arbeit, Partnerschaft, Sexualität, Freizeit, soziale Kontakte etc.
  - Aus der Verbindung von ursprünglicher Gefährlichkeit, der seitherigen Entwicklung (vor allem der Risikofaktoren), des gegenwärtigen Status und der subjektiven/objektiven Zukunftsperspektiven resultiert schließlich die rückfallprognostische Einschätzung zur Frage, wie wahrscheinlich es ist, dass die ursprüngliche Gefährlichkeit, d. h. die entsprechenden Risiken, in relevantem Umfang fortbesteht.
- *Eingrenzung der Umstände, für welche die Prognose gelten soll, und Aufzeigen der Maßnahmen, durch welche die* Prognose *abgesichert und verbessert werden kann (Risikomanagement)*
  - Bei vorgesehenen Lockerungen erfolgt eine differenzierte Risikobewertung, die ausführt, unter welchen Bedingungen/Umständen ein Risiko des

Lockerungsmissbrauchs besteht und mit welchen Verstößen dann schlimmstenfalls unter Umständen gerechnet werden muss.

– Bei bedingter Entlassung geht es im Kern um die Frage, ob die Gefährlichkeit soweit abgeschwächt ist, dass nach einer Entlassung ein nur noch geringes Rückfallrisiko vorhanden ist.

– Ausführungen zum Risikomanagement, wie eine ansteigende Rückfallneigung gegebenenfalls frühzeitig erkannt und ihr begegnet werden kann. Es sind Überlegungen zu geeigneten (institutionellen) Möglichkeiten der Kontrolle, der Unterstützung und der Interventionen anzustellen.[122]

---

122 Die prognostische Begutachtung schließt also keineswegs aus, dass Empfehlungen für geeignete Interventionen ausgesprochen werden. Wenn beispielsweise offenkundig wird, dass die Rückfallgefahr eines Delinquenten in besonderer Weise mit seinem problematischen Alkoholkonsum in Zusammenhang steht, sind Hinweise auf die Möglichkeit einer diesbezüglichen Risikominderung angebracht.

# 8 Darstellung zweier Begutachtungsfälle

Im Folgenden wird zunächst ein kriminalprognostisches Fallbeispiel leicht verändert (verfremdet), anonymisiert und in gekürzter Form wiedergegeben. Ziel ist es, einen Eindruck von der Vorgehensweise in der Untersuchung zur Risikoanalyse von Straftätern zu vermitteln, deren andauernde Gefährlichkeit in Frage steht.

## 8.1 Kriminalprognose eines inhaftierten Sexualdelinquenten

### Sachverhalt und Fragestellungen

Der am 15.02.1982 in N. (Italien) geborene Herr Bert L. wurde wegen Vergewaltigung in vier Fällen, davon in je einem Fall tateinheitlich mit gefährlicher Körperverletzung bzw. vorsätzlicher Körperverletzung und sexueller Nötigung vom Landgericht D. zu einer Einheitsjugendstrafe von 6 Jahren verurteilt. Bei der Festsetzung des Strafmaßes wurde eine weitere (Bewährungs-)Verurteilung wegen anderer Delikte (siehe Vorstrafen) berücksichtigt. Herr L. befindet sich in der Justizvollzugsanstalt in S. Die Strafhaft endet in 3 Jahren. Im Rahmen der Förderplanung ergeht seitens der JVA S. der Auftrag, über Herrn L. ein Gutachten zur Frage zu erstellen, ob er für vollzugsöffnende Maßnahmen geeignet ist und ob bei dem Verurteilten keine Gefahr mehr besteht, dass dessen durch die Taten zutage getretene Gefährlichkeit fortbesteht. Aus Sicht des Sachverständigen und unter Beachtung der von einer interdisziplinären Arbeitsgruppe formulierten Mindestanforderungen an Prognosegutachten[123] ist im Rahmen einer statistisch-nomothetischen und einer individualprognostischen (klinisch-idiographischen) Risikoeinschätzung zu folgenden Fragen Stellung zu nehmen:

Wie groß ist die Wahrscheinlichkeit, dass der zu begutachtende Proband (Pb) erneut Straftaten begehen wird? Welcher Art werden diese Straftaten sein, welche Häufigkeit und welchen Schweregrad werden sie haben?

---

123 Boetticher et al., 2007

Welche Persönlichkeitsmerkmale oder Störungsbilder weist Herr L. vor und/
oder während der Tatbegehung auf?

Welche personalen und welche situativen bzw. welche stabilen und welche
veränderbaren Faktoren waren bei der Begehung der Tat(en) wirksam?

Welche Behandlungsmaßnahmen und welche Veränderungen in der Person
haben seit der Tat stattgefunden oder sind noch notwendig?

Welche Risiko- und Schutzfaktoren bestehen bei Entlassung aus dem Strafvollzug?

Mit welchen Maßnahmen kann das Risiko zukünftiger Straftaten beherrscht
oder verringert werden? Welche unterstützenden oder kontrollierenden Maßnahmen sind angezeigt?

Bezogen auf die Eignung des Probanden für vollzugsöffnende Maßnahmen
(Ausgänge, Freistellungen und Verlegung in den offenen Vollzug) ist nach
§13(2) des Hessischen Jugendstrafvollzugsgesetzes (HessJStVollzG) auch zu
prüfen, ob seine „Persönlichkeit ausreichend gefestigt ist und nicht zu befürchten ist, dass er sich dem Vollzug der Jugendstrafe entzieht oder die Maßnahmen
zur Begehung von Straftaten oder auf andere Weise missbraucht".

## Modalitäten der Begutachtung, herangezogene Informationsquellen, angewandte diagnostische und prognostische Methoden

Vor Untersuchungsbeginn erfolgte die erforderliche Aufklärung des Herrn L.
hinsichtlich Vorgehen und Ablauf der Untersuchungen, auch darüber, dass
seitens des Probanden ein Aussageverweigerungsrecht besteht und der Sachverständige nicht der Schweigepflicht unterliegt. Der Proband erklärte sein
Einverständnis.

Die Untersuchungen fanden an vier Tagen in der JVA S. statt.

### Herangezogene Akten
Ermittlungsakten der Staatsanwaltschaft, Gefangenenpersonalakte

### Testpsychologische Verfahren
Wechsler Intelligenztest für Erwachsene (WIE), Zahlenverbindungstest (ZVT),
Mehrfachwahl-Wortschatztest (MWT-B), Fragebogen zu Kompetenz- und Kon-
trollüberzeugungen (FKK), Persönlichkeits-Stil- und Störungs-Inventar (PSSI),
Psychopathic Personality Inventory-Revised (PPI-R), Multiphasic Sex Inven-
tory (MSI)

### Prognoseinstrumente
Level of Service Inventory (LSI-R), Rückfallrisiko bei Sexualstraftätern von
Rehder (RRS), Psychopathy Checklist-Revised von Hare (PCL-R)

## Teil I: Untersuchungsergebnisse

### Zur Biographie und familiären Situation

Der derzeit 23-jährige Herr L. berichtet, er sei 1982 in einem kleinen Ort in Süditalien geboren (Mutter: Italienerin, Vater: Deutscher). Im Alter von 4 Monaten sei die Familie nach Deutschland in die Stadt K. gezogen, habe dort in einer geräumigen 3-Zimmer-Wohnung gelebt. Er habe einen vier Jahre älteren Halbbruder, sie hätten unterschiedliche Väter. An seinen leiblichen Vater habe er keine Erinnerung. Lediglich 3 Jahre habe dieser in der Familie gelebt. Von da an sei die Mutter alleinerziehend gewesen, habe zeitweilig in einem Reinigungsunternehmen gearbeitet. Er habe nie Interesse gehabt, seinen Vater kennenzulernen. Die Mutter habe ihn einen schlechten Menschen genannt. Zu seinen in Italien lebenden Großeltern habe in seiner Kindheit Kontakt bestanden, später nicht mehr. Als Kind sei er „sehr unruhig und umtriebig" gewesen, in einer Zeit, in der ein Freund der Mutter immer wieder einmal bei ihnen gewohnt habe. Ständiger Streit und auch körperliche Auseinandersetzungen der Erwachsenen hätten dann zur Trennung der Mutter von diesem Freund geführt, mit dem er sich eigentlich gut verstanden habe. Sie hätten „viel gemeinsam unternommen". Er sei damals 11 Jahre alt gewesen.

Herr L. gibt an, mit 7 Jahren eingeschult worden zu sein. Er habe – „nie lernbegeistert und ehrgeizig", aber ohne Klassenwiederholungen – den Hauptschulabschluss erlangt. Den Berufsschulbesuch habe er abgebrochen, nicht zuletzt wegen ausgedehnter Fehlzeiten. An seinem schulischen Desinteresse sei auch sein Drogenkonsum („Kiffen") Schuld gewesen. Ernsthafte Konflikte mit Lehrern hätten nie bestanden. Schule sei allerdings „nie sein Ding gewesen".

Der Proband berichtet, mit Eintritt der Pubertät, etwa im Alter von 11 bis 12 Jahren, habe er sich in dem Stadtteil, in dem er wohnte, zu einer Jungenclique hingezogen gefühlt, vor allem zu älteren Jungen, die „nicht den allerbesten Einfluss" auf ihn ausgeübt hätten. Sie hätten gemeinsam „viel Mist gebaut". Spätestens mit 16 Jahren sei er kaum noch zu Hause gewesen, habe bei Kumpels oder Mädchen übernachtet oder auch irgendwo in der Stadt im Freien. Er glaube nicht, dass die Mutter sich sehr um ihn gesorgt habe. Eine gute (herzliche) Beziehung zu ihr habe ohnehin nie bestanden. Sie habe ihn ständig gemaßregelt, ihn stets vor vollendete Tatsachen gestellt, auch häufig geschlagen, wenn ihr etwas nicht gepasst habe. Er bezweifle, dass sie ihn gerne zur Welt gebracht habe. Seinen älteren Bruder habe er vermisst, der sei allerdings seine eigenen Wege gegangen. Über Jobs, auch „kriminelle Geschichten" sei er in dieser Zeit „an viel Geld gekommen", sodass er mit 18 Jahren eine Wohnung mieten konnte und von da an den „Kontakt zur Mutter einstellte". Er habe sich viele Dinge angeschafft, zum Teil aus Prestigegründen, um anderen zu imponieren. Schließlich sei er zum Wehrdienst eingezogen worden. Er habe sich sogar darauf gefreut und sich davon eine berufliche Entwicklungschance erhofft, zudem habe er beabsichtigt, sich freiwillig und länger bei der Bundeswehr zu verpflichten, um vielleicht Offizier zu werden, wozu ihm aber die schulischen Voraussetzungen gefehlt hätten. Abgesehen von der Grundausbildung mit vielen sportlichen Aktivitäten hätten ihn schließlich Einsätze im

Wachdienst oder Büro nur gelangweilt, sodass er dann regulär aus der Bundeswehr ausgeschieden sei. Zurück in der Stadt K. sei er einer Reihe verschiedener Jobs nachgegangen, u. a. in einer Autowerkstatt und in der Kundenwerbung für ein Unternehmen der Telekommunikation. Da er es „nie irgendwo lange ausgehalten" habe, sei er auch immer wieder arbeitslos gewesen. Bis zu seiner Verhaftung habe er allein in einer Mietwohnung gelebt, zeitweilig auch zusammen mit seiner Freundin Kerstin. Über seinen Bruder habe er erfahren, dass die Mutter mit einem neuen Lebensgefährten aus K. weggezogen sei. Wo sie jetzt wohne, wisse er nicht.

## Beziehungen zu Mädchen/Frauen

Erste Kontakte zu Mädchen, auch der erste Geschlechtsverkehr hätten im Alter von 13 Jahren stattgefunden, „aus Neugierde, [...] ohne eigentliche Beziehung". Dies habe sich geändert, als er mit 17 Jahren seine damals 16-jährige Freundin Kerstin wiederholt auf Partys von Kumpels getroffen habe. Sie sei noch mit einem anderen befreundet gewesen und habe zunächst ablehnend auf seine Avancen reagiert, bis sie schließlich doch zusammengekommen seien. Obwohl er sie „nur zweimal betrogen" habe, sei ihre Beziehung beiderseits durch Eifersucht belastet gewesen. Es sei deshalb zu wiederholten Trennungen gekommen, u. a. aber auch wegen des häufigen Drogen- und Alkoholkonsums mit seinen Freunden und fremden Frauen, endgültig dann im Jahr 2002, unmittelbar vor seiner Inhaftierung, was ihm zu diesem Zeitpunkt „nichts mehr ausgemacht" habe. Trennungsphasen betreffend berichtet Herr L. von gelegentlichen Kontakten mit Prostituierten. Zum Verhältnis von Mann und Frau erklärt der Proband, es solle nach seinem Verständnis grundsätzlich von Vertrauen geprägt sein und auf Gleichberechtigung aufbauen.

## Sexualanamnestische Angaben

Eine sexuelle Aufklärung (durch Eltern oder Schule) sei nicht erfolgt. Er habe über diverse Informationsquellen, auch über seine damaligen Freunde, entsprechendes Wissen erlangt. Sexuelle Aktivitäten hätten in der Zeit der Pubertät begonnen, etwa mit 13 Jahren. Sie seien „völlig normal", nicht durch ungewöhnliche Praktiken geprägt oder mit absonderlichen (Gewalt-)Fantasien assoziiert gewesen. Missbrauchserfahrungen werden vom Probanden verneint. Im Umgang mit Mädchen und Frauen habe er – abgesehen von den Straftaten – den sexuellen Kontakt nie durch Druck, Zwang oder Gewaltausübung herbeigeführt, vielmehr stets die jeweiligen Bedürfnisse seines Gegenüber respektiert. Auch bei seinen gelegentlichen Bordellbesuchen sei es ausschließlich zum geschützten Geschlechtsverkehr gekommen. Sexualität unter Einschluss von besonderen Praktiken z. B. des Sadismus, Masochismus [...] verneint Herr L.. Seine Befriedigung sei nicht an Derartiges gebunden, was auch durch seine Freundin Kerstin bezeugt werden könne. Sein Sexualtrieb sei durchaus mit dem der überwiegenden Mehrheit der Männer vergleichbar.

## Drogen- und Alkoholanamnese

Das Zigarettenrauchen habe er mit ca.13 Jahren begonnen, zunächst nur als Probierverhalten, ab dem 16. Lebensjahr dauerhaft, 20 bis 30 Zigaretten pro Tag. Zu dieser Zeit (mit 13 Jahren) habe auch sein später regelmäßiger Cannabisgebrauch begonnen, zusammen mit Freunden, aber auch allein. Schließlich habe er auch härtere Drogen zu sich genommen, Kokain, Ecstasy, Engelstrompete u. a., auf Partys und in Diskotheken. Überwiegend trinke er Alkohol (seit dem 14. Lebensjahr), anfangs nur Bier, später zunehmend auch Getränke mit hoher Alkoholkonzentration. Mit der Zeit habe sich der Alkoholkonsum gesteigert, es sei immer wieder zu Exzessen gekommen, so auch in seiner Bundeswehrzeit. Er vertrage sehr viel Alkohol, sodass er zu spät feststelle, „über das Ziel hinausgeschossen" zu sein. Erst dann verspüre er Übelkeit und habe „nicht mehr so die Kontrolle". Die Zeit vor seiner Inhaftierung habe er täglich Drogen (Cannabis) und Alkohol im Wechsel konsumiert. Seinen Jobs habe er dennoch nachgehen können, indem er sich jeweils mit Hilfe von Kokain „nach durchzechter Nacht aufgeputscht" habe. Obwohl er infolge des Drogen- und übermäßigen Alkoholkonsums auch in Schwierigkeiten geraten sei (u. a. die Beziehung zu Kerstin betreffend), habe er sich in zurückliegender Zeit nie mit der festen Absicht einer Verhaltensänderung getragen. Womöglich sei er zu willensschwach gewesen. Im Bericht der Jugendgerichtshilfe heißt es über den 20-jährigen Herrn L., dass er „ein großes Suchtproblem" habe, das angegangen werden müsse.

## Deliktisches Verhalten

Schon als Kind (mit 11 Jahren) habe er eine Reihe von Diebstählen in Kaufhäusern begangen, Süßigkeiten oder Spielsachen entwendet. Die Mutter habe ihn deshalb mit Schlägen bestraft. Mit Beginn des Drogenkonsums (als 16-Jähriger) habe er mit anderen Jungen diverse Delikte verübt: Diebstähle und Wohnungseinbrüche. Gestohlene Gegenstände, auch von anderen aus seiner Clique, habe er „zu Geld gemacht", sodass er zusammen mit dem Drogenverkauf gut davon habe leben können.

## Vorstrafen

Herr L. wird auf einzelne strafrechtliche Auffälligkeiten laut Bundeszentralregister angesprochen. Dem sind folgende Eintragungen zu entnehmen (Ergänzungen aus Ermittlungsakten, Anklage- oder Urteilsschriften):

- 1998 Ermittlung wegen Diebstahl (Proband war 16 Jahre), keine Verfolgung gemäß JGG.
- Im Februar 1999 wegen Körperverletzung, Diebstahl und Hausfriedensbruch in zwei Fällen vom Amtsgericht K. verwarnt und zu Arbeitsleistungen verurteilt. Laut Anklageschrift ist der Proband in einem der Fälle (Verurteilung wegen Hausfriedensbruch in Tateinheit mit Beleidigung) durch ein offenes Parterrefenster in das Zimmer eines ihm unbekannten, schlafenden, nur mit einem Slip bekleideten, 15-jährigen Mädchens eingedrungen und habe dieses am Po gestreichelt. Das Mädchen sei aufgewacht und habe geschrien, woraufhin er geflohen sei.

- Im Mai 1999 Ermittlung wegen unerlaubten Besitzes von Betäubungsmitteln (Marihuana), keine Verfolgung gemäß JGG.
- Im Dezember 1999 wegen Beleidigung vom Amtsgericht K. verwarnt und zu Arbeitsleistungen verurteilt; wegen Zuwiderhandlung gegen Auflagen schließlich Jugendarrest verhängt.
- Im August 2000 Verurteilung durch das Amtsgericht K. wegen gemeinschaftlichen, versuchten Diebstahl, gemeinschaftlicher räuberischer Erpressung, Körperverletzung und gefährlicher Körperverletzung, tateinheitlich mit versuchtem Raub zu 6 Monaten Jugendstrafe (zur Bewährung ausgesetzt). Den Ermittlungsakten ist u. a. zu entnehmen, dass Herr L. an einem Tag kurz hintereinander zwei Passanten zusammenschlug, um an Geld zu kommen, wobei die eine geschädigte Person zwei Schneidezähne einbüßte.
- Im Februar 2001 während der Bewährungszeit erneute Straffälligkeit: Wegen Straßenverkehrsgefährdung, tateinheitlich mit Fahren ohne Fahrerlaubnis und gefährlicher Körperverletzung, vom Amtsgericht K. zu 1 ½ Jahren Jugendstrafe verurteilt (mit 3-jähriger Bewährungszeit).

Herr L. äußert zur Verurteilung vom Februar 1999, speziell zur Geschichte mit dem Mädchen, es habe sich hierbei lediglich um einen gemeinsam verübten Einbruch gehandelt. Er habe sich durch seine Kumpels zum Zimmereinstieg animieren lassen, was in seinem alkoholisierten und bekifften Zustand nicht schwer gewesen sei. Das Mädchen sei wach geworden, angefasst habe er es nicht. Da man ihm ohnehin nicht glaube, habe er erst gar nicht versucht, dieses in der Verhandlung richtigzustellen.

Zur Verurteilung vom August 2000 erklärt der Proband, er habe am Tattag zusammen mit seinem Kumpel Drogen konsumiert und zudem sehr viel Alkohol getrunken. Alkohol lasse ihn erfahrungsgemäß irgendwann unkontrolliert reagieren. Als er sich von Straßenpassanten provozierend angeschaut gefühlt habe, sei es zunächst zum verbalen Streit gekommen, in dessen Verlauf er dann aber sehr schnell zugeschlagen habe. Er müsse zugeben, dass er in gereizter Stimmung einen Streit mit irgendwelchen Leuten geradezu gesucht habe. Sein Kumpel und er hätten von den später attackierten Passanten zunächst Geld und die Herausgabe ihrer Handys gefordert. Außer der 6-monatigen, zur Bewährung ausgesetzten Jugendstrafe habe er an einem Anti-Aggressions-Training teilnehmen müssen, das an einem einzigen Wochenende stattgefunden habe. In diesem Rahmen habe jeder aus der Gruppe „etwas über sich erzählt", mehr sei nicht geschehen.

Zur Verurteilung vom Februar 2001 gibt Herr L. an, in alkoholisiertem Zustand (Blutalkoholkonzentration [BAK] über 2 Promille) und ohne Führerschein das Auto eines Bekannten gefahren und einen Unfall verursacht zu haben. Er sei in parkende Fahrzeuge hineingefahren. Als „neugierige Leute" herbeigeeilt seien und alles kommentiert hätten, habe er sich so aufgeregt, dass er auf einige Personen eingeschlagen habe. Zur bereits geplanten Führerscheinprüfung sei er nach diesem Ereignis dann nicht mehr zugelassen worden.

*Anlasstaten*

Herr L. wurde wegen Vergewaltigung in vier Fällen verurteilt, davon in einem Fall tateinheitlich mit gefährlicher Körperverletzung, in einem Fall tateinheitlich mit vorsätzlicher Körperverletzung und sexueller Nötigung. Die Taten wurden binnen eines Jahres (von November 2001 bis Oktober 2002) begangen. Der Proband war zu dieser Zeit 19 bzw. 20 Jahre alt. Am frühen Morgen des Tages seiner Festnahme wurde er schlafend auf einer Bank im Bahnhofsviertel der Stadt K. angetroffen. Die untersuchte Blutalkoholkonzentration (BAK) ergab einen Promillewert von 2,1.

Laut Urteil wird hinsichtlich der *ersten Tat* (November 2001) von folgendem Geschehen ausgegangen: Herr L. habe sich ins Rotlichtmilieu in K. begeben, dort eine Prostituierte kontaktiert und dieser gegenüber erklärt, kein Bargeld zur Bezahlung für sexuelle Dienste zu haben. Er habe sie veranlasst, mit ihm zur Bank zu gehen und mit seiner EC-Karte Geld abzuheben. Auf dem Weg dorthin hätten sie eine Parkanlage durchquert. In dieser Situation habe er sie plötzlich umklammert, sie zu Boden geworfen, durch Festhalten daran gehindert sich zu wehren, ihren Slip heruntergezogen und den ungeschützten Geschlechtsverkehr vollzogen. Die Geschädigte gab an, Herr L. habe nach Alkohol gerochen, aber nicht betrunken gewirkt. Er habe ihr gedroht, sie werde sterben, wenn sie nicht tue, was er wolle.

Herr L. erklärt in der Untersuchungssituation hierzu Folgendes. Wie so häufig, habe er an diesem Tag mit seinen Freunden Alkohol getrunken und auch Drogen genommen. Er sei von einem „Kunden" aus dem Rotlichtmilieu angerufen und gebeten worden, Drogen vorbeizubringen. Auf dem Weg dorthin habe ihn dann eine Prostituierte angesprochen und zunächst auch nach Heroin gefragt. Sie seien dann eine Zeitlang „um die Häuser gezogen" und hätten dabei Alkohol konsumiert. Später hätten sie sich irgendwo auf eine Bank gesetzt, er habe einen Joint geraucht. Sie habe ihn schließlich geküsst und ihm Sex angeboten. Daraufhin sei es zum Geschlechtsverkehr gekommen. Als sie im Anschluss daran Geld verlangt habe, hätten sie eine kurze Auseinandersetzung gehabt, in deren Verlauf er sie einen kurzen Moment fest am Arm gepackt habe. Er sei dann allein seiner Wege gegangen. Der sexuelle Kontakt sei nach seiner Erinnerung keine Vergewaltigung gewesen. Er habe sich gewundert, als er über eine entsprechende Anzeige und Strafverfolgung in Kenntnis gesetzt worden sei. Auf Anraten seines Anwalts habe er sich in der Gerichtsverhandlung hierzu nicht geäußert, sondern seine Verteidigung allein ihm überlassen.

Zur *zweiten Tat* (9 Monate später) werden im Gerichtsurteil folgende Angaben gemacht: Herr L. kontaktierte im Rotlichtmilieu die junge, drogenabhängige, transsexuelle Frau M. (Geschlechtsumwandlung vom Mann zur Frau) und drängte diese, ihn sexuell (oral) zu befriedigen. Sie willigte schließlich zunächst ein, weil sie dringend Geld zur Finanzierung ihrer Drogenabhängigkeit benötigte. Der Proband wollte 20 Euro zahlen, jedoch nicht im Voraus, wie Frau M. verlangte. Hiermit nicht einverstanden, packte der Proband Frau M., riss sie zu Boden und würgte sie, bis ihr schwarz vor Augen wurde. Er habe gedroht, wenn sie nicht gefügig sei und ruhig bleibe, bringe er sie mit einem mitgeführten Messer um. Herr L. zwang sie, ihn oral sexuell zu befriedigen und schließlich auch sein Ejakulat im Mund aufzunehmen. Schon kurze Zeit danach habe er von ihr weitere sexuelle Handlungen gefordert, zunächst Analverkehr. Aufgrund der Schmerzen der Geschädigten habe er nun erneut Oralsex verlangt, der etwa 20 Minuten andauerte, wobei die eingeschüchterte Geschädigte wiederum zur Aufnahme des Ejakulats gezwungen wurde.

Zur zweiten Tat berichtet Herr L. in der Untersuchungssituation, dass er zu dieser Zeit einen massiven Drogen- und Alkoholkonsum betrieben habe, aus Gründen der Verdrängung seiner Probleme. Insbesondere sei er durch die Trennung von der Freundin, aber auch durch Schulden (laut Bericht der Jugendgerichtshilfe in Höhe von ca. 14 000 Euro) und Konflikte in seinem sozialen Umfeld belastet gewesen. Sein Leben sei ihm auch rückblickend verkorkst vorgekommen, er habe zeitweilig Hass auf sich, auf andere, eigentlich auf alles verspürt. An einem solchen Tag sei er mit der ihm bis dahin unbekannten Frau M. ins Gespräch gekommen. Irgendwann habe sie eine Bemerkung gemacht, die er jetzt nicht mehr erinnere, über die er sich aber damals sehr aufgeregt habe. Er habe sie beschimpft und ihr einen Stoß gegen die Brust versetzt; im Zuge der Auseinandersetzung habe er „plötzlich so ein Gefühl von Macht" über die Frau verspürt, das er auch deshalb als angenehm erlebt habe, weil er ihre Angst wahrgenommen habe. In dieser Situation, „bestimmen zu können, was geschieht", sei es dann zweimal zum Oralverkehr gekommen. Er habe die „Geschichte sehr schnell vergessen, am nächsten Tag schon nicht mehr daran gedacht".

Zur *dritten Tat* (3 Wochen später) wird im Gerichtsurteil ausgeführt, dass Herr L. erneut eine Frau auf Oralsex gegen Zahlung von 20 Euro ansprach. Auf die Vorausforderung des Geldbetrags habe er aggressiv reagiert, die Frau gewürgt, sie gewaltsam zum Niederknien gebracht und gezwungen, sein Glied in den Mund zu nehmen. Danach habe er sie auf den Boden geworfen und den ungeschützten Vaginalverkehr vollzogen. Versuche der Frau, sich zu wehren und Hilfe herbeizurufen, habe er durch erneutes Würgen vereitelt. Auch habe er die Frau einige Male mit seinem Hosengürtel geschlagen. Schließlich habe er ihre Papiere in der Handtasche durchsucht, um an ihre Wohnungsadresse zu gelangen, und ihr gedroht, sie umzubringen, sofern sie über das Geschehene mit irgendjemandem spreche.

Zur dritten Tat äußert der Proband in der Untersuchungssituation, er sei „auf Tour gewesen", ohne Interesse an sexuellem Kontakt. Auf einmal habe er „wieder dieses Machtgefühl [...], ein Gefühl von Stärke" verspürt. Da habe er eine Frau angesprochen, und alles sei so abgelaufen, wie es im Urteil beschrieben worden sei. Dass er die Geschädigte auch noch mit seinem Gürtel geschlagen habe, sei wohl Ausdruck dessen, dass er „die Kontrolle verloren" habe. Gleichzeitig sei das Gefühl eingetreten, neben sich zu stehen, so als sei er Beobachter seines eigenen Handelns.

Die *vierte Tat* (2 Tage später) zeigt laut Urteilsschrift ein ähnliches Handlungsmuster. Nach größerem Alkoholkonsum vereinbart Herr L. mit einer Frau Oralsex. Eine angesprochene Geldzahlung erfolgt nicht, stattdessen wirft Herr L. die Frau zu Boden und würgt sie. Er zieht ihr gegen ihren Willen Hose und

Slip herunter und zwingt sie zu Manipulationen an seinem erigierten Glied. Der Geschädigten gelingt schließlich die Flucht. Noch am Tattag erfolgt die polizeiliche Festnahme des alkoholisierten Herrn L. Die Rückrechnung der Blutalkoholkonzentration des Probanden auf den Zeitpunkt der Tat ergibt einen Minimal-/Maximalwert von 2,4 bzw. 3,2 Promille.

Auch zur vierten Tat äußert der Proband in der Untersuchungssituation, es sei ihm nicht um sexuelle Vergewaltigung, vielmehr um das Ausleben von Macht und Unterwerfung gegangen. Zu sexuellen Handlungen sei es ja erst im späteren Geschehensablauf gekommen. Er habe das Geldangebot für Oralsex nur jeweils als Mittel der Kontaktaufnahme genutzt und im Laufe der vier Taten festgestellt, dass er damit auch Erfolg habe.

### Angaben des Probanden zur aktuellen Situation, zum Haftverlauf und zur Therapie

Herr L. berichtet, drei Jahre Haft lägen bereits hinter ihm. Zunächst sei er im Haus X untergebracht gewesen. Dort sei es nach einem halben Jahr zu Auseinandersetzungen mit einem Mithäftling gekommen, der ihn immer wieder provoziert habe. Er habe eine Zeitlang erfolglos versucht, mit ihm zu reden. Als sich die Situation zugespitzt habe, sei er zu ihm auf die Zelle und habe ihm „eine gelangt" mit der Folge eines Disziplinarverfahrens, seiner Verlegung in einen anderen Trakt der JVA, eines Strafbefehls und der Verhängung einer Geldstrafe. In der Gefangenenpersonalakte heißt es, dass der sich „dominant verhaltende" Herr L. wiederholt in Auseinandersetzungen mit anderen Häftlingen verwickelt war, in einem Falle habe er einen Mitgefangenen geschlagen und getreten, sodass er in eine besondere Behandlungsabteilung verlegt worden sei. Der Proband gibt an, dort 18 Monate verbracht zu haben, jeweils 23 Stunden in der Zelle und 1 Stunde Freizeit am Tag. Schließlich sei seine Rückverlegung ins Haus X erfolgt.

Sein üblicher Tagesablauf bestehe darin, dass er Sport treibe, sowohl einzeln (Krafttraining) als auch gemeinsam mit anderen (Fußball, Handball, Volleyball und Basketball). Die Fernsehsucht anderer teile er nicht. Er lese durchaus auch Bücher, interessiere sich aktuell für die Geschichte der Völker zu Zeiten des Dritten Reiches. Auch denke er häufig über seine Zukunft nach, wenn er aus der Haft entlassen werde. Die Ausbildungsmöglichkeiten während der Haft seien begrenzt. Er habe sich für den Bereich Kfz-Handwerk entschieden und schließe die Ausbildung voraussichtlich in 6 Monaten mit der Gesellenprüfung in der JVA ab. In der Personalakte ist von anfänglich befriedigenden bis guten Ausbildungsleistungen die Rede, die sich jedoch zunehmend verschlechtert hätten. Letzteres treffe auch auf sein Sozialverhalten zu. Herr L. wird als arrogant und provozierend seinem Vorgesetzten gegenüber beschrieben. Hierzu berichtet der Proband von eher „persönlichen Differenzen" mit seinem Ausbildungsleiter, der seine Leistungen nicht angemessen eingeschätzt und anerkannt habe. Er habe sich auch gegenüber Mithäftlingen zurückgesetzt gefühlt. Im Grunde habe der Ausbildungsleiter seine Macht demonstriert. Nach wiederholten Aussprachen habe sich der Umgang verbessert. Er habe dann auch wieder eine viel größere Leistungsbereitschaft gezeigt, und die Spannungen zwischen ihnen hätten sich gelegt. Schließlich habe er die Zwischenprüfung mit der Note „gut" bestanden.

Nochmals auf die Anlasstaten angesprochen, äußert Herr L., er habe während der Haft immer wieder über seine Taten nachgedacht, die er sich im Grunde nicht erklären könne. Er habe zwar früher schon eine Ahnung gehabt, dass sein Verhalten ihn „in den Knast bringen" könne, hierbei aber nicht an solche Taten gedacht. Er sei zu dieser Zeit jünger und auch sehr belastet gewesen. Heute halte er solches Tun für ausgeschlossen, auch wenn er Alkohol getrunken habe. Der „Gedanke an Knast" werde ihn vor einem Rückfall bewahren, der ihm dann womöglich auch noch Sicherungsverwahrung einbringe. Er verspüre „nicht mehr den Hass auf alles" und müsse auch „keine Macht mehr ausspielen". Die Opfer täten ihm leid, aber er büße auch dafür.

Laut Akten hat sich Herr L. einer fast 2-jährigen Therapie unterzogen und an wöchentlichen Einzelsitzungen bei einem externen Psychotherapeuten teilgenommen. Es heißt dort, Herr L. habe gut mitgearbeitet, der Therapeut habe Fortschritte festgestellt, relevante Problembereiche seien bearbeitet worden, auch sein Auseinandersetzungen mit den Straftaten erfolgt, sodass die Behandlung zunehmend in längeren Abständen stattfand und schließlich „erfolgreich beendet" werden konnte. Das Angebot von Gruppengesprächen in der JVA habe Herr L. unter Hinweis auf seine Einzeltherapie abgelehnt. Ein ausführlicher Bericht über Therapieverlauf und -ausgang steht dem Referenten nicht zur Verfügung. Wie gleichfalls aus den Akten hervorgeht, fand zu Beginn der Inhaftierung im Hinblick auf eine Alkohol- und Drogenproblematik des Probanden ein Kontakt zu einem Suchtberater statt. Es wird berichtet, dass sich Herr L. eingangs eher verschlossen und ablehnend verhalten und dann lediglich zum Ausmaß seines Alkohol- und Drogenkonsums Stellung genommen habe, der schon längere Zeit vor seiner Verhaftung enorm angestiegen sei. Es heißt, dass Herr L. zu einer weitergehenden Auseinandersetzung und zur Klärung der Ursachen seines Drogen- und Alkoholkonsums nicht bereit gewesen sei. Auch wiederholte spezielle Gruppenangebote in der JVA habe Herr L. stets abgelehnt. Laut Akten erfolgten während der bisherigen Haftzeit immer wieder Kontrollen auf Drogen/Alkohol, die negativ verliefen (kein Substanznachweis), einzig eine Urinkontrolle 3 Wochen vor der Begutachtungsuntersuchung erbrachte einen positiven Befund auf Cannabinoide. Herr L. habe den einmaligen Konsum von Haschisch (erhalten von einem Mithäftling) eingeräumt. Hierauf in der Begutachtungsuntersuchung angesprochen, gibt der Proband an, es habe ihn einiges belastet, u. a. die Nachricht von einer schweren Erkrankung der Frau seines Bruders. In dieser Situation habe er das Angebot eines Mithäftlings, einen Joint zu rauchen, nicht – wie sonst – abgelehnt.

Aktuell zur stattgefundenen externen Psychotherapie befragt, äußert sich Herr L. sehr zurückhaltend. Seine Kindheit sei Thema gewesen. Der Aufarbeitung der Straftaten hätten ca. 30 Sitzungen gegolten. Hier seien auch seine lange Zeit „aufgestauten inneren Aggressionen" und sein „Brass" aufgrund seines „Frustes" zur Sprache gekommen. Schließlich habe man auch über sein Drogenproblem gesprochen und darüber, was zukünftig passieren müsse, dass er nicht rückfällig werde. Weitergehend möchte er über Inhalte und Verlauf der Therapie in der jetzigen Begutachtungssituation nicht sprechen. Er sei jedenfalls sicher, dass er sich zukünftig unter Kontrolle habe und es nicht mehr zu aggressiven Akten und sexuellen Übergriffen komme. In der Haft habe ein Lernprozess stattgefunden, sodass er sich selbst in Konfliktsituationen ganz anders verhalte als früher und auf Probleme nicht gleich mit Aggression reagiere.

### Soziale Kontakte, Zukunftspläne, sozialer Empfangsraum

Herr L. berichtet, dass ihn zu Haftbeginn gelegentlich seine Exfreundin Kerstin besucht habe, was er aber schließlich abgelehnt habe, sodass sie ihre Besuche einstellte. Kerstin lebe in einer neuen Beziehung. Zum vier Jahre älteren Bruder bestehe durchgehend Besuchskontakt, sie würden auch Briefe austauschen. Ein Freund aus der Schulzeit, der „schon immer ein ordentliches Leben geführt" habe, suche ihn hin und wieder auf, was ihn sehr freue. Sowohl dieser Freund als auch sein Bruder hätten angeboten, ihn nach der Haftentlassung zu unterstützen, damit er „Fuß fassen" könne. Er habe vor, wieder aktiv Sport zu treiben, vielleicht auch im Verein (Fußball). Wenn für ihn Vollzugslockerungen vorgesehen würden, wolle er sich neu orientieren, sich in der Volkshochschule anmelden, um einen qualifizierten Schulabschluss nachzuholen. Sein Wunsch sei es, irgendwann vielleicht studieren zu können. Der Bereich Informatik interessiere ihn sehr. Eine zukünftige Wohnmöglichkeit bestehe im Haus des Bruders. Zu früheren Bekannten werde er keine Kontakte mehr aufnehmen. Er werde sich mit dem Abbau seiner Schulden befassen und zwecks Unterstützung eine Schuldnerberatungsstelle aufsuchen, zu der schon ein Kontakt hergestellt sei. Man habe ihm eine Schuldenregulierung in Aussicht gestellt. Von Drogen werde er „die Finger lassen". Er traue sich zu, zukünftig Alkohol in Maßen zu trinken, „wie jeder dies tut, wenn man feiert und auf einer Party ist". Er müsse sich „halt kontrollieren". Einen Gruppenanschluss (Rückfallpräventionstraining) wolle er nicht. Proband: „Ich schaffe das auch allein."

### Verhaltensbeobachtung des Probanden

Herr L. wirkt in den Begegnungen mit ihm stets bewusstseinsklar, allseits orientiert, emotional ausgeglichen und ausreichend affektiv schwingungsfähig. Der Denkablauf zeigt sich geordnet, Denkinhalte sind psychopathologisch unauffällig. Es ergeben sich damit aus psychologischer Sicht keine Verdachtsmomente für eine schwerwiegende psychiatrische Erkrankung etwa psychotischer Art.

Insbesondere zu Beginn der Befragungen verhält sich Herr L. eher distanziert, was auch in knappen Antworten zum Ausdruck kommt. Erst im Verlauf der Explorationen wirkt er entspannter, ist dann auch auskunftsbereiter. Er macht einen betont selbstbewussten Eindruck, auch in den Mitteilungen über seine Positionen im sozialen Umgang mit anderen Personen, mit denen er nicht übereinstimmt und Konfliktlösungen anstehen. Im Gespräch hält er Blickkontakt, Unsicherheiten überspielt er. Der Proband bietet ein sozial kompetentes Verhalten, was ihn wohl auch in der Haft dazu befähigt, eine Sprecherfunktion zu übernehmen. Auffallend ist, dass Herr L. empfindlich, aber kontrolliert auf kritisches Hinterfragen reagiert, als es z. B. um seinen Umgang mit Drogen und Alkohol geht, auch um den erst kürzlich erhobenen positiven Drogenbefund in der Haft, den er bagatellisierend kommentiert. Er will den Eindruck erwecken, dass sein Umgang mit Drogen und Alkohol ein zurückliegendes Problem darstellt und er dieses nun „im Griff" hat. Eine selbstkritische Sicht auf ein mögliches Suchtproblem kommt nicht zum Ausdruck.

In der Darstellung seiner Biographie ist Herr L. zurückhaltend, knapp in seinen Ausführungen, ohne erkennbare emotionale Beteiligung. Häufig sind Nachfragen erforderlich. Der Proband gibt zu verstehen, dass vieles privat ist, worüber er nicht sprechen möchte. Ähnlich zurückgenommen verhält er sich in Fragen zur Therapie und den damit verbundenen intendierten Problemaufarbeitungen. Er ist dabei keineswegs unfreundlich, durchaus auch kooperativ, als es z. B. um die Erörterung zurückliegender Straftatgeschehen geht, obwohl er auch hier häufig im allgemein Beschreibenden verbleibt und keine emotionale Beteiligung zeigt.

*Testpsychologische Untersuchungsergebnisse*
Zur Einschätzung kognitiver Leistungsfähigkeit und Belastbarkeit von Herrn L. wurden der Wechsler Intelligenztest für Erwachsene (WIE), der Zahlenverbindungstest (ZVT) und der Mehrfachwahl-Wortschatztest (MWT-B) durchgeführt. Die erzielten Ergebnisse stehen für eine gute kognitive Auffassungs- und Verarbeitungsgeschwindigkeit. Die allgemeine intellektuelle Leistungsfähigkeit entspricht dem Durchschnitt der Altersnorm des Probanden.

Zur Einschätzung von Temperament und persönlicher Problembewältigungskompetenz wurden verschiedene Verfahren eingesetzt, die allerdings Selbstbeurteilungen des Probanden erfordern und damit möglichen Antworten-(Reaktions-)Tendenzen im Sinne des sozial Erwünschten ausgesetzt sind: Persönlichkeits-Stil-und Störungs-Inventar (PSSI), Psychopathic Personality Inventory-Revised (PPI-R), Fragebogen zu Kompetenz- und Kontrollüberzeugungen (FKK).

Das PSSI erfasst Persönlichkeitsstile, die in sehr deutlicher Ausprägung auch auf klinisch bedeutsame Persönlichkeitsstörungen hinweisen können. Die Auswertung lässt Herrn L. als einen Menschen erscheinen, der auf Unabhängigkeit und Eigenständigkeit bedacht ist. Selbstkritik und Selbstzweifel sind gering ausgeprägt. Es überwiegt ein Gefühl, missverstanden und ungerecht behandelt zu werden. Im sozialen Umgang mit anderen kommt eine eigenwillig-misstrauische, auch kritisch-negativistische Haltung zum Ausdruck, ein Persönlichkeitsstil, der durch geringe emotionale Ansprechbarkeit und durch passiv-aggressives Verhalten gekennzeichnet ist. Die passive Haltung kann sich in Widerständen gegenüber Anforderungen im Sozialen und Beruflichen ausdrücken.

Das PPI-R intendiert die Erfassung der Ausprägung des Merkmals Psychopathie und dessen Facetten. Da sich das Verfahren der Selbstauskunft des Probanden bedient, kann das Ergebnis nicht unmittelbar für die Kriminalprognose herangezogen werden. Tatsächlich ist auch eine manipulative Reaktionstendenz im Sinne unaufrichtiger Stellungnahmen des Herrn L. festzustellen. Dennoch lassen sich einzelne Testergebnisse durchaus noch interpretieren. Auffallend sind auch hier eine geringe emotionale Ansprechbarkeit, ferner deutliche Hinweise auf eine ausgeprägte Furchtlosigkeit und geringe Angstsensitivität. Im Hinblick auf den Aspekt Eigenverantwortlichkeit der Person wird eine starke Schuldexternalisierung zum Ausdruck gebracht, eine Neigung, andere oder bestimmte Umstände für das eigene Fehlverhalten und die daraus erwachsenden Konsequenzen verantwortlich zu machen. Hiermit verknüpft sind Gefühle, im Grunde vom Leben benachteiligt worden zu sein.

Im FKK werden mittels Selbstbeurteilungen Kompetenz- und Kontrollüberzeugungen des Probanden erfasst. Danach erlebt sich Herr L. generell als wenig abhängig von anderen. Hinsichtlich des Selbstkonzepts eigener Fähigkeiten vermittelt er von sich das Bild eines sehr selbstsicheren, auf sich selbst vertrauenden und kompetenten Menschen. Persönliche Erfolge werden im Sinne von Selbstwirksamkeit der eigenen Anstrengung und Kompetenz zugeschrieben.

Das Multiphasic Sex Inventory (MSI) ermöglicht, verschiedene Aspekte psychosexueller Merkmale atypischer sowie devianter sexueller Verhaltensweisen (Missbrauch, Vergewaltigung, Exhibitionismus) und Fantasien zu erfassen. Auch hierbei handelt es sich um ein Verfahren der Selbstbeurteilung. Zunächst ist festzustellen, dass Herr L. sein Sexualverhalten kaum problematisiert. Für Vergewaltiger typische Verhaltensweisen werden weitgehend verneint, sodass der Wert auf der sogenannten „Lügenskala-Vergewaltigung" erhöht ist. Der Proband verneint auch alle Aussagen, die „sexuelle Fantasien" und das Verhaltensmerkmal „Herumsuchen" betreffen. Die Testautoren gehen davon aus, dass „sexuelle Fantasien" und „Herumsuchen" typischerweise bei Vergewaltigern im Tatvorlauf auftreten und dass sich behandelte Täter im Einräumen dieser Merkmale von unbehandelten Tätern unterscheiden. Der Proband sieht für sich keinen Hilfebedarf in der Kontrolle seines Sexualverhaltens, woraus Auswirkungen auf eine Behandlungseinstellung erwachsen, die erfahrungsgemäß eine besondere Motivationsarbeit im Vorfeld von Therapie erforderlich machen. Positiv erscheint das Fehlen von Rechtfertigungstendenzen und kognitiven Verzerrungen im Umgang des Herrn L. mit seinen Sexualstraftaten. Dabei entsteht allerdings zugleich der Eindruck einer weitgehend nicht wirklich stattgefundenen, tieferen Auseinandersetzung mit seiner Sexualdelinquenz.

## Teil II: Befunde

### *Basisraten für Rückfälligkeit, statistische Prognose*
Um eine Grundvorstellung zur allgemeinen und deliktunspezifischen Rückfallwahrscheinlichkeit des Herrn L. zu erhalten, wird zunächst auf die von Jehle et al. (2003) anhand der Daten des Bundeszentralregisters (BZR) ermittelten Rückfallquoten Bezug genommen. Danach liegt der Anteil von jugendlichen/heranwachsenden Straftätern, die zu einer Jugendstrafe ohne Bewährung verurteilt und innerhalb von 4 Jahren nach Strafverbüßung rückfällig wurden, bei fast 78 % (siehe **Tab. 5.1**). Zu beachten ist, dass Rückfälligkeit hier als jeder erneute Eintrag in das BZR definiert ist, ohne Berücksichtigung der Deliktart

und des Strafmaßes bei der Wiederverurteilung. Zieht man das spezielle Ausgangsdelikt des Probanden in Betracht, so ergibt sich folgendes Bild. Täter, die wie Herr L. wegen *Vergewaltigung* zu einer Jugendstrafe ohne Bewährung verurteilt wurden, werden innerhalb eines Beobachtungszeitraums von 4 Jahren zu 68 % erneut straffällig (siehe **Tab. 5.1**) (wiederum definiert als jeder erneute Eintrag ins BZR, ohne Berücksichtigung von Deliktart und Strafmaß der Wiederverurteilung). D. h., die Wiederverurteilungsrate von jugendlichen/heranwachsenden Vergewaltigungstätern liegt im Vergleich zu der aller jugendlichen/heranwachsenden Straftäter etwas niedriger. Im Falle des Herrn L. ist allerdings eine Belastung mit einer Reihe unterschiedlicher Vorstrafen zu beachten. Verurteilte mit drei, vier oder mehr Voreinträgen im BZR, darunter auch Gewaltstraftatnennungen, zeigen erfahrungsgemäß ein zunehmend höheres Risiko erneuter Delinquenz als Täter ohne Vorstrafen. D. h., bei einer vorhandenen strafrechtlichen Vorbelastung, wie sie bei Herrn L. gegeben ist, muss man von einem erhöhten Risiko neuerlicher Delinquenz ausgehen.

Eine Einschätzung der *spezifischen Rückfallgefährdung* des Herrn L. kann unter Bezugnahme auf bekannte einschlägige Rückfallquoten von Sexualstraftätern erfolgen, wie sie z. B. von Rehder (2001, Rehder & Suhling, 2008) publiziert wurden. Danach werden 13 % der Vergewaltiger innerhalb einer durchschnittlichen Beobachtungsphase von 7 Jahren einschlägig rückfällig (siehe **Tab. 5.3**), d. h., sie begehen in dieser Zeit erneut Sexualstraftaten. Rehder (2001) hat ein Verfahren zur Feststellung des Rückfallrisikos bei Sexualstraftätern (RRS) entwickelt, das unter der Prüfung einzelner Prognosekriterien die Basisrate für einen Rückfall weiter spezifizieren lässt, indem u. a. Vergewaltiger unter Berücksichtigung bestimmter realisierter Merkmale betrachtet werden können. Danach sind für Herrn L. im RRS insgesamt 9 Risikopunkte zu ermitteln. Dieser Wert entspricht einer durchschnittlichen einschlägigen Wiederholungsrate von Vergewaltigern der Rehder'schen Studie (Beobachtungszeitraum 5 Jahre). 7 aus der Gruppe von insgesamt 40 Vergewaltigern mit einem Risikopunktwert von 8 bis 10 wurden einschlägig rückfällig.

Als weiteres Verfahren zum „risk-needs assessment" wurde das standardisierte Prognoseinstrument Level of Service Inventory-Revised (LSI-R) einbezogen. Es erlaubt, das unspezifische, allgemeine statistische Rückfallrisiko abzuschätzen, wobei eine vergleichsweise stärkere Berücksichtigung individueller Merkmale und Aspekte des zu beurteilenden Straftäters erfolgt. Insgesamt werden 54 Merkmale zu 10 für die Rückfallprognose bedeutsamen Risikobereichen erfasst, u. a. Familie und Partnerschaft, Wohnsituation, Freizeitgestaltung, klinisch-psychologische Auffälligkeiten, Alkohol-/Drogenprobleme (siehe **Tab. 9.1**). Unter Zugrundelegung der Verhältnisse des Probanden ist im LSI-R ein Gesamt-Risikopunktwert von 30 zu ermitteln, wobei die Risikowertungen sich aus den zur Verfügung stehenden Informationen über Herrn L. ergeben: kriminelle Vorgeschichte, Gewaltdelinquenz, Bewährungswiderrufe, Disziplinarstrafe in der Haft, Defizite im Schulischen und Beruflichen, Kontakte mit delinquenten Personen, Drogen-/Alkoholproblematik (mit entsprechendem Bezug zur Delinquenz), Drogenkonsum in der Haft, fortbestehender Therapiebedarf und Ablehnung von bestimmten Behandlungsangeboten. Setzt man den LSI-R-Gesamt-Risikopunktwert des Probanden in Beziehung zu Rückfall-daten einer deutschen Stichprobe männlicher Strafgefangener (Dahle, 2005a), so ist festzustellen, dass ein vergleichbarer Risikoscore von Straftätern realisiert wird, die ein erhöhtes Rückfallrisiko bieten (LSI-R-Scores: 24–32). 37 % dieser Straftäter werden innerhalb von 2 Jahren nach Haftentlassung erneut zu einer Freiheitsstrafe, weitere 19 % zu einer Bewährungs- oder Geldstrafe verurteilt. Unter einem 5-jährigen Beobachtungszeitraum sind es 49 %, die erneut zu einer Freiheitsstrafe verurteilt werden, und 16 %, die eine Bewährungs- oder Geldstrafe erhalten. Lediglich 35 % der Straftäter mit einem vergleichbaren Risikoscore erfahren in dieser Beobachtungsphase keine neuerliche Verurteilung. Anzumerken ist, dass der für Herrn L. ermittelte LSI-R-Risikowert zwar noch nicht der Kategorie hochrückfallgefährdeter Täter entspricht (LSI-R-Score über 32), aber zumindest an diese heranreicht.

Bekanntermaßen ist das Rückfallrisiko von (gewalttätigen) Straftätern, die im Sinne von Hare als Psychopathen zu diagnostizieren sind, im Vergleich mit derart unbelasteten Delinquenten signifikant erhöht. Aufgrund der Hinweise auf psychopathische Persönlichkeitszüge des Herrn L. wurde deshalb auch die 20 Variablen umfassende, kriminalprognostisch bedeutsame Psychopathy Checklist-Revised von Hare (PCL-R) berücksichtigt und eine gewichtete Merkmalsüberprüfung vorgenommen. Basis dafür waren die Aktenanalyse, Verhaltensbeschreibungen, Angaben in der Exploration, Ergebnisse aus der Anwendung von Testverfahren. Für Herrn L. ergibt sich danach in der PCL-R ein Gesamtpunktwert von 21, in den die folgenden, gewichteten Merkmale eingehen: mit jeweils 2 Punkten „oberflächlicher Charme", „übersteigertes Selbstwertgefühl", „oberflächliche Gefühle", „frühe Verhaltensauffälligkeiten", „Verantwortungslosigkeit", „mangelnde Bereitschaft, Verantwortung für eigenes Handeln zu übernehmen", „Jugenddelinquenz", „polytrope Delinquenz"; mit jeweils nur 1 Punkt „Mangel an Schuldbewusstsein", „Mangel an Empathie" (weil der Proband bezüglich der Anlassdelikte wenigstens im Ansatz Reue und Opferempathie ausdrückte), „verminderte Verhaltenskontrolle" (weil entsprechende Auffälligkeiten im Haftverlauf abnahmen), „Promiskuität", „Bewährungswiderrufe/Verstöße gegen Auflagen". Setzt man den Gesamt-Punktwert des Probanden in der PCL-R in Beziehung zu Rückfalldaten der bereits genannten deutschen Stichprobe männlicher Strafgefangener (Dahle, 2005a), so findet sich ein vergleichbarer Wert für Straftäter, die das relativ höchste Rückfallrisiko bieten (PCL-R-Score >16) (siehe **Tab. 9.2** und **9.3**). 45 % dieser Straftäter werden innerhalb von 2 Jahren nach Haftentlassung erneut zu einer Freiheitsstrafe verurteilt. Bei einem 5-jährigen Beobachtungszeitraum sind es bereits 74 %. Nur 4 % dieser Gruppe bleiben bei einer 5-Jahres-Katamnese ohne eine erneute Verurteilung.

Alles in allem wäre unter den Aspekten von allgemeinen, durchschnittlichen Basisraten für Rückfälligkeit und statistischer Prognoseabschätzung das Delinquenzrisiko des Herrn L. nach Haftentlassung bei Berücksichtigung von Kriminalkarriere und mit Delinquenz verknüpften sozialen und persönlichen Merkmalen als eher hoch anzunehmen. Für die Einschätzung der individuellen Kriminalprognose ist jedoch eine weitere, stärker einzelfallbezogene Betrachtung notwendig, die zur Beantwortung der Fragen beitragen soll, welche besonderen Faktoren die Delinquenzentwicklung des Probanden erklären, ob diese noch fortbestehen oder durch bestimmte Interventionen (Maßnahmen und Behandlungen) verändert werden konnten.

## Individualprognose

Eine idiographische und qualitative Beurteilung leistet keine quantitative Risikobestimmung erneuter Straffälligkeit, vielmehr hat sie eine analytische Aufgabe zu erfüllen. Sie intendiert, ungünstige wie günstige prognoserelevante Merkmale, Aspekte und Umstände zu eruieren, die mit unterschiedlichem Gewicht Einfluss auf ein zukünftiges Legalverhalten des Probanden nehmen können. Wegen des Risikopotenzials kann gegebenenfalls auch nur eine einzelne verhaltensdeterminierende Variable schon sehr ausschlaggebend für eine prognostische Einschätzung sein. Neben Risikofaktoren sind aber auch mögliche Schutzfaktoren ausfindig zu machen, denen eine kompensierende Funktion zukommen kann.

Zur individualprognostischen Beurteilung werden im Falle des Herrn L. Prognosefaktoren berücksichtigt, wie sie u. a. in Listen und Übersichten von Dittmann (1999), Endres (2004), Rasch und Konrad (2004) und Nedopil (2005) aufgeführt sind. Sie gelten als valide und praxistauglich. Im Folgenden werden verschiedene Bereiche – Lebenslauf und frühe Delinquenzentwicklung, Persönlichkeit, Delinquenz und deren Aufarbeitung, Alkohol- und Drogenproblematik, sozialer Empfangsraum und Zukunftspläne – einer entsprechenden Analyse unterzogen.

## a. Lebenslauf und frühe Delinquenzentwicklung

Der jetzt 23-jährige Herr L. wurde in Süditalien geboren. Er hat einen vier Jahre älteren Halbbruder. Als der Proband vier Monate alt war, ist die Familie nach Deutschland gezogen. An seinen Vater hat er keine Erinnerung. Es hat kein Kontakt mehr zum Vater bestanden, nachdem dieser die Familie früh verließ und beide Eltern den Umgang zwischen Vater und den Söhnen wohl auch nicht wollten. Späterhin hat Herr L. von sich aus den Kontakt auch nicht gesucht. Die Teilfamilie hat durchgehend in der Großstadt K. gelebt. Die alleinerziehende Mutter hat zeitweilig gearbeitet, sodass die Kinder immer wieder auch sich selbst überlassen waren. Vorübergehend hat ein Freund der Mutter mit Unterbrechungen in der Familie gelebt. Ständige Streitigkeiten, auch körperliche Auseinandersetzungen zwischen den Erwachsenen, haben wohl den Probanden als Kind sehr belastet und zu Verhaltensauffälligkeiten des Jungen geführt. Die von ihm beschriebene „Unruhe" und „Umtriebigkeit" erinnert zwar an ein Aufmerksamkeitsdefizit- und Hyperaktivitätssyndrom, ist aber am ehesten Ausdruck einer damaligen enormen emotionalen Belastung, auch infolge der schließlich von der Mutter herbeigeführten Trennung vom Freund, mit dem sich der seinerzeit 11-Jährige im Grunde recht gut verstand und zu dem er eine gewisse Bindung eingegangen war. Insgesamt ist die Kindheit des Probanden durch eine emotionale Mangelsituation geprägt. Außer zu seinem Halbbruder, der ihm auch für die Zeit nach der Haftentlassung Unterstützung anbietet, hat Herr L. alle Kontakte zur Familie abgebrochen, zuletzt auch zu seiner Mutter. Die Gründe hierfür bleiben unklar. Der Proband berichtet, dass zur Mutter nie eine gute Beziehung bestanden habe. Sie habe ihn häufig geschlagen. Er hat den Verdacht, von der Mutter nicht wirklich angenommen worden zu sein.

Die Trennung der Mutter vom Freund, der für den Jungen vermutlich eine Art Vaterersatz darstellte, fällt in die Zeit seines Pubertätsbeginns. Er schließt sich einer fragwürdigen Jugendclique an, begeht Diebstähle, wie dies nicht selten bei emotional vernachlässigten Kindern beobachtbar ist. An der Schule ist er wenig interessiert. Er erlangt den Hauptschulabschluss. Den späteren Berufsschulbesuch bricht er ab, u. a. auch aufgrund seines Drogenkonsums (siehe unten.). Im Grunde setzt mit Pubertätsbeginn eine negative Entwicklung des Probanden ein, der sich zunehmend jedem erzieherischen Einfluss entzieht und spätestens im Alter von 16 Jahren nur noch selten zu Hause ist. Der frühe Einstieg des Probanden in die Delinquenz, der beginnende Alkohol- und Drogenkonsum bereits im Alter von 13/14 Jahren, das unerlaubte Entfernen von zu Hause, sein Desinteresse an der Schule und die zunehmende Tendenz, sich jedem Einfluss zu entziehen, stellen ein Muster dar, das bezogen auf die Kindheits- und Jugendphase von einer Störung des Sozialverhaltens (ICD-10: F91) ausgehen lässt.

### b. Persönlichkeit

Störungen des Sozialverhaltens in der Kindheit und Jugendzeit können sich zu einer dissozialen Persönlichkeitsstörung entwickeln. Herr L. lässt in der Tat eine frühe kriminelle Orientierung erkennen. So begeht er mit anderen Jugendlichen Diebstähle, Körperverletzungsdelikte, Wohnungseinbrüche, Gestohlenes macht er zu Geld und lebt – auch durch den zusätzlichen durchaus regelmäßigen Drogenverkauf –, wie er sagt, recht gut von seinen kriminellen Aktivitäten. In der gesamten Delikt- und Sanktionsbiographie (die Anlasstaten eingeschlossen, siehe unten) kommen Verhaltensweisen zum Ausdruck, die – auch unterstützt durch Ergebnisse testpsychologischer Diagnostik – von einer dissozialen Persönlichkeitsstörung (ICD-10: F60.2) ausgehen lassen. Ob diese Störung, die durch eine große Diskrepanz zwischen Verhalten und geltenden sozialen Normen gekennzeichnet ist, stabil ist, muss die weitere Entwicklung des noch recht jungen, derzeit 23-jährigen Herrn L. erweisen. Auf jeden Fall ist es als günstig zu werten, dass sich Herr L. einer fast zwei Jahre dauernden, inzwischen abgeschlossenen Einzeltherapie unterzogen hat. Hier bestand für ihn die Möglichkeit, biographische Belastungen zu verarbeiten, seine Einstellungen zu reflektieren, seine Delinquenzgeschichte und die in diesem Zusammenhang besonders gravierenden Sexualstraftaten mit Blick auf seine Person kritisch zu hinterfragen. In den Akten ist davon die Rede, es seien relevante Problembereiche bearbeitet worden, sodass die Therapie „erfolgreich beendet" werden konnte. Ebenso sind Veränderungen im Verhalten während der Haft als günstig zu werten. Ein anfänglich oppositionelles und zeitweilig aggressives Verhalten ist schließlich nicht mehr zu beobachten. Gleichwohl finden sich weiterhin auffällige Charakterzüge. Herr L. neigt zur Selbstüberschätzung. Selbstkritik und Selbstzweifel sind gering ausgeprägt. Er ist eingeschränkt emotional ansprechbar. Im Hinblick auf die Eigenverantwortlichkeit für sein Handeln ist eine deutliche Schuldexternalisierung auszumachen, von der allerdings die Darstellung der Sexualstraftaten durch den Probanden ausgenommen ist, was als Effekt der Therapie gewertet werden kann. Soziale Situationen (Interaktionen), die gewisse Anforderungen stellen, erzeugen in Herrn L. nicht selten Gefühle, missverstanden und ungerecht behandelt zu werden oder benachteiligt zu sein. Es sind dies Gefühle, denen er durch eine Haltung forcierter Unabhängigkeit und Dominanz zu begegnen versucht, die von anderen als Arroganz verstanden werden kann. Die angesprochene Neigung zur Selbstüberschätzung wird als Überkompensation empfundener eigener Schwächen, Verletzbarkeiten und Minderwertigkeitsgefühle verständlich, die es abzuwehren, zu verleugnen gilt. Auch die Inszenierung und das Erleben von Macht und Dominanz, wie sie in den Geschehensabläufen der Sexualstraftaten zum Ausdruck kommen, kann im Sinne der Überkompensation einer als defizitär empfundenen persönlichen Lebenssituation verstanden werden. Es ist nicht sicher einzuschätzen, ob diese psychischen Mechanismen in der zurückliegenden Therapie ausreichend aufgearbeitet wurden. Da aber der Proband selbst im Zusammenhang mit den Sexualdelikten gegenüber den Opfern vom Ausleben von Gefühlen der Macht, Stärke und Unterwerfung spricht, ist zumindest davon auszugehen, dass in der Therapie entsprechende Reflexionen stattgefunden haben.

### c. Delinquenz und Aufarbeitung der Delinquenz

Herr L. ist vor den zur Inhaftierung führenden Anlassdelikten mehrfach und mit unterschiedlichen, u. a. auch Gewaltdelikten in Erscheinung getreten, die mit negativen Peergroup-Einflüssen, mit seinem Drogen- und/oder Alkoholkonsum sowie mit persönlichen Defiziten und kriminogener Normorientierung in Zusammenhang stehen. Herr L. hat selbst geahnt, dass ihn sein Verhalten irgendwann „in den Knast bringen" wird. Hervorzuheben ist der frühe Einstieg in delinquentes Verhalten und die anhaltende Nutzung einer Finanzquelle durch kriminelle Aktivitäten. Längere Zeit vor seiner Inhaftierung trat Herr L. in entsprechenden Milieus auch als Dealer auf, wobei er mit dem Verkauf von Drogen wohl seinen eigenen Konsum mitfinanzierte. Herr L. hat in der Untersuchungssituation mit einer bemerkenswerten Selbstverständlichkeit, ja andeutungsweise mit Stolz, von einer nicht unerheblichen Einnahmequelle aus krimineller Aktivität berichtet. Die Wahrscheinlichkeit, dass der Proband erneut Straftaten begehen wird, um finanzielle Vorteile zu erlangen, dürfte mit Blick auf seine Delinquenzbiographie langfristig erhöht sein, insbesondere dann, wenn ein Arbeiten in einem Bereich geordneter beruflicher Tätigkeit auf Dauer nicht gelingen sollte.

Einflüsse von Alkohol- und/oder Drogenkonsum spielen für die Begehung einzelner, in den Jahren von 1999 bis 2001 geahndeter Straftaten insofern eine Rolle, als sie dazu beitragen, den Probanden in einen Zustand von Enthemmung und beeinträchtigter Verhaltenskontrolle zu versetzen. Insbesondere die im August 2000 verurteilten Gewaltdelikte machen deutlich, wie unter dem Einfluss psychotroper Substanzen und deren enthemmender und kontrollmindernder Wirkung aufgestaute negative Gefühle in aggressivem Verhalten ein Ventil finden und damit zugleich eine Demonstration von Macht und Dominanz möglich wird, die subjektiv Befriedigung verschafft. Dass die Inszenierung und das Erleben von Macht und Dominanz auch die Geschehensabläufe der Anlasstaten (Sexualdelikte) mitbestimmt haben dürften und welche psychischen Mechanismen dem zugrunde liegen, wurde bereits dargelegt.

Betrachtet man die Gesamtheit aller bekannten Straftaten des Herrn L., so ist eine im Allgemeinen als prognostisch ungünstig zu wertende progrediente Delinquenzentwicklung zu konstatieren, von Diebstählen und einfacher Körperverletzung sowie unerlaubtem Besitz von Betäubungsmitteln über gefährliche Körperverletzung, räuberische Erpressung und versuchten Raub bis hin zu mehrfachen Vergewaltigungsdelikten. Es kommt hierin auch eine anwachsende Gewaltbereitschaft des Probanden zum Ausdruck. Für die Begehung der vier an Frauen aus dem Prostituierten- und Drogenmilieu verübten Sexualdelikte aus der Zeit 2001/2002 sind neben der bereits genannten Persönlichkeitsproblematik des Herrn L. an begünstigenden Einflüssen sein zunehmender Verlust an sozialer Einbindung und der seinerzeit wohl massive Alkohol- und Drogenmissbrauch anzuführen, wobei die bei Straftatbegehung enthemmende und kontrollmindernde *akute* Substanzwirkung von besonderer Bedeutung scheint. Auffallend ist, dass die Sexualstraftaten in zeitlich immer kürzer werdenden Abständen aufeinander folgen und mit Ausnahme der ersten Tat ein recht ähnliches, womöglich bereits eingeschliffenes Verhaltensmuster des Probanden erkennen lassen. Solche Merkmale der Frequenzsteigerung und zunehmenden Gleichförmigkeit, auch der relativen Zielstrebigkeit im Straftatverhalten sind nicht selten im Rahmen von Störungen der Sexualpräferenz beobachtbar. An beteiligten Motiven nennt Herr L. selbst ein Machtgefühl über seine Opfer. Deren Erniedrigung und Angstäußerungen hätten bei ihm eine gewisse Befriedigung erzeugt. Bezogen auf die vorletzte Vergewaltigungstat beschreibt Herr L. zudem einen in dieser Situation stattfindenden Kontrollverlust, indem er über die instrumentelle Gewalt zur Überwältigung der Frau hinausgehend sein Opfer schließlich auch mit seinem Hosengürtel geschlagen habe. Allerdings verneint der Proband paraphile sexuelle Fantasien im Vorfeld der Taten wie auch während der Tatabläufe und weist darauf hin, dass die Vergewaltigungen nicht beabsichtigt gewesen, sondern erst im Geschehensverlauf passiert seien. Gleichwohl ist eine enge Verknüpfung von Machtinszenierung und nicht nur instrumenteller Gewaltausübung mit zum Teil wiederholter sexueller Handlung und Befriedigung gegeben, die nicht ausschließen lässt, dass bei den Vergewaltigungstaten des Probanden sexuell deviante Fantasien stimulierend und handlungsmotivierend wirksam waren. Ob ein derartiger möglicher Zusammenhang zwischen Triebwünschen und sexueller Befriedigung in der Therapie thematisiert wurde, muss wegen der Unzugänglichkeit eines entsprechenden Abschlussberichtes offenbleiben. Auch Herr L. äußert sich zurückhaltend über Inhalte der stattgefundenen Psychotherapie. Sicher ist zwar eine Bearbeitung der sexualdelinquenten Taten erfolgt, sodass Herr L. auch in der Untersuchungssituation relativ offen hierüber sprechen konnte. Über erlernte rückfallpräventive Strategien aber weiß der Proband recht wenig zu berichten und verbleibt hierbei in eher allgemeinen Aussagen, sein Verhalten in Zukunft kontrollieren zu können. Das „Wie" wird von ihm nicht konkretisiert. Aus Gutachtersicht erscheint es deshalb unumgänglich, an die bisherigen Therapieergebnisse anknüpfend, eine weitere, vertiefte Aufarbeitung des sexualdelinquenten Verhaltens des Probanden zu leisten, die ihn in die Lage versetzt, die entsprechenden persönlichen und situativen Risiken kennenzulernen. Ein Schwerpunkt sollte der Erwerb rückfallvermeidender Strategien sein, die in der Behandlung von Sexualstraftätern inzwischen erfolgreich vermittelt werden können und langfristig die Legalprognose verbessern. Da eine *unmittelbare* einschlägige Rückfallgefahr bei Herrn L. wenig wahrscheinlich erscheint, wäre eine solche spezielle Behandlungsfortsetzung durchaus mit vollzugsöffnenden Maßnahmen vereinbar und extern durchführbar, allerdings unter der Voraussetzung, dass vordringlich die Aufarbeitung der Alkohol- und Drogenproblematik erfolgte (siehe unten).

### d. Alkohol- und Drogenproblematik

Vor allem die bislang noch nicht geleistete Aufarbeitung der Drogen- und Alkoholproblematik muss die Frage nach der Eignung des Probanden für vollzugsöffnende Maßnahmen gegenwärtig negativ beantworten. Herr L. hat eine beträchtliche Zeit vor seiner Inhaftierung einen massiven Alkohol- und Drogenkonsum betrieben. Von einer entsprechenden, in der frühen Jugend des Herrn L. einsetzenden Entwicklung ist auszugehen. Eine Rückrechnung der Blutalkoholkonzentration zum Zeitpunkt der letzten Sexualstraftat ließ einen Wert im Bereich von 2,4 bis 3,2 Promille feststellen. Ohne ein zurückliegendes Abhängigkeitssyndrom ausschließen zu können, ist zuletzt von einem schädlichen Gebrauch psychotroper Substanzen auszugehen, deren Konsum zum Alltag des Probanden gehörte. Herr L. lehnte bislang Angebote zur Behandlung der Alkohol- und Drogenproblematik ab. Selbstüberschätzend verweist er auf eine diesbezüglich funktionierende Kontrollfähigkeit. Tatsache ist, dass bei ihm recht kurze Zeit vor Beginn der Gutachtenuntersuchungen ein positiver Drogenbefund erhoben wurde. Als Veranlassung für den zugrunde liegenden Cannabiskonsum in der Haft führt der Proband externalisierend besondere Belastungen an. Aus Gutachtersicht bedarf die Alkohol- und Drogenproblematik des Herrn L. vordringlich einer weiteren therapeutischen Aufarbeitung, will man nicht Gefahr laufen, dass der Proband vollzugsöffnende Maßnahmen missbraucht, indem er Alkohol oder Drogen konsumiert. Der beschriebene Zusammenhang von Alkohol-/Drogengebrauch und gewalt-/sexualdelinquentem Handeln macht zudem die besondere Bedeutung einer im Grunde unverzichtbaren Problembearbeitung für die langfristige Legalprognose deutlich. War es doch die enthemmende und kontrollmindernde Wirkung psychotroper Substanzen, die den problematischen Strukturelementen der Persönlichkeit des Probanden im deliktischen Verhalten der Anlasstaten zum Ausdruck verhalf.

### e. Sozialer Empfangsraum und Zukunftspläne

Der Empfangsraum des Herrn L. lässt wenig an klarer Struktur erkennen. Am Tag seiner Verhaftung wurde die Wohnung des Probanden wegen erheblicher

Mietschulden zwangsgeräumt, das Inventar veräußert oder verschenkt. Die Vorstellung des Probanden ist, nach Haftentlassung im Haus des Bruders und dessen schwer kranker Frau zu wohnen. Außer zum Bruder bestehen keinerlei stabile Kontakte zu Familienangehörigen, auch nicht mehr zur Mutter. Ebenso ist der Kontakt zur früheren Freundin Kerstin abgebrochen, die inzwischen in einer neuen Beziehung lebt. Lediglich ein Freund aus Schultagen hat Herrn L. hin und wieder in der Haft besucht und ihm, wie der Proband äußert, Unterstützung angeboten, damit er „Fuß fassen" könne. Zu anderen früheren Freunden aus dem kriminellen und Drogen-Milieu will der Proband den Kontakt vermeiden, was sicher positiv zu sehen ist. Alternative Beziehungen wären vom Probanden aber erst noch aufzubauen, wobei eine von Herrn L. beabsichtigte Aktivität in einem Sportverein eine Voraussetzung hierfür abgeben könnte. Insgesamt besteht damit keine ausreichend stabilisierend wirksame Einbindung in ein soziales Umfeld von Personen, die auf Herrn L. Einfluss nehmen könnten, was im Falle des Probanden ohnehin nicht leicht sein dürfte, wenn er Einflussnahme verkürzt nur als Fremdkontrolle versteht, nicht aber als Unterstützung für seine Weiterentwicklung.

Im Hinblick auf die Zukunft hat Herr L. die Vorstellung, nach dem Ausbildungsabschluss außerhalb der Haftanstalt einen qualifizierten Schulabschluss zu erreichen, um eventuell studieren zu können. Eine näherliegende berufliche Tätigkeit im Kfz-Bereich, die auch eine gewisse finanzielle Basis darstellen würde, zieht der Proband nicht in Erwägung. Seine Zukunftspläne sind damit nicht sehr konkret und muten auch nicht gerade angemessen an, zumal seine Eignung für ein Studium in Frage zu stellen ist. Eine diesbezügliche Selbstüberschätzung könnte ihn letztlich in eine Situation der Überforderung und Frustration bringen, mit der Gefahr einer Destabilisierung.

Unter der Einschätzung der prognostisch bedeutsamen Aspekte „Sozialer Empfangsraum und Zukunftspläne" wären vollzugsöffnende Maßnahmen, die – wie bereits dargelegt – überhaupt nur unter bestimmten, noch herzustellenden, unabdingbaren Voraussetzungen zu empfehlen sind, auch dazu zu nutzen, den sozialen Empfangsraum klarer zu strukturieren und Zukunftspläne zu konkretisieren und diese damit gegebenen Realitäten stärker anzupassen. Zugleich könnten vollzugsöffnende Maßnahmen dann auch die Erprobung des Probanden in diesem neuen Umfeld ermöglichen.

## Zusammenfassende Stellungnahme zum Gutachtenauftrag

Die Sozialisation des Herrn L., seine Delikt- und Sanktionsbiographie sowie Verhaltensweisen und Eigenschaften, die eine dissoziale Persönlichkeitsstörung nahelegen, lassen langfristig eine erhöhte Gefährdung erneuter Delinquenz annehmen. Zudem wird das Rückfallrisiko durch eine bislang nicht geleistete Aufarbeitung einer Alkohol- und Drogenproblematik und der damit verbundenen Gefahr wiederkehrender alter Konsumgewohnheiten entscheidend negativ beeinflusst. Die meisten Delikte – insbesondere diejenigen aus dem Bereich der Gewaltdelinquenz – wurden von Herrn L. nach vorausgegangenem Konsum psychotroper Substanzen verübt, die den Probanden in einen Zustand von Enthemmung und erheblich beeinträchtigter Verhaltenskontrolle versetzten und damit problematischen Anteilen seiner Persönlichkeit zum Ausdruck verhalfen. Es besteht ein nicht zu bestreitender Zusammenhang von therapeutischer Einflussnahme auf den Substanzmissbrauch von Gewaltstraftätern und der Reduktion krimineller und aggressiver Verhaltensweisen. „Demnach sollten Rechtssysteme großes Interesse an einer effektiven Rehabilitation von Straffälligen mit Substanzmissbrauch haben" (Felthous & Sass, 2006, S. 405).

Richtet man den Fokus auf die wiederholt und in immer kürzeren Abständen stattgefundenen Sexualstraftaten, so ist positiv zu werten, dass sich Herr L. einer Psychotherapie unterzogen hat, die ihn befähigt, relativ offen über die Geschehnisse Auskunft zu geben. Er benennt auch beteiligte Beweggründe für sein Handeln, kann sich aber – wie er selbst angibt – die Taten im Grunde nicht erklären, womit er im engeren Sinne die sexuellen Übergriffe (mit ihrer Verknüpfung von Gewalt und sexueller Erregung/Befriedigung) meint, die ihm letztlich fremd bleiben. Es besteht die Gefahr einer Abspaltung, die ihn einer Auseinandersetzung mit diesem Teil seiner Sexualität auf Dauer enthebt. Notwendig erscheint deshalb eine weitere Aufarbeitung des sexualdelinquenten Verhaltens, die Herrn L. Zusammenhänge mit seiner Person herstellen lässt und ihn in die Lage versetzt, persönliche und situative Risiken zu erkennen sowie insbesondere auch einsetzbare rückfallpräventive Strategien zu entwickeln. Eine solche Behandlungsergänzung dürfte die Wahrscheinlichkeit eines Fortbestehens der in den Anlasstaten zum Ausdruck kommenden Gefährlichkeit erheblich vermindern. Die Therapie wäre mit vollzugsöffnenden Maßnahmen vereinbar und extern durchführbar, allerdings unter der Voraussetzung von Drogenabstinenz und zumindest kontrolliertem Umgang mit Alkohol. Da dem Priorität einzuräumen ist, lässt sich aufgrund der bislang noch unaufgearbeiteten Alkohol- und Drogenproblematik derzeit eine Eignung für vollzugsöffnende Maßnahmen nicht feststellen. Vollzugsöffnungen würden zwar nicht unmittelbar erhebliche Straftaten nach sich ziehen, aber die Gefahr des Missbrauchs beinhalten, z. B. des Konsums von Drogen oder Alkohol, wie dies auch durch den aktuell in der Haft erhobenen positiven Drogenbefund nahegelegt wird. Es erscheint deshalb geboten, dass Herr L. im weiteren Vollzugsverlauf an einem geeigneten (z. B. intensiven gruppentherapeutischen) Behandlungsangebot zur Aufarbeitung seiner Alkohol- und Drogenproblematik teilnimmt. Ein entsprechender Behandlungserfolg könnte dann mit ersten Vollzugsöffnungen (Ausgängen) verknüpft werden, die therapeutisch dahingehend zu nutzen wären, dass Herr L. sowohl eine externe Drogenberatungsstelle konsultiert als auch an einem speziellen Behandlungsprogramm zur Rückfallprävention von Sexualstraftätern teilnimmt. Weitere vollzugsöffnende Maßnahmen (erweiterte Ausgänge, Hafturlaube, Freigang, anstehende Entlassung) sollten schließlich im Zuge des Verlaufs der genannten Therapien gewährt werden. Gleichzeitig sollte dann auch eine Überprüfung und Strukturierung des sozialen Empfangsraums des Herrn L. erfolgen, wobei zuvor schon entsprechende vorbereitende Konkretisierungen im Hinblick auf eine berufliche Tätigkeit und schulische

Weiterqualifizierung des Probanden durch die Sozialdienste der JVA unterstützt werden könnten. Hierbei sollte aus Gutachtersicht einem klaren und verbindlichen Rahmen einer konkreten Berufsausübung Vorrang eingeräumt werden. Eine schulische Weiterqualifizierung wäre später und dann parallel zur Berufsausübung zu empfehlen, wobei auf ein ausgeglichenes Verhältnis von Anspruch und Vermögen zu achten wäre, um Überforderungssituationen für den Probanden zu vermeiden. Dies erscheint auch deshalb von Relevanz, da sich die Selbsteinschätzung des Probanden hinsichtlich der eigenen Leistungsfähigkeit wenig realistisch darstellt, wenn er z. B. Pläne zur Aufnahme eines Studiums hat.

Ohne die Wahrnehmung weitergehender Therapieangebote wäre im Falle ihrer Ablehnung durch Herrn L. eine Eignung für vollzugsöffnende Maßnahmen wie auch eine etwaige vorzeitige Haftentlassung wegen der genannten Risiken nicht gegeben. Für den Fall, dass Herr L. – wie bisher – seine Ablehnung auf die Aufarbeitung der Alkohol- und Drogenproblematik begrenzen sollte, wäre ihm unbedingt die Teilnahme an einem Programm zur Rückfallprävention von Sexualstraftätern im geschlossenen Vollzug anzubieten. Damit würde die Chance bestehen, dass im Kontext dieser Therapie der für Herrn L. so entscheidende Zusammenhang zwischen der akuten enthemmenden und kontrollmindernden Wirkung konsumierter psychotroper Substanzen und der mit Aspekten seiner Person gegebenen Gefährlichkeit verdeutlicht würde.

## 8.2 Schuldfähigkeit und Prognose eines jungen Erwachsenen nach einem Tötungsdelikt

Im Folgenden wird über einen Begutachtungsfall berichtet, in dem es sowohl um Fragen der Schuldfähigkeit als auch der Prognose eines Straftäters ging, dem ein Tötungsdelikt zur Last gelegt wurde. Die Darstellung erfolgt leicht verändert (verfremdet), anonymisiert und in teilweise stark gekürzter Form.

### Sachverhalt und Fragestellungen

Dem zum Zeitpunkt der Begutachtung 29-jährigen, ledigen, nicht vorbestraften Physikstudenten Marc F. wird ein Tötungsdelikt zum Nachteil der Abiturientin Juliane F. zur Last gelegt. Er soll acht Monate zuvor am … gegen 16.00 Uhr im elterlichen Einfamilienhaus seine 21-jährige Schwester nach einem vorausgegangenen Streit durch mehrere Revolverschüsse tödlich verletzt haben. Laut gerichtsmedizinischem Gutachten wurden die Schüsse auf das Opfer aus nächster Nähe, aus weniger als einem Meter Entfernung abgegeben. Herr F. wird unmittelbar nach der Tat am Tatort festgenommen, wie es im Polizeibericht heißt, in einer „ratlosen" und „zunächst verwirrt erscheinenden Verfassung". Er legt ein Geständnis ab und befindet sich seitdem in der JVA S. Laut

Anklageschrift wird ihm vorgeworfen, „heimtückisch und aus niedrigen Beweggründen einen Menschen getötet zu haben".

Im Auftrag des Landgerichts D. ist Herr F. zur Frage der Schuldfähigkeit zu untersuchen und zu begutachten. Gegebenenfalls soll das Gutachten auch auf die Frage seiner Unterbringung in einem Psychiatrischen Krankenhaus (§ 63 StGB) eingehen, vornehmlich dazu Stellung nehmen, ob „die Gesamtwürdigung des Täters und seiner Tat ergibt, dass von ihm infolge seines Zustandes erhebliche rechtswidrige Taten zu erwarten sind und er deshalb für die Allgemeinheit gefährlich ist".

Zu den an zwei Tagen stattfindenden Untersuchungen wird Herr F. von Bewachungspersonal begleitet.

Auf die Berichterstattung aus den Akten soll hier verzichtet werden, da sich die für die Begutachtung relevanten Daten auch sehr weitgehend mit den vom Probanden gemachten Angaben decken.

## Untersuchungsergebnisse

### Angaben des Probanden[124]

Herr F. berichtet zur *Familienanamnese*, die Eltern seien beide 57 Jahre und berufstätig (Vater: Marktforscher, Mutter: Büroangestellte eines Immobilienmaklers). Seine Schwester habe kurz vor ihrem Tod die Reifeprüfung abgelegt. Weitere Geschwister habe er nicht. Aus der Verwandtschaft seien ihm keine psychiatrisch/klinisch-psychologisch interessierenden Auffälligkeiten oder Erkrankungen bekannt. Allerdings liege wohl beim Vater eine Glücksspiel- und Alkoholproblematik vor. Er sei alkoholbedingt „bereits einmal so weit gewesen, dass er durchs Zimmer laufende Elefanten gesehen" habe. Die Eltern lebten nun seit sieben Jahren getrennt. Schon sehr viel früher habe bereits die Absicht einer Scheidung bestanden, die Eltern hätten sich dann aber wieder „geeinigt". Ein Jahr danach sei seine Schwester zur Welt gekommen. Ein „intaktes Familienleben" habe „im Grunde eigentlich nie bestanden". Es sei eher „trostlos" zu nennen. Gegen Ende des Zusammenlebens mit Mutter und Schwester (siehe unten) sei die Familiensituation „völlig verfahren" gewesen.

Zur *Eigenanamnese* berichtet der Proband an Besonderheiten von einer im Alter von vier oder fünf Jahren gelegentlich auftretenden sekundären (nächtlichen) Enuresis, weswegen er vom Vater Schläge erhalten habe. In der Entwicklung des Sprechens habe sich ein bis heute erhaltenes, gelegentliches Stottern eingestellt. Bisweilen bringe er dann die Anfangssilbe (eines Wortes) nicht heraus, „bleibe hängen". Dies sei im Kindesalter vergleichsweise „schlimmer gewesen". Hin und wieder habe man ihn deshalb auch gehänselt, was ihn gekränkt habe, ohne dass er dies durch äußere Reaktionen zu erkennen gegeben habe. Im Übrigen sei er selten krank gewesen. Er habe sich zu keiner Zeit

---

124 Eine Befragung der Mutter des Probanden wurde von ihr abgelehnt. Sie machte auch gegenüber dem Gericht von ihrem Aussageverweigerungsrecht Gebrauch.

in psychiatrischer oder psychologischer Behandlung befunden. Übergewicht stelle er fest. Er wiege ca. 85 kg bei einer Körpergröße von 1,74 m, was ihn nicht weiter beschäftige. Lediglich beim Ankleiden bemerke er, dass er „in bestimmte Klamotten nicht mehr reinpasse".

Zu seinem *Lebenslauf* befragt, berichtet Herr F., er sei in der Stadt H. geboren und in den ersten Jahren unter beengten und belastenden Wohnverhältnissen aufgewachsen. Zunächst habe er nur mit der Mutter und einer fremden Familie in einem sehr kleinen Haus gewohnt, der Vater hingegen bei seiner Mutter. Als er ein Jahr alt war, seien sie dann zum Vater und der Großmutter gezogen und hätten dort ein Zimmer bewohnt. Wenige Monate später sei die Familie in H. in eine 3-Zimmer-Mansardenwohnung ohne Bad und mit außerhalb gelegener Toilette umgezogen, in der sie bis zu seiner Einschulung gelebt hätten. Schließlich hätten sie eine normale, aber kleine 2-Zimmer-Wohnung bezogen, in der er im elterlichen Doppelbett habe übernachten müssen. In dieser Zeit sei seine Schwester zur Welt gekommen. Jetzt seien sie in eine 4-Zimmer-Wohnung gezogen und hätten dort fünf Jahre gelebt, bis sie schließlich ein Einfamilienhaus in der Kleinstadt S. gekauft hätten. Dort habe die Teilfamilie nach dem Auszug des Vaters (vor 7 Jahren) bis zuletzt gewohnt (siehe unten).

Herr F. erklärt, an seine Vorschulzeit keine rechte Erinnerung zu haben. Im Alter von 6 Jahren sei er eingeschult worden. Als „stiller Junge" und mit durchschnittlichen Leistungen sei er den Lehrern „nicht weiter aufgefallen". Den Mitschülern habe er wohl aufgrund seiner Sprechstörung Anlass zu Hänseleien gegeben. Er selbst sei „allen Auseinandersetzungen aus dem Weg gegangen". Infolge der Berufstätigkeit beider Eltern sei er schon in der Grundschule weitgehend sich selbst überlassen gewesen. Nach Schulschluss sei er entweder zur Großmutter oder nach Hause gegangen. Sein Mittagessen habe nicht selten aus vorbereiteten Broten bestanden. Herr F. berichtet weiter, dass nach dem Ende der 5. Schulklasse ein Wechsel aufs Gymnasium erfolgt sei. Die Eltern hätten allerdings Bedenken gehabt, dass er den neuen Anforderungen nicht gewachsen sein könnte, „aber auch wegen der längeren finanziellen Belastung". Er habe das Gymnasium mit stets durchschnittlichen Leistungen, ohne Klassenwiederholung durchlaufen. Im Vergleich zu seinen Mitschülern sei er eher ein Einzelgänger gewesen, habe niemanden zum Freund gehabt, aber „auch keinen gesucht". Man sei nach Unterrichtsende „eben auseinandergegangen". Proband: „Ich durfte ja auch in Abwesenheit der Eltern niemanden mit nach Hause bringen".

Auf seine Erziehung und die Erwartungen der Eltern angesprochen, äußert Herr F., er habe im Grunde das gemacht, was die Eltern gesagt hätten, sei „brav gewesen". Von einer Erziehung könne man nicht wirklich sprechen. Die Geburt der Schwester habe für ihn „eine Umstellung" bedeutet. Nach kurzer „Babypause" sei die Mutter wieder ihrer Berufstätigkeit nachgegangen mit der Konsequenz, dass er seine Schwester „am Hals gehabt" habe. Er sei „zum ständigen Babysitter ernannt" worden, was „lästig gewesen" sei, da er nichts anderes mehr habe tun können. Auch in der Zeit, als seine Schwester von einer

Pflegefamilie mitbetreut worden sei, habe er sie stets von dort nach Hause abholen müssen. Seine Verantwortung für die Schwester habe sich von der Kindergartenzeit bis weit in ihre Schulzeit fortgesetzt. Hinsichtlich der Beziehung zur Schwester äußert der Proband, „wir waren nicht gerade ein Herz und eine Seele". Im Grunde habe zur Schwester „eigentlich keine Beziehung bestanden". Sie habe sich „schon als kleines Kind durchgesetzt", z. B. in der Wahl des Essens. Ihm sei hingegen stets gesagt worden, „was auf den Tisch kommt, wird gegessen". Proband: „Sie war halt da, und ich hatte mich darum zu kümmern." Die Eltern hätten gesagt, er sei für diese Aufgabe alt genug, anders gehe es nun mal nicht.

Zu seinem Werdegang nach dem Abitur befragt, berichtet Herr F., die Wartezeit bis zum Studium habe er mit Jobben überbrückt. Auch den Wehrdienst habe er zuvor noch abgeleistet und anschließend dann das Physikstudium beginnen können. Die Vordiplomprüfung habe er mit der Note „gut" bestanden. Bis auf eine „quasi freundschaftliche Beziehung" zu einem Kommilitonen, die schließlich durch dessen Studienfachwechsel abgebrochen sei, existierten keine weiteren Kontakte zu anderen Studierenden. Zur Finanzierung seines Studiums habe er permanent Jobs annehmen müssen, sodass nach 16 Semestern noch immer kein Plan bestehe, wann er das Studium abschließen könne. Inzwischen sei er wegen des Straftatvorwurfs und des Verstreichens der Rückmeldefrist zwangsexmatrikuliert worden.

Auf Beziehungen zu Mädchen/Frauen angesprochen und zur *Sexualanamnese* befragt, gibt der Proband an, er habe stets reine Jungenschulklassen besucht. Tanzunterricht zu nehmen, sei an den finanziellen Voraussetzungen gescheitert. Nicht tanzen zu können sei „peinlich". Er habe auch deshalb nie an irgendwelchen Partys teilgenommen. Von Freundschaften zu Mädchen könne er nicht berichten. Hierzu benötige man Geld, an dem es ihm stets gemangelt habe. Der Umstand fehlender Beziehungen zu Frauen habe ihn „schon etwas belastet", gerade auch mit Blick auf andere Männer seines Alters. Andererseits hätten Äußerungen des Vaters wie „heirate nie, du lachst dich kaputt, siehst ja, wie es bei uns zugeht", womöglich ihre Wirkung nicht verfehlt. Der Proband verneint homosexuelle Erfahrungen und Interessen. Er äußert, dass er generell Körperkontakte (z. B. in Form von Umarmung) vermeide. Selbst Berührungen, wie sie bei ärztlichen Untersuchungen erfolgten, seien ihm unangenehm. Sexuelle Ersatzbefriedigungen verneint Herr F. Es komme in Abständen zum unwillkürlichen nächtlichen Samenerguss. An Begleitträume erinnere er sich nicht.

Um eine *Selbstbeschreibung* der Person gebeten, äußert Herr F. nach längerem Überlegen, er habe eigentlich gar kein rechtes Bild von sich. Es gehe ihm wie jemandem, „der in den Spiegel schaue und nichts sehe". Schließlich bezeichnet er sich als „nicht der Dümmste, aber auch nicht der Strebsamste". Er sei „nicht allzu gesprächig", schätze seine Ruhe, sei eher ein Einzelgänger, der sich für Technik interessiere, dem Funktionieren von Geräten auf den Grund gehe und diese deshalb auch u. U. in ihre Einzelteile zerlege. Bisweilen leide er unter seiner Zurückgezogenheit, „andererseits brauche ich mich dann aber auch über niemanden zu ärgern". Als Kontaktersatz habe er sich eine Katze zugelegt. Hierin habe er sich ein einziges Mal den Eltern gegenüber durchgesetzt, die die Haltung eines Hundes mit dem Hinweis auf die finanzielle Belastung abgelehnt hätten. Herr F. schildert, dass er seit 3 Jahren auch im Elternhaus ein zurückgezogenes Leben im Souterrain geführt habe. Grund seien seine Enttäuschung und Verärgerung. Als er einen ins Haus investierten Geldbetrag von 10 000 Euro zurückverlangt habe, sei diese Tatsache von der Mutter bestritten worden. Auch habe sie ihr Versprechen der kompletten Finanzierung seines Autos nicht eingelöst. Stattdessen habe ihm die Mutter lediglich einen monatlichen Autounterhalt von 50 Euro gezahlt und gemeint, dass sie großzügig sei. Er habe sie dafür „stets überall hinfahren dürfen". In Wahrheit sei die Mutter nur gegenüber seiner Schwester großzügig gewesen, sie habe ihr z. B. den Führerscheinerwerb voll finanziert. Über all dies enttäuscht und verärgert, habe er sich von den Familienmitgliedern zurückgezogen und Begegnungen im gemeinsam bewohnten Haus vermieden. Mutter, Schwester und er seien sich „aus dem Weg gegangen". Wenn ihm eine Mitteilung habe überbracht werden müssen, habe ihn die Schwester in seinem Zimmer im Souterrain aufgesucht.

Auf die ihm zur Last gelegte *Straftat* der Tötung seiner Schwester angesprochen, erklärt Herr F. Folgendes: Tage zuvor sei ihm durch die Mutter der bereits erfolgte Verkauf des Hauses und der Termin seiner Räumung schriftlich mitgeteilt worden. Es sei die Absicht von Mutter und Schwester gewesen, sich durch diese geschaffenen Fakten von ihm zu trennen. Mutter und Schwester hätten damit das Zusammenleben mit ihm unter einem Dach beenden wollen. Er sollte sich eine eigene Wohnung suchen. Seine erste Reaktion sei gewesen, einen Koffer zu packen und diesen in seinem Auto zu deponieren. Am Tag der Hausräumung seien morgens Leute einer Speditionsfirma eingetroffen. Er sei in seinem Zimmer geblieben und habe gehört, wie im Haus gepackt worden sei. Erst als der Möbelwagen weggefahren sei, habe er sein Zimmer verlassen und die totale Räumung des Hauses festgestellt. Nur einige Gegenstände von ihm seien im Haus verblieben, u. a. ein Billardtisch. Auch das Badezimmer sei geräumt gewesen. Weder ein Handtuch noch Toilettenpapier habe er dort vorgefunden. Fast alle Haussicherungen seien entfernt worden, sodass nur noch das Kellergeschoss mit Strom versorgt gewesen sei. Mutter und Schwester seien nicht mehr im Haus gewesen. Er habe sich nun ins Badezimmer begeben und ein Minischachspiel, einen kleinen Radioempfänger und eine Flasche Bier mitgenommen. Dort habe er sich ca. 2 Stunden aufgehalten, anschließend sei er – mit einem Bademantel bekleidet – wieder in sein Souterrainzimmer zurückgekehrt. Er habe sich nun ankleiden wollen, um Lebensmittel einzukaufen. In diesem Moment seien Mutter und Schwester überraschend nochmal ins Haus gekommen. Seine Schwester habe plötzlich vor seinem halb offenen Zimmer gestanden und ähnliche Worte von sich gegeben wie „der ist ja noch da". Sie habe ihn angesprochen und gesagt, „raus, die neuen Hausbesitzer kommen". Er habe zunächst überhaupt nicht reagiert. Als er kurze Zeit später seine Utensilien aus dem Badezimmer geholt habe, sei ihm die Schwester erneut begegnet, habe „ihren beliebten Ausdruck ‚raus'" verwendet, schließlich „wegwerfend" geäußert, „gell, ich hab's schlauer angestellt als du". Proband: „Das war das Stichwort, dass ich rotgesehen habe." Er habe einen in der linken Bademanteltasche befindlichen und geladenen Trommelrevolver gezogen und auf die inzwischen mit dem Rücken zu ihm stehende Schwester geschossen, „nicht mehr als fünfmal", den letzten Schuss womöglich abgegeben, als sie schon am Boden lag. Warum er dies getan habe, wisse er nicht zu sagen. Es sei wohl „eine Kurzschlussreaktion" gewesen. Proband: „Ich hab' einfach rotgesehen, mir ist ganz heiß geworden –, es ist völlig idiotisch."

Im Hinblick auf die Verfügbarkeit der Schusswaffe gibt Herr F. folgende Schilderung. Viele Jahre vor dem Straftatereignis habe die Schwester von ihrer Beobachtung berichtet, dass der Vater mit einer Schusswaffe hantiere und „Übungen" mache, in einer Zeit beruflicher und privater Schwierigkeiten. Die übrige Familie habe daraufhin beschlossen, den Revolver samt Munition in einem Koffer im elterlichen Schlafzimmer verschwinden zu lassen. Als einige Zeit später der Vater die Waffe vermisst habe und die Mutter hinsichtlich ihres Verstecks beunruhigt gewesen sei, zumal der Vater nachts nicht selten alkoholisiert nach Hause gekommen sei, habe man beschlossen, dass er (der Proband) Schusswaffe und Patronen an sich nehmen solle. Er habe daraufhin den Revolver in der Tasche eines ausgedienten und defekten Bademantels in seinem Kleiderschrank deponiert. Erst am Tattag habe er diesen Bademantel wieder einmal angezogen, „vielleicht, weil er als einziger noch im Schrank hing". Er könne ausschließen, beim Anlegen des Bademantels bewusst an die in seiner linken Außentasche befindliche Schusswaffe gedacht zu haben. Proband: „Erst als ich rotgesehen habe, muss mir der Revolver eingefallen sein." Zu welchem Zeitpunkt der Revolver von ihm geladen worden sei, könne er nicht verbindlich angeben, „wahrscheinlich, als ich ihn damals in mein Zimmer brachte". Er habe wohl „ausprobieren" wollen, ob die Patronen zur Waffe passten. Die Entladung sei unterblieben. Dem Revolver fehle eine Sicherungsvorrichtung. (Letzteres wurde durch ein Sachverständigengutachten bestätigt.)

### Verhalten des Probanden in der Untersuchungssituation

Der Kontakt mit Herrn F. ist insbesondere anfänglich seitens des Probanden von äußerster Zurückhaltung geprägt. Auf Fragen der Exploration reagiert er *zunächst* recht einsilbig, er wirkt angespannt, mitunter auch unterschwellig aggressiv. Blickkontakt mit dem Untersucher ist eher selten und dann flüchtig. Die innerpsychische Belastung erscheint groß. In der Sprechweise kommt es wiederholt zu einem leichten Initialstottern. Immer wieder stehen Herrn F. Tränen in den Augen. Ein Weinen unterdrückend, setzt er begonnene verbale Ausführungen fort, zeigt sich letztlich dann auch bemüht, Gegebenheiten seines Lebens, Aspekte, welche die ihm zur Last gelegte Tat direkt oder indirekt betreffen könnten, in einen größeren Zusammenhang zu stellen, wohl auch mit der Intention, sich und anderen einen Zugang zum Geschehen zu verschaffen. Hierbei erscheint der Proband recht hilflos, spricht streckenweise fragmentarisch. Emotional bewegt, berichtet er von Hänseleien aus der Schulzeit, wobei er von seiner gefühlsmäßigen Reaktion überrascht scheint und fast entschuldigend erklärt, „das kommt aus dem Inneren". Zu ähnlichen emotionalen Reaktionen kommt es bei Äußerungen zu seinem Lebenslauf, in der Darstellung seines Verhältnisses zur Schwester, in der Beschreibung der Tatumstände und ihrer Vorgeschichte sowie in der Schilderung der von ihm wahrgenommenen Zurücksetzung durch die Mutter. Die Aufforderung zur Selbstbeschreibung seiner Person lässt ihn zunächst völlig ratlos erscheinen. Es entsteht der Eindruck des weitgehenden Fehlens eines Selbstkonzeptes.

### Testpsychologische Untersuchungsergebnisse[125]

Die Ergebnisse des Wechsler Intelligenztests für Erwachsene (WIE) sowie des Zahlenverbindungstests (ZVT) sprechen für eine gute kognitive Auffassungs- und Verarbeitungsgeschwindigkeit. Es ist von einer deutlich überdurchschnittlichen allgemeinen intellektuellen Leistungsfähigkeit des Herrn F. auszugehen. Nennenswerte Differenzen in Teilleistungsbereichen bestehen nicht. Das Denken ist klar und geordnet, es offenbart gute Fähigkeiten der Analyse und Synthese. Insgesamt finden sich in den geistigen Leistungen keine Hinweise auf psychopathologisch relevante Besonderheiten.

Persönlichkeitsdiagnostische Untersuchungen mit Hilfe des Freiburger Inventars (FPI) und des Fragebogens zur Erfassung von Aggressivitätsfaktoren (FAF) lassen Herrn F. als ausgesprochen introvertiert sehen. Starke Skalenausprägungen weisen auf eine massive Selbstunsicherheit und eine extreme soziale Zurückhaltung hin. Wie eine durchgeführte Itemanalyse zeigt, ist diese Zurückhaltung nicht etwa im Sinne einer vorhandenen zufriedenen Selbstgenügsamkeit zu verstehen, sie ist vielmehr Ausdruck einer Kontaktstörung (sozialen Gehemmtheit) auf dem Boden eines nur geringen Selbstvertrauens und einer starken Irritierbarkeit im Umgang mit anderen. Das soziale Durchsetzungsvermögen erscheint äußerst schwach. Dem entspricht auch eine eher geringe reaktive Aggressivität. Aggressions*hemmungen* sind als extrem ausgeprägt zu bewerten.

In dem persönlichkeitsdiagnostischen Verfahren Thematic Apperception Test (TAT) wird davon ausgegangen, dass der Proband in den Deutungen und Assoziationen zu den vorgegebenen Bildstimuli Eigenschaften, Bedürfnisse, Probleme, auch Beziehungen zu anderen etc. projiziert. Unter der Annahme der Gültigkeit der Projektionshypothese lässt das Testverhalten eine Reihe von Interpretationen zu. Danach ist auch hier eine deutliche Aggressionshemmung des Probanden festzustellen. Eigene psychische Schwächen werden abgewehrt. Eine kritische Auseinandersetzung mit sich selbst und dem eigenen Verhalten wie dessen Wirkung auf andere unterbleibt. Deutungen des Bildmaterials durch Herrn F. lassen eine enge Bindung an die Mutter annehmen. Die Loslösung scheint nicht gelungen. Die Beziehung zu ihr wird als bedroht empfunden. Die Beziehung zum Vater wird als nicht geglückt erlebt. Eher auf der Ebene von Wunschvorstellungen des Probanden werden diesem Eigenschaften zugeschrieben, die ihm real nicht zuzukommen scheinen, sodass der Vater als Identifikationsfigur und Unterstützer in der männlichen Sozialisation des Sohnes ein

---

125 WIE, ZVT, FPI, FAF, TAT

Fantasieprodukt bleibt. Der Proband fühlt sich insuffizient, Anforderungen nicht gewachsen, initiativarm. Auf Frustration und Enttäuschung in der Konfrontation mit seiner Umwelt reagiert er vorwiegend innerpsychisch, nicht nach außen. Er hat Schwierigkeiten sich durchzusetzen. Auch im TAT werden soziale Irritierbarkeit und Unsicherheit des Probanden deutlich, die wohl auch seine Rolle als Mann betreffen. Die Zurückgezogenheit scheint Ausdruck einer Kontaktgestörtheit, die Auswirkungen auf jedwede Art sozialer Beziehung hat. Einzelne Thematisierungen des Probanden im TAT nehmen offenbar Bezug auf die ihm angelastete Straftat, die er im Zeitverlauf erst langsam zu realisieren scheint. In Ratlosigkeit, depressiver Reaktion und in Ängsten, „nicht normal" zu sein, kommt eine starke Hilfsbedürftigkeit zum Ausdruck.

## Beurteilung und Stellungnahme zum Gutachtenauftrag

Bezüglich des Lebenslaufs des derzeit 29-jährigen Physikstudenten Herrn F. ist hervorzuheben, dass er unter Bedingungen nicht weniger Entbehrungen aufwuchs. Zunächst lebten der Vater und die Mutter mit dem Probanden getrennt, schließlich zwar unter einem Dach, aber unter beengten häuslichen und eingeschränkten finanziellen Verhältnissen. Umzüge hatten eine schrittweise Verbesserung der Wohn- und Lebenssituation zur Folge. Wegen der Berufstätigkeit beider Eltern war der Proband sich nicht selten selbst überlassen, sofern die Großmutter nicht ein bestehendes Betreuungsdefizit ausglich. Vor allem die frühkindliche Entwicklung des Sprechens war wohl stressbedingt gestört. Ein heute nur noch selten, unter emotionaler Belastung auftretendes Initialstottern war noch in der Schulzeit deutlich ausgeprägt. Der Proband sah sich deshalb Hänseleien ausgesetzt, ohne sich zu wehren. Gleichwohl bedeuteten diese eine starke Kränkung.

Herr F. wuchs bis zu seinem 8. Lebensjahr eigentlich in der Position eines Einzelkindes auf. Er schlief noch zu dieser Zeit im Doppelbett des elterlichen Schlafzimmers. Eine ursprüngliche Trennungsabsicht der Eltern mag im Probanden Verlassenheitsängste mobilisiert haben. Schließlich kam es jedoch zur erneuten Schwangerschaft der Mutter, seine Schwester wurde geboren. Dies bedeutete für ihn, wie er sagt, „eine Umstellung". Es wurden ihm infolge der Berufstätigkeit der Eltern Betreuungsfunktionen gegenüber der Schwester übertragen, was er stets als Belastung empfand. Er fühlte sich stark eingeschränkt und dürfte die Schwester eher abgelehnt haben, zumal er nun auch die elterliche Zuwendung und Aufmerksamkeit teilen musste. Mehr noch, er scheint schon bald Gefühle der Zurücksetzung, eine ausgesprochene Geschwisterrivalität entwickelt zu haben, ohne diese auszutragen. Sie blieb erhalten, wenngleich die Inhalte der empfundenen Benachteiligung durch die Mutter (der Vater führte schon Jahre vor der endgültigen Trennung sein ganz eigenes Leben) sich im Laufe der Zeit veränderten. Diesbezügliche Auseinandersetzungen mit der Mutter drehten sich schließlich um finanzielle Belange und materielle Zuwendungen, wobei Uneinigkeit hinsichtlich eines tatsächlichen Anspruchs des Probanden bestand. Gleichwohl, Herr F. glaubte eine deutliche Benachteiligung im Vergleich zur Schwester zu erfahren, weshalb er schließlich Begegnungen mit der Mutter und der Schwester im gemeinsam bewohnten Einfamilienhaus vermied, sich gekränkt, ungerecht behandelt fühlend, eigentlich verbittert mehr und mehr zurückzog. Die Situation trieb auf einen Kulminationspunkt zu, als die ihm lange verborgene Absicht von Mutter und Schwester in die Tat umgesetzt wurde, durch den Verkauf des Hauses und einen Wohnungswechsel sich von ihm zu trennen, wogegen er sich hilflos sträubte. Anlässlich einer letzten, flüchtigen Begegnung von Mutter, Schwester und Proband am Tag der Hausräumung, der er sich widersetzte, kam es dann zu der Herrn F. zur Last gelegten und von ihm eingeräumten Straftat, auf die noch einzugehen ist.

Hinsichtlich der Persönlichkeit des Probanden ist von einer überdurchschnittlichen Intelligenz auszugehen. Psychopathologisch relevante Beeinträchtigungen oder Besonderheiten im Bereich geistiger Leistungen sind nicht zu berichten. Herr F. ist introvertiert, darüber hinaus aber als ausgesprochen kontaktgestört einzuschätzen. Seine soziale Irritierbarkeit ist groß. Gefühle von Unzulänglichkeit und Unsicherheit betreffen auch das Konzept der eigenen männlichen Rolle. Sein Selbstvertrauen ist gering. Kontaktstörung, eine womöglich noch starke Bindung an die Mutter, Berührungs- und Sexualängste behindern den Zugang zum weiblichen Geschlecht. Problematisch ist der Mangel an Durchsetzungsvermögen bei vorhandener aggressiver Gehemmtheit. Auf Frustrationen reagiert der Proband vor allem innerpsychisch, nicht nach außen, zieht sich deprimiert und enttäuscht zurück, ohne sich emotional zu äußern, was das Gefühl der eigenen Hilflosigkeit verstärkt.

Das beschriebene Eigenschaften- und Verhaltensmuster zeigt gewisse Übereinstimmungen mit der ängstlichen (vermeidenden), vor allem aber in recht hohem Maße mit dem Typus der schizoiden Persönlichkeitsstörung (ICD-10: F60.1). Hierin werden Personen charakterisiert, die in ungesellig-autistisch gefärbter und wenig unmittelbarer Haltung enge zwischenmenschliche Beziehungen meiden, auch unfähig sind, gewisse Feindseligkeiten gegenüber anderen deutlich zu äußern, und die sich hinter einer Verhaltensmaske verbergen. Innerpsychische affektive Vorgänge sind demzufolge nur schwer erkennbar, die überstarke Empfindlichkeit des Schizoiden wird nicht offenkundig. Nicht wenige Äußerungen des Probanden über sich selbst bieten Hinweise eines Rückzugs von der Realität, einer Wendung nach innen, mit dem Ziel, sich vor Verletzungen und Frustrationen durch die Außenwelt zu schützen. Es sind dies Verhaltensaspekte, die dem Typus der schizoiden Persönlichkeitsstörung entsprechen.

Betrachten wir nun die Ereignisse, die zu der Herrn F. angelasteten Straftat führten und über die er auch in der Gutachtenuntersuchung berichtete. Offenbar spitzte sich die familiäre Spannungssituation immer mehr zu, was die Mutter und Schwester des Probanden zu den bekannten Konsequenzen veranlasste. Am Tattag kam es zu einer letzten Begegnung mit der Schwester, über die im Wesentlichen nur Angaben des Probanden vorliegen. Danach sind den Revolverschüssen auf das Opfer in kurzer zeitlicher Abfolge verbale Äußerungen der Schwester vorausgegangen, die wohl die Ohnmächtigkeit des Herrn F. gegenüber den geschaffenen Fakten einer endgültigen Trennung der Familienmitglieder verstärkten und ihm die vermeintliche ständige Zurücksetzung und

Benachteiligung der eigenen Person in aller Deutlichkeit vor Augen führten. Er, der sich womöglich längst als Opfer fühlte, sollte ohne subjektive Perspektive wo auch immer zurückgelassen werden, jedenfalls das bislang wenigstens noch gemeinsam bewohnte Haus unverzüglich verlassen. Durch die verbalen Äußerungen der Schwester tief gekränkt, zumal sie den empfindlichen Punkt einer von jeher bestehenden Rivalität mit ihr betrafen, griff er zur verfügbaren Waffe und tötete sie mit mehreren, unmittelbar hintereinander abgegebenen Schüssen. Bei gegebener Aggressionsgehemmtheit dürfte sich in diesem Moment die aufgebaute innere Spannung und anschwellende Wut durchbruchartig entladen haben.

Die Beantwortung der Frage, ob dieses sein Handeln Herrn F. zuzurechnen ist, hat wesentlich die Tatumstände sowie die als höchst problematisch beschriebenen Persönlichkeitszüge, insbesondere den Aspekt einer ausgeprägten Aggressionsgehemmtheit, zu beachten. Unter Würdigung der bekannten Tatumstände sowie der Persönlichkeit des Probanden sind die Voraussetzungen der Einsichtsfähigkeit des Untersuchten in das Unrecht seines Handelns als gegeben anzunehmen. Zweifel bestehen allerdings, ob infolge des als erheblich einzuschätzenden Affekts auch ein entsprechendes, voll ausreichendes Steuerungsvermögen vorhanden war, nach einer solchen Einsicht zu handeln. Hinzuzufügen ist, dass eine solche Einschätzung gewisse Imponderabilien enthält, die Fragen nach der Verfügbarkeit der Waffe, auch nach der unvorbereiteten oder doch vielleicht vorbereiteten Tathandlung betreffen. Dies muss jedoch der Klärung durch das Gericht überlassen bleiben. Aufgrund der derzeit gegebenen Informationslage ist von einem stark affektgeleiteten Tathandeln des Probanden, von einem das schuldfähigkeitsrelevante gesetzliche Merkmal der „tiefgreifenden Bewusstseinsstörung" betreffenden affektiven Erregungs- und Ausnahmezustand auszugehen, der in der Konsequenz zu einer erheblich verminderten Fähigkeit der Handlungssteuerung geführt haben dürfte. Auch das von den Polizeibeamten, die Herrn F. festgenommen hatten, beschriebene, psychisch auffällige Nachtatverhalten (in Gestalt einer ratlosen und verwirrt erscheinenden Verfassung) des Probanden weist in Richtung einer forensisch relevanten Bewusstseinsstörung. Für Affekttaten typisch, haben – auch vor dem Hintergrund der permanent konflikthaften und sich schließlich zuspitzenden Familiensituation – insbesondere die vom späteren Opfer geäußerten *Stichworte* heftige Gefühle (womöglich eine Mischung aus Angst, Zorn und Wut) beim Probanden ausgelöst, die sich unmittelbar in aggressiver Handlung entladen haben. Solche sich plötzlich aufbauenden, massiven Affektzustände gehen erfahrungsgemäß mit einer Bewusstseinsstörung einher, welche die Aufmerksamkeit stark einengt und gleichzeitig die Reflexion auch über das eigene Tun verhindert, woraus negative Folgen für die Fähigkeit zur Handlungssteuerung resultieren. Damit wäre die Voraussetzung für die Annahme einer zum Tatzeitpunkt bestehenden verminderten Schuldfähigkeit gegeben. Die Entscheidung darüber muss jedoch dem Gericht vorbehalten bleiben.

Der weitere gutachterlich zu beantwortende Fragenkomplex betrifft die Kriminalprognose des Herrn F. Ausführungen hierzu beziehen sich u. a. auf Prognosekriterien von Rasch und prognostisch relevante Merkmale nach Dittmann sowie Endres.[126]

Für Tötungsdelikte, insbesondere für Beziehungstaten, die aus einem stark affekt*geleiteten* Handeln resultieren, ist ein sehr geringes Rückfallrisiko anzunehmen. Auch die Tatsache, dass der aktuell 29-jährige Proband zuvor strafrechtlich nicht in Erscheinung getreten ist, lässt von einer günstigen Kriminalprognose ausgehen. Zu beachten sind allerdings Auffälligkeiten einer Persönlichkeit, deren Struktur in recht hohem Maße dem Typus der schizoiden Persönlichkeitsstörung entspricht. Darüber hinaus finden sich Abweichungen bestimmter Eigenschaften, die neben der problematischen Entwicklung des Probanden zu der letztlich sich mehr und mehr zuspitzenden, konflikthaften Familiensituation beigetragen haben dürften. Hier sind vor allem die besondere Empfindlichkeit des Herrn F. und seine Neigung zur Retention von Gefühlen anzusprechen. Die beschriebene Struktur von Eigenschaften der Persönlichkeit, denen z. T. aufgrund deutlicher Normabweichung Störungsqualität zukommt, könnte auch zukünftig den sozialen Umgang und Kontakt mit anderen problematisch gestalten, was jedoch keineswegs zur Annahme zwingt, dass hieraus ein strafbares Handeln erwächst. Dies würde die Bedeutung lebensgeschichtlicher Bedingungen und situativer Konstellationen, einschließlich der speziellen Täter-Opfer-Beziehung, außer Acht lassen, die ja gerade im Falle des Herrn F. eine Wiederholung einer Tat, wie sie ihm angelastet wird, unwahrscheinlich macht. Gleichwohl ist im Sinne einer dauerhaften Risikominderung deliktischen Verhaltens eine Therapie indiziert, wie sie in der Behandlung von Persönlichkeitsstörungen heute möglich ist. Sie sollte ihm eine vertiefte Einsicht und Auseinandersetzung mit dem Straftatgeschehen ermöglichen und zugleich verhindern, dass durch die im aktuellen Persönlichkeitsquerschnitt als problematisch zu bezeichnenden Aspekte und Eigenschaften womöglich Situationen herbeigeführt werden, deren Bewältigung Herrn F. überfordert.[127] Notwendig erscheinen Aufbau und Stärkung sozialer Kompetenz, wodurch der Proband auch zu einem normalen Kontaktverhalten befähigt würde. Herr F. selbst drückt Hilfebedürftigkeit aus und ist für Behandlungsangebote aufgeschlossen, was sicher positiv zu werten ist. Die angesprochene Psychotherapie wäre sowohl stationär (unter Haftbedingungen) als auch ambulant durchführbar. Eine Unterbringung in einem Psychiatrischen Krankenhaus ist hierzu nicht erforderlich. Herr F. befindet sich in keinem Zustand, der zeitnah erhebliche rechtswidrige Taten erwarten lassen müsste. Die kriminalprognostische Beurteilung sieht allerdings unter dem Aspekt eines allgemeinen künftigen Legalverhaltens eine psychotherapeutische Behandlung des Herrn F. im Sinne einer präventiven Risikominderung für geboten.[128]

---

126 Rasch, 1986; Rasch & Konrad, 2004; Dittmann, 1999, 2007; Endres, 2004
127 siehe hierzu Pierschke, 2001
128 In der Urteilsentscheidung ging das Gericht von einer Affekttat aus. Es verurteilte Herrn F. nicht – entsprechend der Anklage – wegen Mordes, sondern wegen Totschlags zu einer Haftstrafe von sechs Jahren und machte seine psychotherapeutische Behandlung zur Auflage.

# 9 Anhang

**Tab. 9.1:** Risikobereiche und ihre Merkmale für kriminelle Rückfälligkeit im Level of Service Inventory-Revised (LSI-R; Andrews & Bonta, 1995)

| *Kriminelle Vorgeschichte* |
|---|
| • frühere Verurteilungen im Erwachsenenalter<br>• zwei oder mehr frühere Verurteilungen<br>• drei oder mehr frühere Verurteilungen<br>• drei oder mehr gegenwärtige Delikte<br>• Verhaftung/Inhaftierung vor dem 18. Lebensjahr<br>• frühere Freiheitsstrafen<br>• Fluchten aus Institutionen<br>• Strafen für Fehlverhalten in Institutionen<br>• Bewährungswiderrufe<br>• Gewaltdelikt |
| *Leistungsbereich* |
| • gegenwärtige Arbeitslosigkeit<br>• häufige Arbeitslosigkeit<br>• nie durchgehend ein Jahr lang beschäftigt gewesen<br>• jemals gekündigt worden<br>• geringere Schulbildung als Hauptschule<br>• geringere Schulbildung als Realschule<br>• mindestens ein Schulverweis<br>• Engagement/Beteiligung an Aufgabenerfüllung (Schule oder Beruf)<br>• Interaktion mit Kollegen/Mitschülern<br>• Interaktion mit Vorgesetzten |
| *Finanzielle Situation* |
| • finanzielle Probleme<br>• Angewiesenheit auf soziale Unterstützung |
| *Familie und Partnerschaft* |
| • Unzufriedenheit mit der Partnerschaft<br>• unbefriedigende, wenig Unterstützung bietende Beziehung zu den Eltern<br>• unbefriedigende, wenig Unterstützung bietende Beziehung zu anderen Verwandten<br>• Kriminalität von Familienmitgliedern oder vom Lebenspartner |

Tab. 9.1: Fortsetzung

| Wohnsituation |
| --- |
| • Unzufriedenheit mit Wohnsituation<br>• drei oder mehr Wohnungswechsel im zurückliegenden Jahr<br>• hochkriminelle Wohngegend |
| *Freizeitgestaltung* |
| • keine (aktuelle) Teilnahme an einer organisierten Gruppe (Vereine, kirchliche Gruppen o. Ä.)<br>• keine sinnvollen/strukturierenden Freizeitaktivitäten |
| *Freundschaften und Bekanntschaften* |
| • sozial isoliert<br>• krimineller/delinquenter Bekanntenkreis<br>• krimineller/delinquenter Freundeskreis<br>• wenige nicht kriminelle Bekannte<br>• wenige nicht kriminelle Freunde |
| *Alkohol-/Drogenprobleme* |
| • Alkoholprobleme in der Biographie<br>• Drogenprobleme in der Biographie<br>• aktuelle Alkoholproblematik<br>• aktuelle Drogenproblematik<br>• Kriminalität als Folge von Substanzmissbrauch<br>• Ehe- und/oder Familienprobleme als Folge von Substanzmissbrauch<br>• schulische und berufliche Probleme als Folge von Substanzmissbrauch<br>• medizinische Hinweise auf Substanzmissbrauch<br>• andere Indikatoren für Substanzmissbrauch |
| *Emotionale/psychische Beeinträchtigungen* |
| • mäßige psychische Beeinträchtigung<br>• schwere Beeinträchtigung/aktive Psychose<br>• frühere psychiatrische oder psychologische Behandlung<br>• gegenwärtige psychiatrische oder psychologische Behandlung<br>• gegenwärtige Indikation für psychologische oder psychiatrische Behandlung |
| *Normorientierung* |
| • Rationalisierung/Rechtfertigung des eigenen kriminellen Verhaltens<br>• gegen Konventionen eingestellt<br>• gegen die Verurteilung eingestellt<br>• gegen Hilfe eingestellt/fehlende Compliance |

**Tab. 9.2:** Rückfallereignisse in Abhängigkeit vom Risiko-Score in LSI-R, HCR-20 und PCL-R bei 2-jähriger Beobachtungszeit[129] (Quelle: Crime-Studie; Dahle, 2005a)

| | keine neue Verurteilung | Geld- oder Bewährungsstrafe | erneute Strafhaft bis 2 Jahre | erhebliche Strafhaft > 2 Jahre | gravierendes Gewaltdelikt* |
|---|---|---|---|---|---|
| *LSI-R-Score* | | | | | |
| 0–19 (n = 71) | 86 % | 8 % | 6 % | – | – |
| 20–23 (n = 38) | 71 % | 16 % | 8 % | – | 5 % |
| 24–32 (n = 144) | 44 % | 19 % | 31 % | 4 % | 3 % |
| > 32 (n = 54) | 24 % | 20 % | 39 % | 7 % | 9 % |
| *HCR-20-Score* | | | | | |
| 0–9 (n = 39) | 100 % | – | – | – | – |
| 10–12 (n = 39) | 72 % | 8 % | 21 % | – | – |
| 13–20 (n = 153) | 50 % | 18 % | 28 % | 3 % | 2 % |
| > 20 (n = 76) | 28 % | 25 % | 29 % | 8 % | 11 % |
| *PCL-R-Score* | | | | | |
| 0–10 (n = 121) | 74 % | 9 % | 16 % | 1 % | 1 % |
| 11–16 (n = 140) | 47 % | 16 % | 28 % | 4 % | 4 % |
| > 16 (n = 46) | 20 % | 35 % | 31 % | 7 % | 9 % |

*gravierendes Gewaltdelikt mit Freiheitsstrafe von mehr als 2 Jahren

**Tab. 9.3:** Rückfallereignisse in Abhängigkeit vom Risiko-Score in LSI-R, HCR-20 und PCL-R bei 5-jähriger Beobachtungszeit[130] (Quelle: Crime-Studie; Dahle, 2005a)

| | keine neue Verurteilung | Geld- oder Bewährungsstrafe | erneute Strafhaft bis 2 Jahre | erhebliche Strafhaft > 2 Jahre | gravierendes Gewaltdelikt* |
|---|---|---|---|---|---|
| *LSI-R-Score* | | | | | |
| 0–19 (n = 71) | 59 % | 18 % | 20 % | 3 % | – |
| 20–32 (n = 182) | 35 % | 16 % | 38 % | 9 % | 5 % |
| > 32 (n = 54) | 17 % | 9 % | 44 % | 15 % | 15 % |
| *HCR-20-Score* | | | | | |
| 0–9 (n = 39) | 85 % | 5 % | 10 % | – | – |
| 10–20 (n = 192) | 36 % | 17 % | 38 % | 6 % | 3 % |
| > 20 (n = 76) | 16 % | 17 % | 40 % | 13 % | 15 % |
| *PCL-R-Score* | | | | | |
| 0–10 (n = 121) | 55 % | 15 % | 26 % | 2 % | 1 % |
| 11–16 (n = 140) | 32 % | 22 % | 38 % | 10 % | 6 % |
| > 16 (n = 46) | 4 % | 22 % | 48 % | 11 % | 15 % |

* gravierendes Gewaltdelikt mit Freiheitsstrafe von mehr als 2 Jahren

---

129 Mit zunehmendem Risiko-Score in den drei Prognoseinstrumenten steigt sowohl die Rückfallhäufigkeit bei den verschiedenen Rückfallereignissen als auch der Schweregrad des Rückfalls an.
130 Wie schon bei 2-jähriger Beobachtungszeit zeigt sich auch hier, dass mit zunehmendem Risikoniveau in den Prognoseinstrumenten die Rückfallwahrscheinlichkeit und auch die Rückfallschwere ansteigen.

**Tab. 9.4:** Cormier-Lang-Werte für die kriminelle Vorgeschichte nicht-gewalttätiger Delikte nach Quinsey et al. (1998) (vgl. Rossegger et al., 2009)

| Delikt | Bewertung |
|---|---|
| Raub (Bank, Laden) | 7 |
| Raub (Taschendiebstahl) | 3 |
| Brandstiftung und Brandlegung (Kirche, Haus, Scheune) | 5 |
| Brandstiftung und Brandlegung (Mülleimer) | 1 |
| Drohung mit Waffe, gefährlicher Gebrauch oder Zielen mit einer Schusswaffe | 3 |
| Drohung (Drohungen aussprechen) | 2 |
| Diebstahl über $ 5 000,–* (inkl. Autodiebstahl und Besitz von Diebesgut über $ 5 000,–) | 5 |
| Sachbeschädigung öffentlichen oder privaten Eigentums über $ 5 000,– | 5 |
| Einbruchdiebstahl | 2 |
| Diebstahl unter $ 5 000,–** (inkl. Besitz von Diebesgut unter $ 5 000,–) | 1 |
| Sachbeschädigung öffentlichen oder privaten Eigentums unter $ 5 000,– | 1 |
| Einbruch (inkl. Einbruch in der Absicht, ein Delikt zu begehen) | 1 |
| Betrug (Erpressung, Veruntreuung) | 5 |
| Betrug (Scheckfälschung, gefälschte Identität) | 1 |
| Besitz einer verbotenen oder eingeschränkten Waffe | 1 |
| Vermittlung einer Person zur oder Leben vom Erlös der Prostitution | 1 |
| Betäubungsmittelhandel | 1 |
| gefährliches Fahren, beeinträchtigtes Fahren (Fahren in intoxiziertem Zustand) | 1 |
| Behinderung eines Beamten (inkl. Widerstand bei Verhaftung) | 1 |
| Unruhestiftung | 1 |
| Tragen einer Maskierung in der Absicht, ein Delikt zu begehen | 1 |
| Exhibitionismus | 2 |

\* Schwerer Diebstahl gemäß Wert des Diebesguts. 2003 lag die Grenze bei $ 5 000,– (1 Euro = 1,43 USD, 1 Euro = 1,42 CAD, Stand Oktober 2007)
\*\* leichter Diebstahl gemäß Wert des Diebesguts (unter $ 5 000,–)

Alle Anklagen und Verurteilungen für nichtgewalttätige Delikte werden addiert, einschließlich Vorstrafen gemäß Jugendstrafgesetz. Wenn eine Anklage und eine Verurteilung für das gleiche Delikt vorliegen, werden nicht beide gezählt. Wenn es Diskrepanzen zwischen Anklage und Verurteilung gibt und genügend Informationen verfügbar sind, wird der schwerere Straftatbestand berücksichtigt, wobei dies in den meisten Fällen die Anklage sein wird.

Da die Straftatbestände auf dem Criminal Code of Canada beruhen, wird eine gewisse Beurteilungsfähigkeit vorausgesetzt, um die Delikte in anderen Gerichtsständen einschätzen zu können.

**Tab. 9.5:** Cormier-Lang-Werte für die kriminelle Vorgeschichte gewalttätiger Delikte nach Quinsey et al. (1998) (vgl. Rossegger et al., 2009)

| Delikt | Bewertung |
|---|---|
| Tötung (Mord, Totschlag, fahrlässige Tötung) | 28 |
| versuchte Tötung, Verursachung einer vorsätzlichen Körperverletzung | 7 |
| Entführung, Kindesentziehung und Freiheitsberaubung | 6 |
| schwere Körperverletzung, Würgen, Verabreichung einer schädlichen Substanz | 6 |
| Körperverletzung | 5 |
| Tätlichkeit mit Waffe | 3 |
| Tätlichkeit, Angriff auf einen Polizei- oder Vollzugsbeamten | 2 |
| schwerer sexueller Angriff, sexueller Angriff mit Körperverletzung | 15 |
| sexueller Angriff unter Verwendung einer Waffe | 12 |
| sexueller Angriff (vaginale oder anale Penetration; Opfer gezwungen, Täter zu fellieren) | 10 |
| sexueller Angriff (versuchte Vergewaltigung, sexuelle Nötigung) | 6 |
| sexuelle Handlungen (Täter felliert das Opfer oder führt Cunnilingus beim Opfer durch) | 6 |
| sexueller Angriff (sexuelle Handlungen mit Kindern, inkl. Versuch) | 2 |
| bewaffneter Raubüberfall (Bank, Geschäft) | 8 |
| Raubüberfall mit Gewaltanwendung | 5 |
| bewaffneter Raubüberfall (keine Bank oder Geschäft) | 4 |

Alle Anklagen und Verurteilungen für gewalttätige Delikte werden addiert, einschließlich Vorstrafen gemäß Jugendstrafgesetz. Wenn eine Anklage und eine Verurteilung für das gleiche Delikt vorliegen, werden nicht beide gezählt. Wenn es Diskrepanzen zwischen Anklage und Verurteilung gibt und genügend Informationen verfügbar sind, wird der schwerere Straftatbestand berücksichtigt, wobei dies in den meisten Fällen die Anklage sein wird.

Da die Straftatbestände auf dem Criminal Code of Canada beruhen, wird eine gewisse Beurteilungsfähigkeit vorausgesetzt, um die Delikte in anderen Gerichtsständen einschätzen zu können.

**Tab. 9.6:** Kriterien der Antisozialen Persönlichkeitsstörung nach DSM-IV

Die Antisoziale Persönlichkeitsstörung ist definiert als „ein tiefgreifendes Muster von Missachtung und Verletzung der Rechte anderer, das seit dem 15. Lebensjahr auftritt". Mindestens drei der folgenden Kriterien müssen dafür erfüllt sein:
1. gesetzwidriges Verhalten
2. lügen und betrügen anderer zum eigenen Vorteil oder Vergnügen
3. impulsives Verhalten und mangelndes Vorausplanen
4. Reizbarkeit und aggressives Verhalten wie Schlägereien
5. Missachtung der eigenen Sicherheit und der anderer
6. verantwortungsloses Verhalten zum Beispiel im Beruf
7. fehlende Reue, stattdessen Gleichgültigkeit oder Rationalisierung

**Tab. 9.7:** Screening Scale for Pedophilic Interests (SSPI) (Seto, Harris, Rice & Barbaree, 2004; Seto & Lalumière, 2001) (vgl. Rossegger et al., 2010)

| |
|---|
| **1. Täter hat männliches Opfer**<br>• Ja = 2<br>• Nein, nur weibliche Opfer = 0 |
| **2. Täter hat mehr als ein Opfer**<br>• Ja = 1<br>• Nein, nur ein Opfer = 0 |
| **3. Täter hat ein 11-jähriges oder jüngeres Opfer**<br>• Ja = 1<br>• Nein, Opfer im Kindesalter waren 12 oder 13 Jahre alt = 0 |
| **4. Täter hat ein nicht verwandtes Opfer**<br>• Ja = 1<br>• Nein, nur verwandte Opfer = 0 |

**Tab. 9.8:** Empirisch begründete Dimensionen für die Prognoseeinschätzung nach Nedopil (2000, 2005)

| |
|---|
| • *Ausgangsdelikt:*<br>statistische Rückfallwahrscheinlichkeit[131], Bedeutung situativer Faktoren für das Delikt, Einfluss einer vorübergehenden Krankheit, Zusammenhang mit einer Persönlichkeitsstörung, Erkennbarkeit kriminogener oder sexuell devianter Motivation. |
| • *Prädeliktische Persönlichkeit:*<br>Kindheitsentwicklung und Faktoren einer Fehlentwicklung, soziale Integration, lebensspezifische Umstände, Art und Dauer von krankhaften Verhaltensauffälligkeiten. |
| • *Postdeliktische Persönlichkeitsentwicklung:*<br>Anpassung, Nachreifung, Entwicklung von Coping-Mechanismen, Umgang mit bisheriger Delinquenz, Persistieren deliktspezifischer Persönlichkeitszüge, Aufbau von Hemmungsfaktoren, Folgeschäden durch Institutionalisierung. |
| • *Sozialer Empfangsraum:*<br>Arbeit, Unterkunft, soziale Beziehungen, Kontrollmöglichkeiten, Konfliktbereiche, die rückfallgefährdende Situationen wahrscheinlich machen, Verfügbarkeit von Opfern, Stressoren. |

---

131 Nedopil bezieht in seinem Schema klinischer Prognosemerkmale hinsichtlich des Ausgangsdelikts offenbar die statistische Rückfallwahrscheinlichkeit (die sog. Basisrate) mit ein.

**Tab. 9.9:** Prognoserelevante Merkmale in den vier wesentlichen Beurteilungsdimensionen, die für eine günstige Prognose sprechen (Quelle: Endres, 2004)

| *Persönlichkeit und Biographie* |
| --- |
| • gute soziale Integration<br>• psychische Stabilität<br>• ausreichende soziale Kompetenz<br>• Bindungs- und Beziehungsfähigkeit<br>• Fähigkeit zu Empathie und Introspektion<br>• Frustrationstoleranz<br>• berufliche Qualifikationen und Leistungsfähigkeit<br>• entwickeltes moralisches Urteilsvermögen<br>• Problemlösefertigkeiten<br>• starke innere Bindung an soziale Normen und Werte<br>• bisher stabile Partnerschaft(en)<br>• offene Selbstdarstellung |

| *Bisherige Delinquenz* |
| --- |
| • Beziehungs-, Konflikt- oder Affekttat<br>• hochspezifische, nicht leicht wiederholbare Täter-Opfer-Beziehung<br>• einmalige Straftat in einer Ausnahmesituation oder einer Lebenskrise<br>• weit zurückliegende, für eine abgeschlossene Lebensphase typische Verfehlungen<br>• Tathergang lässt Hemmungen erkennen<br>• ungeplante Tat, aus der Situation heraus erklärbar (Provokation, gruppendynamische Einflüsse) |

| *Postdeliktische Entwicklung und Haftverlauf* |
| --- |
| • kooperative Haltung<br>• erfolgreiche Therapieteilnahme<br>• ernsthafte Auseinandersetzung mit der eigenen Straffälligkeit<br>• Distanzierung von früheren kriminalitätsbegünstigenden Einstellungen<br>• Erwerb beruflicher Qualifikationen<br>• Entwicklung von Coping-Fertigkeiten<br>• „Nachreifung" der Persönlichkeit |

| *Sozialer Empfangsraum und Zukunftsperspektiven* |
| --- |
| • tragfähige soziale Bindungen<br>• familiäre Einbindung<br>• klare berufliche Perspektive<br>• Wohnung, Arbeitsplatz und soziale Unterstützung sind gesichert<br>• realistische Lebensplanung<br>• hohes Lebensalter, gesundheitliche Einschränkungen<br>• effektive Möglichkeiten sozialer Kontrolle |

Teilweise übernommen aus Ermer und Dittmann (2001), Nedopil (2001) und ergänzt durch Endres (2004)

**Tab. 9.10:** Prognoserelevante Merkmale in den vier wesentlichen Beurteilungsdimensionen, die für eine ungünstige Prognose sprechen (Quelle: Endres, 2004)

| *Persönlichkeit und Biographie* |
| --- |
| • dissoziale oder antisoziale Persönlichkeitszüge („psychopathy") |
| • Diagnose einer Persönlichkeitsstörung |
| • Diagnose einer psychotischen Erkrankung |
| • Alkohol- oder Drogenproblematik |
| • deliktbegünstigende Kognitionen (Neutralisierungstechniken, z. B. Opferabwertung) |
| • Aggressivität und positive Einstellung zur Gewalt |
| • früher Beginn der dissozialen Entwicklung |
| • Verhaltensauffälligkeiten in Kindheit und Jugend (z. B. Hyperaktivität)[132] |
| • impulsiver, krimineller Lebensstil |
| • sexuelle Auffälligkeiten (Paraphilie, deviante Fantasien und Praktiken) |
| *Bisherige Delinquenz* |
| • hohe Zahl von Vorstrafen |
| • polytrope Delinquenz (unterschiedliche Arten von Straftaten) |
| • wiederholte Taten („Serientäter") |
| • Bewährungswiderrufe, Verstöße gegen Auflagen |
| • hohe Dichte von Taten und schnelle Rückfallgeschwindigkeit |
| • kausaler Zusammenhang zwischen Taten und persönlichen Defiziten/Störungen |
| • „eingeschliffene" kriminelle Verhaltensmuster |
| • hohe kriminelle Energie |
| • Eigentumskriminalität (Diebstahl, Einbruch) |
| *Postdeliktische Entwicklung und Haftverlauf* |
| • Fortbestehen persönlicher Defizite |
| • disziplinarische Auffälligkeiten |
| • Therapie verweigert oder abgebrochen |
| • nicht oder schwer behandelbare Störung |
| • Leugnung der Tat |
| • Bagatellisierung und Rationalisierung der Tat, Verantwortungsabwehr |
| • subkulturelle Integration und antisozialer Umgang in Haft |
| • Versagen bei Vollzugslockerungen |
| *Sozialer Empfangsraum und Zukunftsperspektiven* |
| • soziale Isolation |
| • ausschließliche Kontakte zu Personen mit krimineller Vorgeschichte |
| • fortbestehende (z. B. familiäre) Konflikte |
| • Schulden und finanzielle Sorgen |
| • leichte Verfügbarkeit von potenziellen Opfern |
| • Stressoren und Belastungen |
| • akute psychische Verstimmungszustände und Gefühl der Aussichtslosigkeit |

Teilweise übernommen aus Ermer und Dittmann (2001), Nedopil (2001) und ergänzt durch Endres (2004)

---

132 Neuere Untersuchungen weisen auf einen früher nicht bekannten Zusammenhang zwischen dem Aufmerksamkeitsdefizit- und Hyperaktivitätssyndrom (ADHS) im Kindesalter und dem Risiko straffälligen Verhaltens als Erwachsener hin. Das verbindende Glied zwischen beiden scheint in der Impulskontrollstörung zu liegen.

**Tab. 9.11:** Prognostisch „günstige" und „ungünstige" Einzelmerkmale zu den Kriterienbereichen der „Dittmannliste"

| Analyse der Anlasstat(en) | |
|---|---|
| **günstig** | **ungünstig** |
| • Einzeldelikt ohne übermäßige Gewaltanwendung | • besonders grausame Tat mit übermäßiger Gewaltanwendung („Overkill") |
| | • Deliktserie |
| • hochspezifische Täter-Opfer-Beziehung | • Opferwahl zufällig |
| • Mittäterschaft unter Gruppendruck | • Delikt mit hoher statistischer Rückfallwahrscheinlichkeit (sog. Basisrate) |
| **Bisherige Kriminalitätsentwicklung** | |
| **günstig** | **ungünstig** |
| • Kriminalität als Ausdruck lebensphasischer Veränderungen, eines schicksalhaften Konfliktes oder einer besonderen aktuellen Situation | • Kriminalität als eingeschliffenes Verhaltensmuster in der Biographie erkennbar, Delinquenzbeginn in Kindheit oder Jugend, Herkunft aus dissozialem Milieu |
| | • in der Vorgeschichte gewalttätige Delikte, besonders grausame Taten mit übermäßiger Gewaltanwendung („Overkill") |
| | • Deliktserie in der Vorgeschichte |
| | • Lockerungs- oder Bewährungsversagen in der Vorgeschichte |
| **Persönlichkeit, vorhandene psychische Störung** | |
| **günstig** | **ungünstig** |
| • vorübergehende kurzfristige psychische Störung, z. B. Reaktion auf spezifische Lebenssituation, auch einmalige psychotische Episode, rascher Rückgang der Symptomatik | • lang anhaltende oder chronifizierte Symptomatik mit Bezug *zur Delinquenz* wie anhaltender, besonders personenbezogener Wahn, anhaltende Denkstörungen, anhaltende Affekt- und Antriebsstörungen |
| • vorübergehender Einfluss psychotroper Substanzen ohne süchtige Bindung | • regelmäßiger Substanzmissbrauch oder hohes Abhängigkeitspotenzial von psychotropen Substanzen mit Bezug zum kriminellen Verhalten |
| | • deliktfördernde Ansichten und Einstellungen |

Tab. 9.11: Fortsetzung

| | |
|---|---|
| • weitgehend unauffällige Persönlichkeitsentwicklung | • seit Kindheit oder Jugend bestehende, bleibende Persönlichkeits- und Verhaltensstörungen, zahlreiche dissoziale Merkmale wie Bindungs- und Haltlosigkeit, Gefühlskälte, fehlende Empathie (*Dissozialitäts- und „psychopathy"-Kriterien siehe Anlage 1*) |
| • unauffällige Testpsychologie | • chronifizierte Abweichungen des Sexualverhaltens wie fixierte Paraphilien, besonders bei progredientem Verlauf (*spez. Sexualtäterkriterien siehe Anlage 2*) |
| **Einsicht des Täters in seine Krankheit oder Störung** | |
| **günstig** | **ungünstig** |
| • Der Täter erkennt und akzeptiert das Krankhafte, Störende oder Abweichende seines Verhaltens. | • Der Täter negiert, psychisch krank, gestört oder in seinem Verhalten erheblich normabweichend zu sein. |
| • offene Selbstdarstellung | • versucht abzuwehren, zu bagatellisieren und zu täuschen |
| **Soziale Kompetenz** | |
| **günstig** | **ungünstig** |
| • gute soziale Leistungsfähigkeit in allen Bereichen, stabile Arbeitsverhältnisse | • erhebliche Beeinträchtigung der beruflichen und sozialen Leistungsfähigkeit, überwiegend instabile Arbeitsverhältnisse |
| • interessiert und eingebunden in ein breites Spektrum von Aktivitäten | • gestörte Wahrnehmung der sozialen Realität, unrealistische Erwartungshaltung |
| • im Allgemeinen zufrieden mit dem Leben | • Unvermögen, sich an wechselnde Situationen anzupassen |
| • Einfühlungsvermögen und Toleranz | • gestörte Kommunikationsfähigkeit |
| • intakte familiäre oder partnerschaftliche Beziehungen | • sozial desintegriert<br>• bisher keine stabilen Partnerschaften |
| • stabile Freundschaften | • geringes Durchhaltevermögen |
| | • kriminogener Lebensstil (Arbeit, Freundeskreis, Beziehungen), kriminelle Identität |

Tab. 9.11: Fortsetzung

| Spezifisches Konfliktverhalten | |
|---|---|
| günstig | ungünstig |
| • Die Tat entwickelte sich aus einer bisher einmaligen spezifischen Konfliktsituation; aus der Vorgeschichte ist ersichtlich, dass der Täter sich in ähnlichen Situationen anders verhalten konnte und verhalten hat. | • Aus der Vorgeschichte ist erkennbar, dass der Täter immer wieder in ähnliche Konfliktsituationen gerät, diese herbeiführt und in stereotyper Weise mit delinquentem Verhalten reagiert. |
| • gute Belastbarkeit in anderen Konfliktsituationen | • geringe Frustrationstoleranz, Impulsivität |

| Auseinandersetzung mit der Tat | |
|---|---|
| günstig | ungünstig |
| • Der Täter ist bereit, sich intensiv mit seiner Tat auseinanderzusetzen, insbesondere hinsichtlich Motivanalyse und der verletzten ethischen Normen, erkennbares Bedauern oder Reue. | • Leugnen der rechtskräftig festgestellten Täterschaft oder Bagatellisieren der Tat, keine Reue |
| • Auseinandersetzung mit der Situation des Opfers, Bemühen um Ausgleich und Wiedergutmachung, sofern nicht rein taktisch | • Projektion des eigenen Fehlverhaltens auf das Opfer oder auf Dritte, „die Gesellschaft", „auf die Umstände" |

| Allgemeine Therapiemöglichkeiten | |
|---|---|
| günstig | ungünstig |
| • Für die beim Täter vorhandene psychische Störung ist grundsätzlich eine gut wirksame Behandlungsmethode bekannt. | • Nach dem gegenwärtigen Stand der psychiatrischen, psycho- und soziotherapeutischen und pädagogischen Verfahren ist die beim Täter vorhandene Störung generell schwer oder gar nicht behandelbar. |

| Reale Therapiemöglichkeiten | |
|---|---|
| günstig | ungünstig |
| • Es ist eine Institution vorhanden, die das für die Behandlung des Täters benötigte Therapiekonzept und den entsprechenden Rahmen (z. B. Sicherheit) anbietet und die bereit ist, den Täter aufzunehmen. | • Eine Institution, in der der Täter behandelt werden könnte, steht nicht zur Verfügung wegen mangelnden Angebotes der benötigten Therapie und/oder fehlender Sicherheitseinrichtungen etc. |

181

Tab. 9.11: Fortsetzung

| Therapiebereitschaft | |
|---|---|
| **günstig** | **ungünstig** |
| • Offenheit und gute, vertrauensvolle Bindung an die Therapeuten und sonstige Bezugspersonen | • keine Bereitschaft, sich ernsthaft mit der eigenen Störung auseinanderzusetzen |
| • Der Täter bemüht sich aktiv um eine Therapiemöglichkeit, er ist zur Mitarbeit auch unter Inkaufnahme von Nachteilen bereit. | • Der Täter lehnt jegliche Therapie, z. B. auch eine indizierte medikamentöse Behandlung ab, verhält sich stark abwehrend oder zeigt sich nur scheinbar therapiebereit, um dadurch andere Vorteile zu erlangen. |
| **Sozialer Empfangsraum bei Lockerung, Urlaub, Entlassung** | |
| **günstig** | **ungünstig** |
| • Einbindung in Familie, Partnerschaft, tragfähige, verlässliche Kontakte zu Hilfspersonen (Bewährungshilfe, Schutzaufsicht, Vormund etc.) | • fehlende Sozialkontakte und Bindungen, keine tragfähige Partnerschaft<br>• keine konkreten, realistischen Pläne |
| • gesichertes Einkommen, Wohnung etc. | • keine Wohnung, keine Arbeitsstelle, keine finanzielle Absicherung |
| • gute Kontrollmöglichkeiten | • fehlende Kontrollmöglichkeiten |
| • Zugang zu Opfern durch spezifische Bedingungen erschwert | • leichter Zugang zu Opfern |
| • Annehmen von Unterstützung | • Ablehnung von Unterstützung, keine Bereitschaft zur Mitarbeit |
| • realistische Zukunftsplanung mit angemessenen Erwartungen | • Rückkehr in kriminogenes Milieu (z. B. konfliktträchtige Beziehungen, Drogenszene, Prostitution etc.), unstrukturiertes Freizeitverhalten |
| | • fehlende langfristige Nachsorge |
| **Bisheriger Verlauf nach der (den) Tat(en)** | |
| **günstig** | **ungünstig** |
| • keine weitere Delinquenz, sofern diese von den äußeren Bedingungen her möglich gewesen wäre | • weitere ähnliche oder noch gravierendere Delinquenz |
| • Besserung der deliktfördernden psychiatrischen Symptomatik<br>• Nachreifung und Festigung der Persönlichkeit | • keine Veränderung der kriminogenen Störung, grundlegenden Verhaltensdispositionen oder Persönlichkeitsstruktur erkennbar |

Tab. 9.11: Fortsetzung

| | |
|---|---|
| • erhöhte Frustrationstoleranz und Ausdauer | • häufige Konflikte |
| • gute Anpassungsfähigkeit und ausreichende Sozialkontakte in der Institution (nicht formelle Scheinanpassung außerhalb des deliktspezifischen Problemfeldes, z. B. Sexualdelinquenz) | • Überangepasstheit in der Institution<br>• Sekundärschäden durch lange Institutionalisierung |
| • Erlernen neuer Konflikt- und Problemlösungstrategien | • keine Fortschritte in der Therapie, häufige Therapieabbrüche |
| • Aufbau von Hemmungsfaktoren, erfolgreiche Lockerungen, Bewährung im Urlaub, soweit sicher beurteilbar | • Entweichungen, Suchtmittelmissbrauch |

## Anlage 1 zur „Dittmannliste"

Merkmale der dissozialen Persönlichkeitsstörung nach ICD-10 (F60.2)
sowie „psychopathy"-Merkmale

---

*dissoziale Persönlichkeitsstörung:*
- dickfelliges Unbeteiligtsein gegenüber den Gefühlen anderer und Mangel an Empathie
- deutliche und andauernde Verantwortungslosigkeit und Missachtung sozialer Normen, Regeln und Verpflichtungen
- Unvermögen zur Beibehaltung längerfristiger Beziehungen
- sehr geringe Frustrationstoleranz und niedrige Schwelle für aggressives, auch gewalttätiges Verhalten
- Unfähigkeit zum Erleben von Schuldbewusstsein und zum Lernen aus Erfahrung, besonders aus Bestrafung
- Neigung, andere zu beschuldigen oder vordergründige Rationalisierungen für das eigene Verhalten anzubieten, durch das die Person in einen Konflikt mit der Gesellschaft gerät
- andauernde Reizbarkeit

---

*„psychopathy"-Merkmale:*
- oberflächlich (unfähig, Ausmaß von Gefühlen wirklich zu erleben, schauspielerhaft)
- grandios (völlig überhöhte Ansichten von sich selbst, Aufschneider)
- betrügerisch (manipulatives Verhalten mit Ziel der Irreführung anderer, häufiges Lügen)
- keine Reue (mangelnde Anteilnahme an den Folgen eigenen Fehlverhaltens)
- keine Empathie (Missachtung der Gefühle anderer, Zynismus, Selbstsucht)
- keine Bereitschaft zur Verantwortungsübernahme (kein Einstehen für die Konsequenzen)
- Impulsivität (unreflektiertes Handeln aus der Eingebung des Augenblicks)
- mangelhafte Verhaltenskontrolle (leicht gekränkt, reizbar, niedrige Aggressionsschwelle)
- keine realistischen Lebensziele (lebt in den Tag hinein, wechselnde, unrealistische Pläne)
- verantwortungsloses Verhalten (keine Loyalität, hält Zusagen nicht, gefährdet andere)
- antisoziales Verhalten in der Adoleszenz (schwerwiegend dissoziales Verhalten vor dem 18. Lebensjahr)
- antisoziales Verhalten im Erwachsenenalter (schwerwiegend dissoziales Verhalten später)

---

## Anlage 2 zur „Dittmannliste":

Kriterien zur Beurteilung von Sexualstraftätern

- fixierte sexuelle Devianz (Perversion, Paraphilie)
- sexuelle Seriendelikte, besonders hohe Tatfrequenz
- progrediente deviante Fantasien und Handlungen
- sadistische Fantasien und Handlungen
- in der Fantasie oder konkret lange vorgeplante Handlungen
- massive Gewaltanwendung bei der Tat, Verletzung des Opfers, Waffenge-brauch
- früher Beginn sexueller Delinquenz
- verschiedenartige Sexualdelikte
- fremde Opfer
- Bagatellisierung oder Leugnung
- Projektion des Fehlverhaltens auf die Opfer

# Literatur

Anderson, C. A. (2006). *Violent Video Game Effects on Children and Adolescents.* Oxford University Press.

Anderson, C. A. & Bushman, B. J. (2001). Effects of violent video games on aggressive behavior, aggressive cognition, aggressive affect, physiological arousal, and prosocial behavior: A meta-analytic review of the scientific literature. *Psychological Science, 12,* 353–359.

Andrews, D. A. & Bonta, J. (1995). *LSI-R: The Level of Service Inventory-Revised.* Toronto: Multi-Health Systems.

Baier, D. & Windzio, M. (2006). Gewalt unter Kindern im Kontext der Grundschule. *Praxis der Rechtspsychologie, 16* (1/2), 53–81.

Bateman, A. & Fonagy, P. (2010). Komorbide dissoziale und Borderline-Persönlichkeitsstörungen: Mentalisierungsbasierte Psychotherapie. *Praxis der Kinderpsychologie und Kinderpsychiatrie, 59,* 477–495.

Beier, K. M. (1995). *Dissexualität im Lebenslängsschnitt: Theoretische und empirische Untersuchungen zu Phänomenologie und Prognose begutachteter Sexualstraftäter.* Berlin: Springer.

Beier, K. M. (1997). Prognose und Therapie von Sexualstraftätern aus sexualmedizinischer Sicht. *Kriminalpädagogische Praxis, 25,* 13–25.

Beier, K. M., Bosinski, H. A. G. & Loewit, K. (2005). *Sexualmedizin* (2. Auflage). München: Urban & Fischer.

Belwe, A. (2009). Die Rückkehr der Herostraten. *Psychologie heute, 36* (Heft 6), 36–39.

Birbaumer, N., Veit, R., Lotze, M., Erb, M., Hermann, C., Grodd, W. & Flor, H. (2005). Deficient fear conditioning in psychopathy: A functional magnetic resonance imaging study. *Archives of General Psychiatry, 62,* 799–805.

Blair, R. J. R., Peschardt, K. S., Budhani, S., Mitchell, D. G. V. & Pine, D. S. (2006). The development of psychopathy. *Journal of Child Psychology and Psychiatry, 47,* 262–276.

Bliesener, Th. (2007). Psychologische Instrumente für Kriminalprognose und Risikomanagement. *Praxis der Rechtspsychologie, 17* (2), 323–344.

Block, T., Wehsack, M.-P. & Brettfeld, K. (2006). Volle Kraft zurück? Plädoyer für den Erhalt und die Weiterentwicklung eines eigenständigen Jugendstrafrechts. *Praxis der Rechtspsychologie, 16* (1/2), 210–229.

Bochnik, H. J., Legewie, H., Otto, P. & Wüster, G. (1965). *Tat Täter Zurechnungsfähigkeit. Multifaktorielle Analysen psychiatrisch-kriminologischer Erfahrungen.* Stuttgart: Ferdinand Enke Verlag.

Böker, W. & Häfner, H. (1973). *Gewalttaten Geistesgestörter.* Berlin: Springer.

Böttger, A. (1993). „Wer einmal auf die schiefe Bahn gerät …" Typen der Biographierekonstruktion bei der Schuldfähigkeitsbeurteilung im Schwurgerichtsverfahren. *Praxis der Rechtspsychologie, 3* (2), 74–87.

Boer, D. P., Hart, S. D., Kropp, P. R. & Webster, C. D. (1997). *Manual for the Sexual Violence Risk-20: Professional guidelines for assessing risk of sexual violence.* Vancouver/Ca: The Mental Health, Law, and Policy Institute.

Boetticher, A., Kröber, H.-L., Müller-Isberner, R., Böhm, K. M., Müller-Metz, R. & Wolf, T. (2007). Mindestanforderungen für Prognosegutachten. *Forensische Psychiatrie, Psychologie, Kriminologie, 2,* 90–100.

Bondü, R. & Scheithauer, H. (2009). School Shootings in Deutschland: Aktuelle Trends zur Prävention von schwerer, zielgerichteter Gewalt an deutschen Schulen. *Praxis der Kinderpsychologie und Kinderpsychiatrie, 58,* 685–701.

Brähler, E., Holling, H., Leutner, D. & Petermann, F. (Hrsg.) (2002). *Brickenkamp Handbuch psychologischer und pädagogischer Tests. Bd. 1 und 2* (3., vollständig überarbeitete und erweiterte Auflage). Göttingen: Hogrefe.

Brand, Th. (2006). *Verurteilte Sexualstraftäter: Evaluation ambulanter psychotherapeutischer Behandlung.* Hamburg: Lit. Verlag Dr. W. Hopf.

Brand, Th. (2007). Ambulante Behandlung verurteilter Sexualstraftäter zwischen Theorie und Praxis. *Praxis der Rechtspsychologie, 17* (1), 183–207.

Braun, M. (1996). Gewalt in der Familie. *Stimme der Familie, 43,* 1–4 u. 11.

Bresser, P. H. (1983). Psychopathologie in der Kriminologie. In H. J. Schneider (Hrsg.), *Kriminalität und abweichendes Verhalten. Bd. 1: Kindlers „Psychologie des 20. Jahrhunderts"* (S. 86–103). Weinheim und Basel: Beltz.

Brettfeld, K. (2006). Umfang, Struktur und Entwicklung der Kinderdelinquenz: Befunde und Aussagekraft der polizeilichen Kriminalstatistik für Deutschland. *Praxis der Rechtspsychologie, 16* (1/2), 30–52.

Brettfeld, K. & Wetzels, P. (2002). Kinder und Kriminalität. In Deutsches Kinderhilfswerk (Hrsg.), *Kinderreport Deutschland. Daten, Fakten, Hintergründe* (S. 229–244). München: Kopaed.

Bullens, R. & Egg, R. (2003). Therapiemotivation bei Missbrauchstätern. *Bewährungshilfe, 50* (3), 273–286.

Bundesministerium des Innern (Hrsg.) (2010). *Polizeiliche Kriminalstatistik 2009.* Berlin. (www.bmi.bund/cae/servlet/contentblob/1069004/.../PKS2009.pdf), Zugriff am 09.09.2010

Bundesministerium des Innern (Hrsg.) (2011). *Polizeiliche Kriminalstatistik 2010.* Berlin. (www.bmi.bund.de/SharedDocs/Downloads/DE/Broschueren/2011/PKS2010.pdf), Zugriff am 08.07.2011

Cierpka, M. (2004). Täterschaft im Ansatz verhindern – das Curriculum FAUSTLOS. *Psychotherapie im Dialog, 5,* 160–162.

Cierpka, M. & Cierpka, A. (1997). Die Identifikationen eines mißbrauchten Kindes. *Psychotherapeut, 42,* 98–105.

Cleckley, H. (1976). *The mask of sanity* (5. Auflage). St. Louis, MO: Mosby.

Cooke, D. J. (1998). Psychopathy across cultures. In D. J. Cooke, A. E. Forth & R. D. Hare (Eds.), *Psychopathy: Theory, Research and Implications for Society* (pp. 13–45). Dordrecht, NL: Kluwer.

Dahle, K.-P. (2000). Psychologische Begutachtung zur Kriminalprognose. In H.-L. Kröber & M. Steller (Hrsg.), *Psychologische Diagnostik im Strafverfahren: Indikation, Methoden und Qualitätsstandards* (S. 77–111). Darmstadt: Steinkopff.

Dahle, K.-P. (2005a). *Psychologische Kriminalprognose. Wege zu einer integrativen Methodik für die Beurteilung der Rückfallwahrscheinlichkeit bei Strafgefangenen.* Herbolzheim: Centaurus.

Dahle, K.-P. (2005b). Psychologische Begutachtung zur Kriminalprognose. In H.-L. Kröber & M. Steller (Hrsg.), *Psychologische Begutachtung im Strafverfahren* (2., überarbeitete und erweiterte Auflage) (S. 133–164). Darmstadt: Steinkopff.

Dahle, K.-P. (2006). Grundlagen und Methoden der Kriminalprognose. In H.-L. Kröber, D. Dölling, N. Leygraf & H. Sass (Hrsg.), *Handbuch der Forensischen Psychiatrie.*

*Bd. 3: Psychiatrische Kriminalprognose und Kriminaltherapie* (S. 1–67). Darmstadt: Steinkopff.

Dahle, K.-P., Schneider, V. & Ziethen, F. (2007). Standardisierte Instrumente zur Kriminalprognose. *Forensische Psychiatrie, Psychologie und Kriminologie, 1,* 15–26.

Daly, M. & Wilson, M. (1988). Evolutionary Social Pathology and Family Homicide. *Science, 242,* 519–524.

Dittmann, V. (1999). *Kriterien zur Beurteilung des Rückfallrisikos besonders gefährlicher Straftäter. Arbeitsinstrument der Fachkommission des Strafvollzugskonkordats der Nordwest- und Innerschweiz.* PUK: Basel. (www.fotres.ch/index.cfm?action=act_getfile&doc_id=100340), Zugriff am 19.04.2011

Dittmann, V. (2003). Was kann die Kriminalprognose heute leisten? In F. Häßler, A.-K. Bomke & D. Schläfke (Hrsg.), *Forensische Kinder-, Jugend- und Erwachsenenpsychiatrie. Aspekte der forensischen Begutachtung* (S. 173–187). Stuttgart: Schattauer.

Dittmann, V. (2007). *Das Rückfallrisiko bei besonders gefährlichen Straftätern.* Forensische Abteilung der Universitären Psychiatrischen Kliniken (UPK) Basel. (www.bewaehrungshilfe.de/site/uploads/Dittmann-PrognoseUPK11-07.pdf), Zugriff am 15.11.2007

Dönisch-Seidel, U. (1998). Prognosen im Maßregelvollzug. In Th. Fabian, S. Nowara, I. Rode & G. Werth (Hrsg.), *Rechtspsychologie kontrovers* (S. 138–149). Bonn: Deutscher Psychologen Verlag.

Dolan, M. & Doyle, M. (2000). Violence risk prediction. Clinical and actuarial measures and the role of the Psychopathy Checklist. *British Journal of Psychiatry, 177,* 303–311.

Egg, R. (1998). Zur Rückfälligkeit von Sexualstraftätern. In H.-L. Kröber & K.-P. Dahle (Hrsg.), *Sexualstraftaten und Gewaltdelinquenz: Verlauf – Behandlung – Opferschutz* (S. 57–69). Heidelberg: Kriminalistik.

Egg, R. (2003). Kriminalität mit sexuellem Hintergrund. Einen Königsweg zur Verhinderung gibt es nicht. *Der Bürger im Staat, 53* (1), 39–44.

Egg, R. (2005). Prognosebegutachtung im Straf- und Maßregelvollzug. Standards und aktuelle Entwicklungen. In M. Osterheider (Hrsg.), *Aufbruch oder Stillstand. 19. Eickelborner Fachtagung* (S. 212–229). Dortmund: PsychoGen-Verlag.

Egg, R. (2006). Sexualkriminalität. Über den gesellschaftlichen Umgang mit dem Bösen. In J. Obergfell-Fuchs & M. Brandenstein (Hrsg.), *Nationale und internationale Entwicklungen in der Kriminologie* (S. 557–579). Frankfurt/M.: Verlag für Polizeiwissenschaft.

Egg, R. (2007). *Wie misst man Gefährlichkeit?* Vortrag auf dem 12. Deutschen Präventionstag in Wiesbaden am 18. Juni 2007. (www.praeventionstag.de/Dokumentation.cms/201), Zugriff am 03.05.2011

Eher, R., Grünhut, C., Frühwald, S. & Hobl, B. (2001). Psychiatrische Komorbidität. Typologie und Ausmaß der Gewaltanwendung bei Tätern mit sexuellen Delikten an Kindern. *Recht und Psychiatrie, 19* (2), 97–101.

Eher, R., Rettenberger, M. & Matthes, A. (2009). Aktuarische Prognose bei Sexualstraftätern: Ergebnisse einer prospektiven Studie an 785 Tätern unter besonderer Berücksichtigung von relevanten Tätergruppen und Rückfallkategorie. *Monatsschrift für Kriminologie und Strafrechtsreform, 92,* 18–27.

Einzmann, S. (2009). Antisoziale Persönlichkeitsstörung. Aus Mangel an Gefühlen. *Gehirn & Geist* Nr. 7–8/2009, 28–34.

Elsner, K. (2001). Gruppenbehandlung von Sexualstraftätern im Maßregelvollzug. In J. Hoyer & H. Kunst (Hrsg.), *Psychische Störungen bei Sexualdelinquenten* (S. 153–181). Lengerich: Pabst.

Elsner, K. (2004). Tätertherapie. Grundlagen und kognitiv-behavioraler Schwerpunkt. *Psychotherapie im Dialog, 5,* 109–119.

Elsner, K. (2006). Sexuell deviante Rechtsbrecher. In H.-L. Kröber, D. Dölling, N. Leygraf & H. Sass, (Hrsg.), *Handbuch der Forensischen Psychiatrie. Bd. 3: Psychiatrische Kriminalprognose und Kriminaltherapie* (S. 305–325). Darmstadt: Steinkopff.

Elz, J. (2001). *Legalbewährung und kriminelle Karrieren von Sexualstraftätern – Sexuelle Missbrauchsdelikte.* Kriminologie und Praxis, Bd. 33. Wiesbaden: Kriminologische Zentralstelle.

Elz, J. (2002). *Legalbewährung und kriminelle Karrieren von Sexualstraftätern – Sexuelle Gewaltdelikte.* Kriminologie und Praxis, Bd. 34. Wiesbaden: Kriminologische Zentralstelle.

Elz, J. (2003). *Sexuell deviante Jugendliche und Heranwachsende.* Kriminologie und Praxis, Bd. 41. Wiesbaden: Kriminologische Zentralstelle.

Elz, J. (2005). Karriereverläufe gefährlicher Sexualstraftäter: erste Ergebnisse aus einem Forschungsprojekt. In R. Egg (Hrsg.), *„Gefährliche Straftäter": Eine Problemgruppe der Kriminalpolitik?* (S. 109–127) Kriminologie und Praxis, Bd. 47. Wiesbaden: Kriminologische Zentralstelle.

Endres, J. (2002). Gutachten zur Gefährlichkeit von Strafgefangenen: Probleme und aktuelle Streitfragen der Kriminalprognose. *Praxis der Rechtspsychologie, 12,* 161–181 (Manuskript des Autors, S. 1–25).

Endres, J. (2004). Prognosebegutachtung. In W. Pecher (Hrsg.), *Justizvollzugspsychologie in Schlüsselbegriffen* (S. 177–192). Stuttgart: Kohlhammer.

Ermer, A. & Dittmann, V. (2001). Fachkommissionen zur Beurteilung „gemeingefährlicher" Straftäter in der deutschsprachigen Schweiz. *Recht & Psychiatrie, 19,* 73–78.

Fein, R. A., Vossekuil, B., Pollack, W. S., Borum, R., Modzeleski, W. & Reddy, M. (2002). *Threat assessment in schools. A guide to managing threatening situations and to creating safe school climates.* United States Secret Service and United States Department of Education.

Felthous, A. R. & Saß, H. (2006). Behandlungsprogramme für Straftäter in den Vereinigten Staaten und Kanada. In H.-L. Kröber, D. Dölling, N. Leygraf & H. Sass (Hrsg.), *Handbuch der Forensischen Psychiatrie. Bd. 3: Psychiatrische Kriminalprognose und Kriminaltherapie* (S. 390–412). Darmstadt: Steinkopff.

Fiedler, P. (2004a). Was in der Täterbehandlung wirkt … Peter Fiedler im Gespräch mit Steffen Fliegel und Jochen Schweitzer. *Psychotherapie im Dialog, 5,* 103–108.

Fiedler, P. (2004b). *Sexuelle Orientierung und sexuelle Abweichung.* Weinheim: Beltz PVU.

Fiedler, P. (2010). „Strafe wirkt sehr gut … aber Psychotherapie wirkt noch viel besser". Peter Fiedler im Gespräch mit Anke Römer. *Psychologie heute, 37* (Heft 11), 79–80.

Franz, H.-J. (1998). Gewalt im Jugendalter: Zentrale pädagogische Herausforderungen am Ende des Jahrhunderts? *Jugendwohl, 79,* 461–476.

Frick, P. J., Cornell, A. H., Barry, C. T., Bodin, S. D. & Dane, H. E. (2003). Callous-unemotional traits and conduct problems in the prediction of conduct problem severity, aggression, and self-report delinquency. *Journal of Abnormal Child Psychology, 31,* 457–470.

Fromm, E. (1977). *Anatomie der menschlichen Destruktivität* (3. Auflage). Stuttgart: Deutsche Verlags-Anstalt. (2003: Reinbek: Rowohlt.)

Fürntratt, E. (1974). *Angst und instrumentelle Aggression.* Weinheim, Basel: Beltz.

Geerds, F. (1983). Gewaltkriminalität. In H. J. Schneider (Hrsg.), *Kriminalität und abweichendes Verhalten. Bd. 1: Kindlers „Psychologie des 20. Jahrhunderts"* (S. 319–333). Weinheim, Basel: Beltz.

Göppinger, H. (1973). *Kriminologie* (2., überarbeitete und erweiterte Auflage). München: C. H. Becksche Verlagsbuchhandlung.

Giese, H. (1962). *Psychopathologie der Sexualität*. Stuttgart: Enke.

Grann, M., Langström, N., Tengström, A. & Stalenheim, E. G. (1999). Psychopathy (PCL-R) predicts violent recidivism among criminal offenders with personality disorders in Sweden. *Law and Human Behavior, 23,* 203–215.

Grawe, K. (2004). *Neuropsychotherapie*. Göttingen: Hogrefe.

Gretenkord, L. (2001, 2003). *Empirisch fundierte Prognosestellung im Maßregelvollzug nach § 63 StGB*. Bonn: Deutscher Psychologen Verlag.

Groebel, J. (1995). Angsthaben ist so schön. In: *Die Zeit*, Nr. 3, 1995.

Häfner, H. (1992). Psychiatrie und Fernsehen. Die Verursachung oder Auslösung fremd- und selbstgefährdenden Verhaltens durch ferngesehene Modelle. *Neuropsychiatrie, 5,* 39–51.

Haller, R. (2010). „Die dunkle Macht bleibt immer konstant". Ein Gespräch über das Böse und seine vielen Facetten, geführt von Sibylle Fritsch. *Psychologie heute, 37* (Heft 7), 60–63.

Hanson, R. K. & Bussière, M. T. (1998). Predicting Relapse: A Meta-Analysis of Sexual Offender Recidivism Studies. *Journal of Consulting and Clinical Psychology, 66,* 348-362.

Hanson, R. K. & Thornton, D. (1999). *Static-99: Improving actuarial risk assessments for sex offenders*. User Report 99-02. Ottawa. Department of the Solicitor General of Canada.

Hanson, R. K. & Thornton, D. (2000). Improving risk assessments for the sex offenders: A comparison of three actuarial scales. *Law and Human Behavior, 24,* 119–136.

Hanson, R. K., Gordon, A., Harris, A. J. R., Marques, J. K., Murphy, W., Quinsey, V. L. & Seto, M. C. (2002). First report of the Collaborative Outcome Data Project on the effectiveness of psychological treatment for sexual offenders. *Sexual Abuse: A Journal of Research and Treatment, 14* (2), 169–194.

Hanson, R. K., Harris, A. J. R., Scott, T. L. & Helmus, L. M. D. (2007). *Assessing the risk of sexual offenders on community supervision: the dynamic supervision project* (User Report No. 2007-05). Public Safety and Emergency Preparedness, Canada.

Hare, R. D. (2005). *Gewissenlos. Die Psychopathen unter uns*. Wien, New York: Springer.

Hare, R. D., McPherson, L. M. & Forth, A. E. (1988). Male psychopaths and their criminal careers. *Journal of Consulting and Clinical Psychology, 56,* 710–714.

Harris, G. T., Rice, M. E. & Quinsey, V. L. (1993). Violent recidivism of mentally disordered offenders: The development of a statistical prediction instrument. *Criminal Justice and Behaviour, 20,* 315–335.

Harris, G. T., Rice, M. E. & Cormier, C. A. (2002). Prospective replication of the Violence Risk Appraisal Guide in predicting violent recidivism among forensic patients. *Law and Human Behavior, 26,* 377–394.

Heinrich, K. (1967). *Filmerleben Filmwirkung Filmerziehung*. Hannover: Hermann Schroedel Verlag.

Heinz, W. (2007). *Rückfall- und Wirkungsforschung – Ergebnisse aus Deutschland*. Vortrag an der Kansai Universität, Osaka am 05.04.2007. (www.uni-konstanz.de/rtf/heinz), Zugriff am 01.08.2011

Hermann, D. (2008). Kriminologischer Beitrag: Die Evaluation eines Prognoseverfahrens für Sexualstraftäter. *Forensische Psychiatrie, Psychologie und Kriminologie, 2,* 141–142.

Herpertz, S. C. (2001). *Impulsivität und Persönlichkeit. Zum Problem der Impulskontrollstörungen*. Stuttgart: Kohlhammer.

Herpertz, S. C., Werth, U., Lukas, G., Qunaibi, B. S., Schuerkens, A., Kunert, H. J., Freese, R., Flesch, M., Mueller-Isberner, R., Osterheider, M. & Saß, H. (2001). Emotion in criminal offenders with psychopathy and borderline personality disorder. *Archives of General Psychiatry, 58*, 737–745.

Hinrichs, G., Köhler, D. & Repp, N. (2004). Psychotherapie mit jungen Tötungsdelinquenten. *Psychotherapie im Dialog, 5*, 144–149.

Hill, A., Briken, P., Kraus, Ch., Strohm, K. & Berner, W. (2003). Differential Pharmacological Treatment of Paraphilias and Sex Offenders. *International Journal of Offender Therapy and Comparative Criminology, 47*, 407–421.

Hoffmann, J. (2003). Amok – ein neuer Blick auf ein altes Phänomen. In C. Lorei (Hrsg.), *Polizei & Psychologie. Kongressband der Tagung „Polizei und Psychologie" am 18. und 19. März in Frankfurt am Main (Schriftenreihe Polizei und Wissenschaft)*. S. 397–414. Frankfurt: Verlag für Polizeiwissenschaft.

Hopf, W. H., Huber, G. L. & Weiß, R. H. (2008). Media Violence and Youth Violence. A 2-Year Longitudinal Study. *Journal of Media Psychology, 20* (3), 79–96.

Hornstein, W. (1996). Gewaltbereitschaft von Kindern und Jugendlichen. In K. Hilpert (Hrsg.), *Die ganz alltägliche Gewalt. Eine interdisziplinäre Annäherung* (S. 19–43). Opladen: Leske und Budrich.

Huston, A. C. & Wright, J. C. (1998). Mass media and children's development. In I. E. Sigel & K. A. Renninger (Eds.), *Handbook of Child Psychology. Vol. 4: Child Psychology in Practice* (pp. 999–1058). New York: Wiley.

Jehle, J.-M., Heinz, W. & Sutterer, P. (2003). *Legalbewährung nach strafrechtlichen Sanktionen. Eine kommentierte Rückfallstatistik*. Herausgegeben vom Bundesministerium der Justiz, Berlin. (www.bmj.bund.de/images/11745.pdf.), Zugriff am 18.05.2010

Jost, K. (1994). Aggression und Gewalt. Lern- und verhaltenspsychologische Bedingungen für aggressives Verhalten und Strategien zur Aggressionsminderung. *Der informierte Arzt – Gazette Médicale, 15*, 907–913.

Jost, K. (1996a). Aggression und Gewalt. Teil I: Phänomene und theoretische Erklärungen. *Jugendwohl, 77*, 31–37.

Jost, K. (1996b). Aggression und Gewalt. Teil II: Wirkungen der Medien Film und Fernsehen. *Jugendwohl, 77*, 56–66.

Jost, K. (2008). *Forensisch-psychologische Begutachtung von Straftätern. Ausgewählte Problemfelder und Falldarstellungen*. Stuttgart: Kohlhammer.

Kaiser, G. (1993). *Kriminologie* (9. Auflage). Heidelberg: C. F. Müller.

Kastner, H. (2009). *Täter Väter. Väter als Täter am eigenen Kind*. Wien: Ueberreuter.

Kiehl, K. A. (2006). A cognitive neuroscience perspective on psychopathy: Evidence for paralimbic system dysfunction. *Psychiatry Research, 142*, 107–128.

Knecht, G. (2004). „Eine garantiert richtige Prognose kann es nie geben". Interview durch Sannah Koch. *Psychologie heute, 31* (Heft 9), 65–67.

Knight, R. A. & Prentky, R. A. (1990). Classifying sexual offenders. In W. L. Marshall, D. R. Laws & H. E. Barabaree (Eds.), *Handbook of Sexual Assault*. New York: Plenum Press.

Koch, S. (2009). Killerspiele lehren Aggressionen. Verharmlosende Darstellungen ignorieren wissenschaftliche Faktenlage. *report psychologie, 34* (9), 364–366.

Kreuzer, A. (2008). *Sicherungsverwahrung. Die zweite Strafe*. Interview von Doris Anselm (20.06.2008). ZEIT online. (www.zeit.de/online/2008/26/interview-sicherungsverwahrung-kreuzer), Zugriff am 18.05.2010

Kreuzer, A. (2009). *Urteil zur Sicherungsverwahrung. Europäischer Denkzettel fürs Verfassungsgericht*. ZEIT online. (www.zeit.de/gesellschaft/zeitgeschehen/2009-12/sicherungsverwahrung-urteil), Zugriff am 18.05.2010

Kröber, H.-L. & Steller, M. (Hrsg.) (2005). *Psychologische Begutachtung im Strafverfahren* (2., überarbeitete und erweiterte Auflage). Darmstadt: Steinkopff.

Kröber, H.-L. (2006a). Kriminalprognostische Begutachtung. In H.-L. Kröber, D. Dölling, N. Leygraf & H. Sass (Hrsg.), *Handbuch der Forensischen Psychiatrie. Bd. 3: Psychiatrische Kriminalprognose und Kriminaltherapie* (S. 69–172). Darmstadt: Steinkopff.

Kröber, H.-L. (2006b). Praxis der kriminalprognostischen Begutachtung: handwerkliche Mindeststandards und kasuistische Illustration. In H.-L. Kröber, D. Dölling, N. Leygraf & H. Sass (Hrsg.), *Handbuch der Forensischen Psychiatrie. Bd. 3: Psychiatrische Kriminalprognose und Kriminaltherapie* (S. 173–192). Darmstadt: Steinkopff.

Kröber, H.-L., Dölling, D., Leygraf, N. & Sass, H. (Hrsg.) (2006). *Handbuch der Forensischen Psychiatrie. Bd. 3: Psychiatrische Kriminalprognose und Kriminaltherapie*. Darmstadt: Steinkopff.

Kröner, C. (2005). *Rückfallprognosen in der forensischen Psychiatrie. Vergleich der prädiktiven Validitäten der Prognoseinstrumente ILRV, HCR-20, PCL-R und VRAG*. Dissertation an der Medizinischen Fakultät der Ludwig-Maximilians-Universität in München.

Kury, H. (2004). Persönlichkeitsstörungen. In W. Pecher (Hrsg.), *Justizvollzugspsychologie in Schlüsselbegriffen* (S. 156–165). Stuttgart: Kohlhammer.

Lammel, M. (1995). Die Rolle der Aggressivität in der forensischen Psychiatrie: In G. Nissen (Hrsg.), *Aggressivität und Gewalt* (S. 157–168). Bern: Hans Huber.

Langström, N. & Grann, M. (2002). Psychopathy and violent recidivism among young criminal offenders. *Acta Psychiatrica Scandinavia Supplement*, 86–92.

Lau, S. (2003). Wirkt ambulante Kriminaltherapie? Literaturübersicht zur Effektivität gemeindenaher rückfallpräventiver Maßnahmen bei Straftätern und psychisch kranken Rechtsbrechern. *Psychiatrische Praxis, 30*, 119–126.

Laue, C. (2009). Strukturen der Alterskriminalität. *Forensische Psychiatrie, Psychologie, Kriminologie, 3*, 179–188.

Leygraf, N. (1988). *Psychisch kranke Straftäter. Epidemiologie und aktuelle Praxis des psychiatrischen Maßregelvollzuges*. Berlin: Springer.

Leygraf, N. (2006). Psychiatrischer Maßregelvollzug (§ 63 StGB). In H.-L. Kröber, D. Dölling, N. Leygraf & H. Sass (Hrsg.), *Handbuch der Forensischen Psychiatrie. Bd. 3: Psychiatrische Kriminalprognose und Kriminaltherapie* (S. 193–221). Darmstadt: Steinkopff.

Leygraf, N. & Nowara, S. (1992). Prognosegutachten. Klinisch-psychiatrische und psychologische Beurteilungsmöglichkeiten der Kriminalprognose. In C. Frank & G. Harrer (Hrsg.), *Forensia-Jahrbuch Band 3* (S. 43–53). Berlin: Springer.

Littmann, E. (1992). Using psychological tests in the forensic assessment of offenders. In F. Lösel, D. Bender & T. Bliesener (Eds.), *Psychology and the law – international perspectives* (pp. 111–120). Berlin, New York: Walter de Gruyter.

Loeber, R. (1990). Development and risk factors of juvenile antisocial behavior and delinquency. *Clinical Psychological Review, 10*, 1–41.

Lösel, F. & Bender, D. (1997). Straftäterbehandlung: Konzepte, Ergebnisse, Probleme. In M. Steller & R. Volbert (Hrsg.), *Psychologie im Strafverfahren* (S. 171–204). Bern: Hans Huber.

Lösel, F. & Bender, D. (2003). Protective Factors and Resilience. In D. P. Farrington & J. W. Coids (Eds.), *Early Prevention of Adult Antisocial Behaviour* (pp. 130–204). Cambridge, UK: University Press.

Mansel, J. & Hurrelmann, K. (1998): Aggressives und delinquentes Verhalten Jugendlicher im Zeitvergleich. Befunde der „Dunkelfeldforschung" aus den Jahren 1988, 1990 und 1996. *Kölner Zeitschrift für Soziologie und Sozialpsychologie, 50*, 78–109.

Marneros, A. (2007). *Sexualmörder Sexualtäter Sexualopfer. Eine erklärende Erzählung.* Bonn: Psychiatrie-Verlag.

Martens, W. H. J. (2000). What shall we do with untreatable forensic psychiatric patients? *Medicine and Law, 20* (1), 389–396.

Möller, I. (2006). *Mediengewalt und Aggression. Eine längsschnittliche Betrachtung des Zusammenhangs am Beispiel des Konsums gewalthaltiger Bildschirmspiele.* Dissertation, Universität Potsdam 2006.

Möller, I. & Krahé, B. (2009). Exposure to violent video games and aggression in German adolescents: a longitudinal analysis. *Aggressive Behaviour, 35,* 75–89.

Monahan, J. (1984). The prediction of violent behavior: Toward a second generation of theory and policy. *American Journal of Psychiatry, 141,* 10–15.

Müller-Isberner, R., Jöckel, D., Cabeza, S. G. (1998a). *Die Vorhersage von Gewalttaten mit dem HCR-20.* Haina: Institut für Forensische Psychiatrie.

Müller-Isberner, R., Jöckel, D., Cabeza, S. G. (1998b). *Psychopath Checklist Revised PCL-3 Manual* Copyright 1998. Haina: Institut für Forensische Psychiatrie.

Müller-Isberner, R., Cabeza, S. G. & Eucker, S. (2000). *Die Vorhersage sexueller Gewalttaten mit dem SVR-20.* Haina: Institut für Forensische Psychiatrie.

Musolff, C. & Hoffmann, J. (2001). *Täterprofile bei Gewaltverbrechen.* Berlin: Springer.

Nedopil, N. (2000). *Forensische Psychiatrie. Klinik, Begutachtung und Behandlung zwischen Psychiatrie und Recht* (2., aktualisierte und erweiterte Auflage). Stuttgart: Thieme.

Nedopil, N. (2005). *Prognosen in der Forensischen Psychiatrie. Ein Handbuch für die Praxis.* Lengerich: Pabst.

Netter, P. (1997). *Konzepte der Aggressivität und Impulsivität und ihre neurobiologischen Korrelate. Vortrag auf der Tagung „Impulsivität und Aggressivität"* am Klinikum der J. W. Goethe-Universität Frankfurt am Main (05. März 1997).

Nowara, S. (1995). *Gefährlichkeitsprognosen bei psychisch kranken Straftätern.* München: Fink.

Nowara, S. (1998). Kritische Analyse von Prognosegutachten im Maßregelvollzug. In Th. Fabian, S. Nowara, I. Rode & G. Werth (Hrsg.), *Rechtspsychologie kontrovers* (S. 150–154). Bonn: Deutscher Psychologen Verlag.

Nowara, S. (2004). Täterbegutachtung, Schuldfähigkeit, Prognose. *Psychotherapie im Dialog, 5,* 176–180.

Nuhn-Naber, C., Rehder, U. & Wischka, B. (2002). Behandlung von Sexualstraftätern mit kognitiv-behavioralen Methoden: Möglichkeiten und Grenzen. *Monatsschrift für Kriminologie und Strafrechtsreform, 85* (4), 271–281.

Ogloff, J. R. P., Wong, S. & Greenwood, A. (1990). Treating criminal psychopaths in a therapeutic community program. *Behavioral Sciences and the Law, 8,* 181–190.

Osterheider, M. (2008). Tathergangsanalyse in der forensischen Psychiatrie und Psychologie. *Praxis der Rechtspsychologie, 18* (1), 6–14.

Ostbomk-Fischer, E. (1994). Gewalt ist kein Naturereignis. Zur Wirkung von Ursachen, Auslösern und der tyrannischen Gelegenheit. *Jugend & Gesellschaft* Nr. 1, 5–10.

Paulus, J. (2004). „Bei sechs Punkten entlassen, bei acht nicht". *Psychologie heute, 31* (Heft 9), 68–69.

Paulus, J. (2009). Interview mit Craig Anderson. „Amoklauf: Mediengewalt ist ein wichtiger Faktor". *Psychologie heute, 36* (Heft 6), 32–35.

Petermann, F. & Petermann, U. (1995). *Training mit aggressiven Kindern* (7., korrigierte Auflage). Weinheim: Psychologie Verlags Union.

Pfäfflin (2006). Spezielle Therapieformen. In H.-L. Kröber, D. Dölling, N. Leygraf & H. Sass (Hrsg.), *Handbuch der Forensischen Psychiatrie. Bd. 3: Psychiatrische Kriminalprognose und Kriminaltherapie* (S. 349–368). Darmstadt: Steinkopff.

Pfeiffer, C. (2003). *Medienverwahrlosung als Ursache von Schulversagen und Jugenddelinquenz? Vortrag auf der Veranstaltung „Individualismus = Egoismus? Die neue Moral der Netzwerkkinder"* am 23.10.2003 in Berlin. (www.kfn.de/medienverwahrlosung.pdf.), Zugriff am 17.08.2010

Pfeiffer, C. & Wetzels, P. (1999a). *Zur Struktur und Entwicklung der Jugendgewalt in Deutschland. Ein Thesenpapier auf der Basis aktueller Forschungsbefunde.* Kriminologisches Forschungsinstitut Niedersachsen.

Pfeiffer, C., Wetzels, P. & Enzmann, D. (1999b). *Innerfamiliäre Gewalt gegen Kinder und Jugendliche und ihre Auswirkungen.* KFN-Forschungsberichte Nr. 80.

Pierschke, R. (2001). Tötungsdelikte nach – scheinbar – günstiger Legalprognose. *Monatsschrift für Kriminologie und Strafrechtsreform, 84,* 249–259.

Polizeiliche Kriminalstatistik 2009: siehe Bundesministerium des Innern (Hrsg.) (2010).

Polizeiliche Kriminalstatistik 2010: siehe Bundesministerium des Innern (Hrsg.) (2011).

Postpischil, St. (2004). Sexualstraftäter – Rechtliche Aspekte, Häufigkeiten, Ätiologie, Behandlungsansätze. In W. Pecher (Hrsg.), *Justizvollzugspsychologie in Schlüsselbegriffen* (S. 225–236). Stuttgart: Kohlhammer.

Quenzer, C. (2005). *Prädiktive Validität ausgewählter aktuarischer Verfahren bei Sexualdelinquenten.* Unveröffentlichte Diplomarbeit, Berlin.

Quinsey, V. L., Harris, G. T., Rice, M. E. & Cormier, C. A. (1998). *Violent Offenders – Appraising and Managing Risk.* Washington DC: American Psychological Association.

Rasch, W. (1985). Die Prognose im Maßregelvollzug als kalkulierbares Risiko. In H. D. Schwind (Hrsg.), *Festschrift für Günter Blau zum 70. Geburtstag* (S. 309–325). Berlin: de Gruyter.

Rasch, W. (1986). *Forensische Psychiatrie.* Stuttgart: Kohlhammer.

Rasch, W. (1995). *Tötung des Intimpartners* (2. Auflage). Bonn: Psychiatrie-Verlag.

Rasch, W. & Konrad, N. (2004). *Forensische Psychiatrie* (3., erweiterte und überarbeitete Auflage). Stuttgart: Kohlhammer.

Rehder, U. (1993). Sexuell abweichendes Verhalten – Klassifikation, Ursachen und Behandlung. In R. Egg (Hrsg.), *Sozialtherapie in den 90er Jahren. Gegenwärtiger Stand und aktuelle Entwicklung im Justizvollzug* (S. 71–101). Wiesbaden: Kriminologische Zentralstelle.

Rehder, U. (2001). *RRS. Rückfallrisiko bei Sexualstraftätern: Verfahren zur Bestimmung von Rückfallgefahr und Behandlungsnotwendigkeit.* Lingen: Kriminalpädagogischer Verlag.

Rehder, U. (2004). Sexualstraftäter – Klassifizierung. In W. Pecher (Hrsg.), *Justizvollzugspsychologie in Schlüsselbegriffen* (S. 237–251). Stuttgart: Kohlhammer.

Rehder, U. & Suhling, S. (2008). Rückfälligkeit haftentlassener Sexualstraftäter. *Monatsschrift für Kriminologie und Strafrechtsreform, 91,* 250–268.

Rettenberger, M. & Eher, R. (2007). Aktuarische Kriminalprognosemethoden und Sexualdelinquenz: Die deutsche Version des SORAG. *Monatsschrift für Kriminologie und Strafrechtsreform, 90,* 484–497.

Rettenberger, M., Gaunersdorfer, K., Schilling, F. & Eher, R. (2009). Die Vorhersage der Rückfälligkeit entlassener Sexualstraftäter mittels des Sexual Offender Risk Appraisal Guide (SORAG) und dessen Screening-Version (SORAG-SV): Darstellung der differentiellen und prädiktiven Validität. *Forensische Psychiatrie, Psychologie und Kriminologie, 3,* 318–328.

Rettenberger, M., Matthes, A., Boer, D. P. & Eher, R. (2010a). Prospective actuarial risk assessment: a comparison of five risk assessment instruments in different sexual offender subtypes. *Journal of Offender Therapy and Comparative Criminology, 53*, 169–186.

Rettenberger, M., Matthes, A., Schilling, F. & Eher, R. (2010b). Die Validität dynamisch-veränderbarer Risikofaktoren bei der Vorhersage einschlägiger Rückfälle pädosexueller Straftäter. Eine Studie über Stable-2000 und Stable-2007. *Forensische Psychiatrie, Psychologie, Kriminologie, 5*, 45–53.

Riechey, F. & Sonnen, B.-R. (2007). Stellungnahme zum Gesetzentwurf der Bundesregierung zur Einführung der nachträglichen Sicherungsverwahrung bei Verurteilungen nach Jugendstrafrecht. *Praxis der Rechtspsychologie, 17* (2), 362–375.

Rode, I. & Scheld, S. (1986). *Sozialprognose bei Tötungsdelikten.* Berlin: Springer.

Ross, A. & Petermann, F. (1987). *Verhaltenstherapie mit Kindern und Jugendlichen.* Stuttgart: Hippokrates.

Rossegger, A., Urbaniok, F., Danielsson, C. & Endrass, J. (2009). Der Violence Risk Appraisal Guide (VRAG) – ein Instrument zur Kriminalprognose bei Gewaltstraftätern. Übersichtsarbeit und autorisierte deutsche Übersetzung. *Fortschritte der Neurologie und Psychiatrie, 77* (10), 577–584.

Rossegger, A., Gerth, J., Urbaniok, F., Laubacher, A. & Endrass, J. (2010). *Autorisierte deutsche Übersetzung des Sex Offender Risk Appraisal Guide (SORAG).* (www.zurichforensic.org Prognose-Portal SORAG), Zugriff am 03.04.2011

Roth, G. & Strüber (2009). Neurobiologische Aspekte reaktiver und proaktiver Gewalt bei antisozialer Persönlichkeitsstörung und „Psychopathie". *Praxis der Kinderpsychologie und Kinderpsychiatrie, 58,* 587–609.

Roth, H. (1967). *Vorwort zu: K. Heinrich, Filmerleben Filmwirkung Filmerziehung* (S. 7–10). Hannover: Schroedel.

Saß, H. (2009). „Gewalttaten lassen sich nicht verlässlich vorhersagen". Im Interview mit Christiane Gelitz, *Gehirn & Geist* Nr. 7–8/2009, 36–39.

Scharfetter, C. (1976). *Allgemeine Psychopathologie.* Stuttgart: Thieme.

Scheurer, H. & Richter, P. (2005). Psychologische Persönlichkeitsdiagnostik: Zur Bedeutung von Persönlichkeitsfragebogen bei der Begutachtung von der Schuldfähigkeit. In H.-L. Kröber & M. Steller (Hrsg.), *Psychologische Begutachtung im Strafverfahren* (2., überarbeitete und erweiterte Auflage) (S. 39–60). Darmstadt: Steinkopff.

Scheithauer, H., Bondü, R., Niebank, K. & Mayer, H. (2007). Prävention von Verhaltensproblemen und Förderung prosozialen Verhaltens bei Hoch- und Niedrig-Risikokindern im Kindergarten: Erste Ergebnisse der Augsburger Längsschnittstudie zur Evaluation des Programms Papilio® (ALEPP). *Praxis der Rechtspsychologie, 17* (2), 376–391.

Scheithauer, H. & Bondü, R. (2008): *Amoklauf. Wissen was stimmt.* Freiburg: Herder.

Scholz, O. B. & Schmidt, A. F. (2003). *Schuldfähigkeit bei schwerer anderer seelischer Abartigkeit. Psychopathologie – gutachterliche Entscheidungshilfen.* Stuttgart: Kohlhammer.

Schorsch, E., Galedary, G., Haag, A., Hauch, M. & Lohse, H. (1985). *Perversion als Straftat. Dynamik und Psychotherapie.* Berlin, Heidelberg, New York, Tokio: Springer.

Schorsch, E. & Pfäfflin, F. (1994). Die sexuellen Deviationen sexuell motivierter Straftaten. In U. Venzlaff & K. Foerster (Hrsg.), *Psychiatrische Begutachtung.* Stuttgart: Gustav Fischer.

Schwab, J. J. (1995). Aggressivität in der Familie. In G. Nissen (Hrsg.), *Aggressivität und Gewalt* (S. 75–85). Bern: Hans Huber.

Schwarte, R. & Saß, H. (2004). Diagnostik in der forensischen Psychiatrie. *Psychotherapie im Dialog, 5*, 171–175.

Selg, H. (1993). Zwei Drittel aller Männer neigen zu Gewalt. Ein Gespräch mit dem Psychologieprofessor und Gewaltforscher Herbert Selg. *Psychologie heute, 20* (Heft 8) 34–35.

Serin, R.C. & Amos, N. L. (1995). The role of psychopathy in the assessment of dangerousness. *International Journal of Law and Psychiatry, 18*, 231–238.

Steller, M. (2005). Psychologische Diagnostik – Menschenkenntnis oder angewandte Wissenschaft? In H.-L. Kröber & M. Steller (Hrsg.), *Psychologische Begutachtung im Strafverfahren* (2., überarbeitete und erweiterte Auflage) (S. 1–19). Darmstadt: Steinkopff.

Süllwold, F. (1967). Konstruktion, Verläßlichkeitsbestimmung und Validation von Attitüden-Skalen zur Erfassung der Aggressionstendenzen bei Jugendlichen. In K. Heinrich, *Filmerleben Filmwirkung Filmerziehung* (S. 111–168). Hannover: Schroedel.

Teicher, M. H., Andersen, S. L., Polcari, A., Anderson, C. M. Navalta, C. P. & Kim, D. M. (2003). The neurobiological consequences of early stress and childhood maltreatment. *Neuroscience and Biobehavioral Reviews, 27*, 33–44.

Theunert, H. (1996). Gewalt in den Medien – Gewalt in der Realität. Gesellschaftliche Zusammenhänge und pädagogisches Handeln. In Institut Jugend Film Fernsehen, München (Hrsg.), *Reihe Medienpädagogik. Bd. 6*. München

Thome, J. & Riederer, P. (1995). Neurobiologie der Aggressivität. In G. Nissen (Hrsg.), *Aggressivität und Gewalt* (S. 29–38). Bern: Hans Huber.

Tölle, R. (1991). Entlassungs- und Risikoprognose bei psychisch kranken Tätern. *Spektrum, 5*, 204–211.

Tondorf, G. (2005). *Psychologische und psychiatrische Sachverständige im Strafverfahren. Verteidigung bei Schuldfähigkeits- und Prognosebegutachtung* (2., neu bearbeitete und erweiterte Auflage). Heidelberg: C. F. Müller.

Urbaniok, F. (2004). *FOTRES: Forensisches Operationalisiertes Therapie-Risiko-Evaluations-System*. Bern: Zytglogge.

Verres, R. & Sobez, I. (1980). *Ärger, Aggression und soziale Kompetenz*. Stuttgart: Klett-Cotta.

Walters, G. D. (2003). Predicting institutional adjustment and recidivism with the psychopathy checklist factor scores: a meta-analysis. *Law and Human Behavior, 27*, 541–558.

Weber, F. (1991). Prognose im Psychiatrischen Maßregelvollzug. *Praxis der Rechtspsychologie, 1* (2), 59–66.

Webster, C. D., Douglas, K. S., Eaves, D. & Hart, S. D. (1997). *HCR-20: Assessing risk of violence (version 2)*. Mental Health Law & Policy Institute, Simon Fraser University, Vancouver

Wegener, H. W. & Steller, M. (1986). Psychologische Diagnostik vor Gericht. Methodische und ethische Probleme forensisch-psychologischer Diagnostik. *Zeitschrift für Differentielle und Diagnostische Psychologie, 7*, 103–126.

Wegener, R. (2003). Konzepte der operativen Fallanalyse (OFA) bei Tötungsdelikten aus Sicht des Rechtsmediziners. *Rechtsmedizin, 13*, 315–328.

Westhoff, K. & Kluck, M. L. (1994). *Psychologische Gutachten schreiben und beurteilen* (2. Auflage). Berlin: Springer.

Widom, C. S. (1989). The Cycle of Violence. *Science, 244*, 160–166.

Witter, H. (1970). *Grundriß der gerichtlichen Psychologie und Psychiatrie*. Berlin: Springer.

# Stichwortverzeichnis

## A

ADHS 178
Affekt 22, 25, 169
Affekttat 119, 120, 169, 170
Affekttäter 67
Aggression 11, 12, 13, 15, 148
– instrumentelle 12, 48
– proaktive 48
– reaktive 12, 20
– Theorien und Hypothesen der Ent-
  stehung 20
Aggressionshemmung 26, 166
Aggressionspotenzial 44
aggressives Verhalten während Unter-
  bringung 85
Aggressivität 11, 12, 13, 122
Akten 110, 139
Aktenstudium 132
Alkohol 143, 144, 145, 148
Alkoholkonsum 26, 43, 45, 142, 145,
  154, 155
– Risiko des 18, 19, 67
Alkoholproblematik 147, 157, 158,
  159
Alter 25, 63
– beim ersten Sexualdelikt 95
Amok 36
Anamnese
– biographische 123
Anlassdelikt 53
Anlasstat 44, 107, 144, 147
Anti-Aggressions-Training 143
Ärgerkontrolle 40, 47
Auseinandersetzung mit Straftaten 75,
  147
Auslösesituationen 61

## B

Basisrate 64, 65, 66, 67, 136, 151, 152

Bedingungsfaktoren
– einer Strukturanalyse 113
– persongebundene (internale) 113
– situative (externale) 113
– stabile 113
– variable 113
Befund
– klinischer 84
Begutachtung 42
Begutachtungspraxis 81, 114, 115
Behandelbarkeit von Sexualstraftätern
  76, 77
Behandlung 42, 43, 44, 147
– erfolgreiche 77
– von Sexualstraftätern 93
Behandlung der Alkohol- und Drogen-
  problematik 157
Behandlungsbedarf 77
Behandlungsbedürftigkeit 77
Behandlungseinstellung 150
Behandlungsindikation 97
Behandlung von Persönlichkeitsstörun-
  gen 170
Belastungsfaktoren
– familiäre 35
– soziale 35
Beurteilung 24
– individualprognostische 153
– klinische 114
Beurteilung von Personen
– intuitive 79
Beurteilung von Sexualstraftätern 185
Bewährung 41, 50
Beziehungstat 24, 65, 67, 170
Bindung 29, 31, 153
– soziale 42
Bindungsfähigkeit 96
Biographie 21, 27, 29, 74, 140
biographische Belastungen 154

## C

Checkliste 83, 120, 134
Computerspiele
– gewalthaltige 31, 33
Cormier-Lang-Werte 174, 175
Crime Scene Analysis 120
Crime-Studie 63, 65, 69, 70, 82, 89, 129, 173
criminogenic needs 82

## D

Defizite 46
– charakterliche 26, 122
– im sozialen Verhalten 77
– psychische 122
Delikt
– Anstieg 20
Deliktart
– mehrere 63
Deliktleugnung 74
Deliktserie 120
Deliktstruktur 75
Delikt- und Sanktionsbiographie 154, 158
Delinquent 41
– pädosexueller 63
Delinquenz 155
– sexuelle 76
– Ursachen und Bedingungen 81
Delinquenzbeginn 30
Delinquenzentwicklung 153
– progrediente 156
Delinquenzforschung 26
Delinquenz junger Straftäter
– entwicklungsgebundene 81
– situativ bestimmte 81
Delinquenzrisiko 44, 152
Delinquenzrückfall 63
Delinquenztheorie
– individuelle 103
Delinquenztypen 121
Depression 77, 96
Desensibilisierung 35
Devianz
– fixierte sexuelle 74
Diagnose und Differenzialdiagnose 134
Diagnostik
– multimethodale 114

– psychologische 61
Dimensionen der klinischen Prognose 109, 110, 114
Dimensionen für die Prognoseeinschätzung nach Nedopil 176
Disposition 21, 26, 43, 56, 61, 122
Dissimulation 45, 124
dissoziale Missbrauchstäter 75
Dissozialität 122
Dittmannliste 118, 119, 120, 179
Drogen 142, 143, 144, 145, 148
Drogenbefund in der Haft 149
Drogeneinfluss 26
Drogenproblematik 147, 157, 158, 159
Drogen- und Alkoholanamnese 142
Dunkelfeld 16, 19, 20
Dunkelfeld-Forschung 18

## E

EFP-63 85
Eigenverantwortlichkeit 150
Einbindung in soziales Umfeld 158
Einstellung 30, 33, 154
Einzelfallanalyse und -beurteilung
– prognostische 108, 110
Einzelfallbetrachtung 24, 120, 121
emotionale Ansprechbarkeit 149, 150
Empathie 15, 26, 46, 62, 122
– geringe 77
Empathiefähigkeit 34, 40
Empathiemangel 46, 48, 126
Empfangsraum
– sozialer 53, 68
Enthemmung 155, 159
Entlassung
– bedingte 50
Entlassungsprognose 50, 53, 101
Entwicklung 21, 28, 33, 61
– frühkindliche 167
– problematische 170
Entwicklung des Delinquenten 113
Erkenntnisverfahren 50
Erklärungsmodell
– individuelles 60, 116
Erklärungsmodell für die Vorhersage
– individuelles 104
Erkrankung 45, 135
– psychische 45
Erregbarkeit 122

Ersatzopfer 120
Ersttäter 54
Erziehung 28
Exhibitionismus 150
Exploration 123

**F**

Faktoren
– dynamische 68, 73, 81, 94, 103
– günstige 102
– prognostisch irrelevante 106
– protektive 76, 116, 136
– statische 81, 103
– ungünstige 102
Fallanalyse 118
– operative 120
falsch Negative 55
falsch Positive 55
Fantasien 121
– deviante 74, 121, 156
Fehlbeurteilung 68, 130
Flucht 42
FOTRES 121
Fragebogenmethoden 123, 124
Freiheitsstrafe
– befristete 50
– lebenslange 50
Funktionsstörung
– sexuelle 77
Furchtkontrolle 47

**G**

Gefährlichkeit 41, 42, 43, 44, 45, 48,
    50, 52, 54, 62, 160
– eines Delinquenten 41, 108
– fortbestehende 44, 77
Gefährlichkeitseinschätzung 43, 50
Gefährlichkeitsprognose 59, 60, 115
Gefangenenpersonalakte 110, 146
Gelegenheitstäter 64
Geschlecht 25, 63
Gewalt 11, 12, 15, 21
– Bedingungen 22
– Bereitschaft 18, 22, 23, 30, 35, 38,
    40, 45
– Faktoren 22
– Formen von 14
– innerfamiliäre 20, 30
– instrumentelle 156

– proaktiv-instrumentelle 47, 48
– reaktiv-impulsive 47
Gewaltdelinquenz 13, 15, 19, 30, 38,
    41, 43, 155
Gewalterfahrung 22, 31, 32
Gewaltfantasien 37
Gewaltkriminalität 13, 16, 17, 19
Gewaltphänomene 18
Gewaltpotenzial 85
Gewaltrückfallprognose von Maßregel-
    vollzugspatienten 85
Gewaltspiele 34
Gewaltstraftäter 11
Gewalttat 15, 20, 23, 45
– Formen von 14, 15
– Gelegenheit 22
– Motiv 23, 24
– multifaktorielle Erklärungen 21, 36
– sexuelle 89
– Typologie 23
Gewalttäter 13, 15, 41, 50
– Defizite 15
Gewalttätigkeit 43, 62, 83
Gewalttatrisiko 29, 36, 41, 45, 85
Gewalt- und Actionfilme 32, 35
Gutachten
– Mindeststandards 52, 130, 131, 135

**H**

Haft 41, 42, 146
Haftentlassung 148
Haftverlauf 146
Handlung
– fantasiegesteuerte 77
– planvolle 77
Handlungssteuerung 62, 169
Handlungstheorie der Delinquenz
– individuelle 112
Hands-off-Delikte 19
Hang 52, 54
HCR-20 82, 83, 84, 89, 117, 126, 173
Hirnanomalie 47
Hochrisikogruppe 63, 71, 77, 106

**I**

Ich-Nähe der Straftat 107
Ichstärke 122
Impulsivität 25, 42, 48, 62, 122, 126

Impulskontrolle 25, 26, 47
Impulskontrollstörung 48
Individualprognose 106, 153
Informationsgewinnung 110, 139
– Mindestanforderungen 132
Intelligenz 44, 122
Intelligenzstörung 45
Intervention 43, 44, 68, 69, 153
Interventionsversuch
– therapeutischer 126
Irrtum 55, 58
Irrtumsrisiko 56, 57

**J**

Jugendgewalt 18
jugendliche Straftäter 25, 54
Jugendstrafvollzug 65

**K**

Karriere
– delinquente 25, 30, 72
Karriereverläufe gefährlicher Sexualstraf-
täter 72
Katamnese 64, 66, 152
Kindesmissbrauch 19
Kindesmisshandlung 19, 20, 29
kognitiv-behaviorale Vorgehensweise 76
Konfliktbewältigung 32, 34, 62
Konflikttat 65, 67
Kontrollverlust 145, 156
Krankengeschichte 110
Krankheitszustand 113
Kriminalitätsrisiko 46, 47
Kriminalprognose 42, 44, 50, 55, 59,
63, 108, 122, 138, 149, 169
– Anforderungen an 131
– individualdiagnostische 103, 152
– klinische 112
– Methoden 79
kriminalprognostische Begutachtung
12, 124, 130
– Mindestanforderungen 52, 130, 131
– Qualitätskriterien 130, 131

**L**

Lebensalter 63, 85, 96, 129
lebensgeschichtliche Bedingungen 170

Lebenskontext 43
Lebenslängsschnitt 53
Lebenslauf 153, 162
Lebensperspektive 44
Lebensquerschnitt 53
Legalbewährung 53, 54, 68, 72, 85
Legalprognose 157
Legalverhalten 50, 53, 69
– zukünftiges 153, 170
Lockerung 42, 44, 136
Lockerungsentscheidung 106
Lockerungsmissbrauch 137
Lockerungsprognose 50
LSI-R 82, 117, 139, 151, 171, 173

**M**

Macht 145, 155, 156
Mangel an Angst 126
Maßregel 41, 50, 52, 54
Maßregelvollzug
– psychiatrischer 58, 68, 85
Maßregelvollzugspatient 45, 78, 101,
106, 108
Mediengewalt
– Wirkung 31, 32, 33, 34
Merkmale
– dynamische 69, 108
– statische 69, 108
Missbraucher 71, 75, 95
Mitleidlosigkeit 126
Mord 17, 65, 67, 170
MSI 150

**N**

Nachtatverhalten 169
Narzissmus
– maligner 27
Neigungstäter 64
Normorientierung
– kriminogene 155

**O**

Operative Fallanalyse 120, 121
Opfer 44, 52, 73, 77, 169
– Auswahl 119, 121
– Eigenschaften 121
– unbekannte 96

Opferanzahl 96
Opferempathie 75
Opfer-Täter 73

## P

Pädophile 176
– minderbegabte 93
– persönlichkeitsgestörte 93
pädosexuelle Täter 63, 71, 94, 102
Paraphilien 76
PCL-R 88, 105, 126, 127, 128, 129,
 139, 152, 173
Persönlichkeit 24, 25, 43, 53, 61, 62,
 122, 123, 154, 168, 169
– ängstlich-vermeidende 77
– antisoziale 47
– depressive 96
– gehemmte 75
– paranoide 62
Persönlichkeitsdiagnostik 122, 123
Persönlichkeitsentwicklung 53, 135, 136
Persönlichkeitsfragebogen 124
Persönlichkeitsmerkmale von forensischem Interesse 62, 122
Persönlichkeitsquerschnitt 113
Persönlichkeitsstörung 26, 45, 62, 75,
 85, 105, 122, 125
– ängstliche 168
– antisoziale 26, 45, 46, 48, 49, 77,
 106, 126, 175
– dissoziale 26, 106, 126, 154, 158, 184
– narzisstische 106
– schizoide 168, 170
– vermeidende 168
Perversion 71
Phobie 77
Polizeiliche Kriminalstatistik 16, 19
PPI-R 149
Prädiktoren 68, 72, 120
Präferenzstörung
– sexuelle 75
Prävention 38, 39, 40
– Vorfelderkennung potenzieller Täter
 39
Profiling 120
Prognose 42, 48, 58, 60, 160
– günstige 108, 110, 111
– idiographische 89, 102, 115
– integrative klinische 114, 115

– intuitive 79, 80
– klinische 57, 102, 104, 105, 108,
 109, 110, 111, 114, 116
– nach Gewalttaten in der Familie 105
– statistische 57, 79, 80, 81, 82, 84,
 85, 87, 88, 89, 91, 93, 94, 95, 96, 97,
 98, 99, 100, 102, 117, 150
– ungünstige 108, 110, 111, 112
Prognosechecklisten 117, 120, 134
Prognosefaktoren 153
– dynamische 68, 69, 103, 115, 116
– statische 68, 69, 103, 115, 116
Prognosefehler 56
Prognoseforschung 57, 59, 125
Prognosegutachten 130
– im Maßregelvollzug 68, 106, 130
– Mindestanforderungen 53, 130, 131,
 132, 133, 134, 135, 136, 137
Prognoseirrtum 56
Prognosekriterien nach Rasch und
 Konrad 109, 110
Prognosemerkmale nach Endres 177,
 178
Prognosemethoden 79
Prognosezeitraum 56, 57, 73
Progredienz 71
projektive Tests 125
Prozessmodell klinischer Prognose 112,
 113, 114
Psychodiagnostik 123, 124, 125
psychologische Testverfahren 122
Psychopath 26, 46, 47, 48, 77, 106,
 126, 127, 128, 152
Psychopathie 47, 49, 126, 149
psychopathy 106, 125, 126, 127, 128,
 129, 184
Psychotherapie 69, 147, 159, 170
psychotische Gestörtheit 122
psychotrope Substanzen
– Gebrauch 122
– schädlicher Gebrauch 157
– Wirkung 157

## Q

Qualitätsstandards in der Prognosebegutachtung 59, 130, 131, 132,
 133, 134, 135, 136, 137

# R

Rekonstruktion von Tatablauf und
Tathintergründen  135
Restrisiko  52, 55
Risiko  28, 43, 91
– Entstehung von Gewaltbereitschaft
29, 30, 32
– kriminogenes  69
– potenzielles  127
Risikoanalyse  42, 50, 58, 67
Risikobereiche  82, 93, 171, 172
Risikoeinschätzung  45, 135
– „gemeingefährlicher Täter"  118
– kombinierte Methode der  114
Risikofaktoren  30, 38, 42, 44, 45, 74,
81, 103, 135, 136, 153
– Amokläufer  36
– dynamische  94
– Mediengewalt  35, 36
– Modifikationen  93
– statische  94
Risikokonstellationen  42
Risikolevel  86, 88, 89, 97, 100
Risikomanagement  84, 116, 136, 137
Risikomerkmale  68, 74, 90
– statische  68
– von Sexualstraftätern  72
Risikopotenzial  42, 56, 112, 136, 153
– Veränderung  113, 114
Risikoprofil  82
risk-needs assessment  60, 82, 93, 151
RRS  95, 96, 139
Rückfall  44
– allgemeiner  64
– einschlägiger  64
Rückfalldaten  82, 152
Rückfallgeschwindigkeit  43, 73
Rückfälligkeit  59, 66, 69, 70, 71, 75,
150
– deliktorientierte  64
– sanktionenorientierte  64
– von jugendlichen und heranwachsenden Straftätern  65
– von Sexualstraftätern  66, 67, 70, 71,
72, 73, 76, 95, 96, 101
Rückfallnormen  82, 173
Rückfallpotenzial  71
Rückfallpräventionstraining  148
rückfallpräventive Strategien  157, 159

Rückfallprognose  24, 43, 50, 60, 136,
151
Rückfallquote  24, 65, 72, 77, 80, 88,
100, 106, 129, 136
Rückfallrate  53, 63, 64
– von Gewaltstraftätern  89
– von Sexualstraftätern, einschlägige
73, 151
Rückfallrisiko  46, 49, 63, 64, 69, 80,
81, 86, 115, 119, 125, 135, 137, 152,
158, 171, 172
– erneuter sexuell motivierter Straftaten
73, 74, 91, 93, 95
Rückfall-/Risikoklassifikation
– quanitative  115
Rückfallstudie  64, 65, 66, 67, 68, 75,
80
Rückfallverhütung  69
– spezialpräventive  69
Rückfallwahrscheinlichkeit  43, 63, 77,
80, 85, 89, 115, 150

# S

Sachverständige  41
– Auftrag  42
Sadismus  71, 119
Sadist  27, 28
Schizophrenie  43, 45
School Shooting  36
Schuldexternalisierung  150, 155
Schuldfähigkeit  160, 161, 169
Schutzfaktoren  23, 31, 68, 76, 103,
153
Schwachsinn  45
Selbstbeurteilungsverfahren  124
Selbstkontrolle  15, 18, 26
Selbstkonzept  150
Selbstkritik  154
Selbstüberschätzung  154, 158
Selbstwert  33
Selbstzweifel  155
Serientäter  74
Sexualanamnese  141, 163
Sexualdelikt  14, 19, 45, 72, 121, 156
– Statistik  70
Sexualpräferenz  44, 71, 76, 122
Sexualstraftäter  14, 64, 70, 71, 72, 74,
76, 77, 89, 91, 93, 97, 104, 106, 138,
157, 185

- junge 73
- lebenslang gefährliche 74
- mit differierenden Rückfallrisiken 95
- Subtypen 121
sexuelle Devianz 45
- früh einsetzende 74, 95
sexueller Kindesmissbrauch 19, 71, 74
Sicherheitsinteresse 52
Sicherungsverwahrung 50, 52, 54, 72, 77
- nachträgliche 41, 51, 54
SORAG 97, 98, 99, 100, 101, 126
SORAG-SV 101, 102
soziale Beziehungen 96
soziale Bindungen 114
soziale Kompetenz 40, 170
sozialer Empfangsraum 114, 136, 148, 157, 158, 159
Sozialisation 28, 32
Sozialisierbarkeit 48, 126
Sozialtherapie 68, 69
SSPI 176
STABLE-2007 93, 94
STATIC-99 91, 92, 93, 94
Störung der Sexualpräferenz 156
Störung des Sozialverhaltens 154
Strafe 48, 127
Straftaten 17, 19
- Zahlen zu 16, 17
Straftätergruppen 66
Straftatkarriere 63
Strukturanalyse 112
- Bedingungsfaktoren 113
Sucht 142
Suchtproblem 46, 149
SVR-20 89, 90, 117, 121

**T**

Tatankündigung 37
Tatbekenner 75
Täter 66, 67, 120
Täter-Opfer-Beziehung 170
Täterprofilerstellung 121
Tathandeln
- affektgeleitetes 169
Tathergangsanalyse 110, 120, 121
Tatortanalyse 120
Tatplanung 37, 96
Tatsituation 110

- äußere und innere 24
Tatverleugner 75
Therapie 38, 39, 40, 68, 69, 75, 76, 78, 107, 136, 146, 147, 154, 156, 160, 170
- von Sexualstraftätern 76, 93
Therapieresistenz 77
Therapieunterbringungseinrichtung 51
threat assessment 39
tiefgreifende Bewusstseinsstörung 169
time-at-risk 89
Tötungsdelikt 40, 66, 67, 71, 160, 170
Tötungshandlung
- affektgeleitete 119

**U**

Überkompensation 155
Umfeld
- soziales 22, 31, 36, 145
Umwelt 28, 46, 61
Unemotionalität 126
Unterbringung 41, 42, 52
Untersuchung
- mehrdimensionale 133
Untersuchungsbedingungen 133
Untersuchungsmethode 53
Untersuchungsverfahren
- persönlichkeitsdiagnostische 122
Urteilsprozess
- prognostischer 65

**V**

Validität 57, 79, 115
- prädiktive 83, 89, 102, 129
Veränderungen der Kausalbedingungen 116, 129
Veränderungspotenzial 42, 136
Verantwortungslosigkeit 127, 152, 184
Verantwortungsübernahme 75
Verfahren der Selbstbeurteilung 124
Verfälschungstendenzen 124
- Minimierung 124
Vergewaltigung 71, 95, 102, 138, 144, 150, 151, 156
Verhaltensbeobachtung 123, 133, 148
Verhaltensdisposition 21, 62, 76
Verhaltenskontrolle 47, 155, 159
Verhaltensmuster 32, 34, 156
Verhaltensprognose 53, 56, 57

Verhaltensstil 32
Verhaltensvorhersage 62
Vollzug 64
Vollzugslockerung 42, 50, 53, 148
Vollzugsverhalten 52, 159
Vorgutachten 136
Vorhersage 43, 56, 58, 59, 60
Vorhersagezeitraum 56, 57, 58
VRAG 82, 86, 87, 88, 89, 126, 134
Vulnerabilität 46, 61

**W**

Wahn 45

Wahrscheinlichkeit 43, 53, 58, 60, 61, 95
Wiederverurteilungsrate 151

**Z**

Zufall 58, 60
Zufallseinflüsse 56
Zufallsopfer 120
Zukunft 43, 59
Zukunftsperspektive 113, 114
– objektive 136
– subjektive 136
Zukunftspläne 148, 157, 158

2008. 214 Seiten mit 1 Abb. und
10 Tab. Kart.
€ 34,–
ISBN 978-3-17-019676-6

Klaus Jost

# Forensisch-psychologische Begutachtung von Straftätern

## Ausgewählte Problemfelder und Falldarstellungen

Der Bedarf an der Begutachtung von Straftätern wächst. Insbesondere spektakuläre Fälle erwecken ein breites öffentliches Interesse. In diesem Buch geht es in der Darstellung von Strafrechtsfällen psychologischer Begutachtungspraxis (z. B. Kindesmisshandlung, Tötungs- und Sexualdelikte) nicht nur um die Frage nach der Schuldfähigkeit, sondern auch darum, einen Zugang zu den Handlungsweisen von Tätern zu eröffnen. Damit wird das mitunter zunächst Unfassbare greifbarer. Erfahrungsgemäß ist dies für alle am Verfahren Beteiligten hilfreich. Das Buch ist auch für psychologische Laien geeignet, da es für sie die notwendigen Hintergrundinformationen bereitstellt.

**Dr. phil. Klaus Jost** arbeitete über zwei Jahrzehnte an der Klinik für Psychiatrie und Psychotherapie der Universität Frankfurt am Main. Er ist Fachpsychologe und Supervisor für Rechtspsychologie und als Dozent für Psychologie in der Erwachsenenbildung tätig.

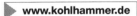 **www.kohlhammer.de**

W. Kohlhammer GmbH · 70549 Stuttgart
Tel. 0711/7863 - 7280 · Fax 0711/7863 - 8430

Willi Pecher (Hrsg.)

2004. XVI, 354 Seiten mit 17 Abb.
und 20 Tab. Kart.
€ 27,–
ISBN 978-3-17-017652-2

Willi Pecher (Hrsg.)

# Justizvollzugspsychologie in Schlüsselbegriffen

Die Anwendung psychologischer Erkenntnisse und Methoden im Justizvollzug ist nicht nur für Fachleute von Interesse, sondern berührt eine breite Öffentlichkeit: Wie können Straftäter wirksam behandelt werden? Wie zuverlässig sind Prognoseentscheidungen zur Gewährung von Ausgängen und vorzeitiger Entlassung? Wie wird bei einer Geiselnahme im Gefängnis verfahren? Wissenschaftler und Praktiker geben in diesem Handbuch einen aktuellen Überblick über alle relevanten Themenbereiche von der Behandlung von Tätern und dem Umgang mit bestimmten Tätergruppen über unterschiedliche Vollzugsformen bis zur Sicherheit und Organisations- sowie Personalentwicklung im Gefängnis.

**Dr. Willi Pecher** ist Gefängnispsychologe in der Justizvollzugsanstalt München-Stadelheim sowie Lehrbeauftragter für Forensische Psychologie an der Ludwig-Maximilians-Universität München und an der Bayerischen Beamtenfachhochschule für Rechtspflege in Starnberg. Alle Autoren sind namhafte Experten ihres Fachs.

▶ www.kohlhammer.de

W. Kohlhammer GmbH · 70549 Stuttgart
Tel. 0711/7863 - 7280 · Fax 0711/7863 - 8430

*2009. 116 Seiten. Kart.*
*€ 19,–*
*ISBN 978-3-17-020616-8*

Evelyn Heinemann

# Männlichkeit, Migration und Gewalt

## Psychoanalytische Gespräche in einer Justizvollzugsanstalt

In der öffentlichen Diskussion um zunehmende Jugendgewalt steht der „männliche Jugendliche mit Migrationshintergrund" unter dem Generalverdacht, besonders gewaltbereit zu sein. Seine soziale Benachteiligung, das Aufwachsen in relativer Armut, mit schlechten Ausbildungsperspektiven, macht ihn zum geborenen Verlierer, der seine Frustration in Gewalt umsetzt. Doch trifft dieses Klischee zu? Das Buch sucht auf der Materialgrundlage von psychoanalytischen Gesprächen mit Jugendlichen mit Migrationshintergrund in einer Justizvollzugsanstalt die hinter dem Gewaltverhalten liegenden Konflikte aufzudecken. Im Zentrum stehen dabei die Schwierigkeiten der Jugendlichen, eine männliche Identität zu erhalten, die sich durch kulturelle Konflikte unterschiedlicher Sozialisationsmodelle noch verschärfen. Anhand authentischer Falldarstellungen werden die Konflikte der Jugendlichen aufgezeigt und psychoanalytisch verstanden.

**Prof. Dr. Evelyn Heinemann,** Sonderpädagogin und Psychoanalytikerin, lehrt Allgemeine Sonderpädagogik an der Universität Mainz.

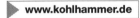 **www.kohlhammer.de**

W. Kohlhammer GmbH · 70549 Stuttgart
Tel. 0711/7863 - 7280 · Fax 0711/7863 - 8430

*2010. 484 Seiten. Fester Einband*
*€ 89,90*
*ISBN 978-3-17-020471-3*

Jürgen Müller (Hrsg.)

# Neurobiologie forensisch-relevanter Störungen

## Grundlagen, Störungsbilder, Perspektiven

Dieses Buch beleuchtet Wissensstand, Forschungsansätze, Ergebnisse sowie Perspektiven neurobiologischer Forschung zu forensisch-relevanten Störungen. Dabei wird sowohl auf allgemeine Rahmenbedingungen neurobiologischer Forschung bei forensisch-relevanten Fragestellungen, klinisch-relevante Störungsbilder mit besonderem forensischem Bezug – zu denen bspw. aggressives Verhalten, Persönlichkeitsstörungen, Sucht und Schizophrenie zählen – als auch auf Überlegungen zur künftigen Relevanz neurobiologischer Untersuchungen bei forensisch-psychiatrischen Fragestellungen eingegangen.

**Prof. Dr. med. Jürgen Müller,** Chefarzt der Asklepios Klinik für Forensische Psychiatrie und Psychotherapie Göttingen, ist Inhaber der Schwerpunktprofessur Forensische Psychiatrie an der Abteilung Psychiatrie und Psychotherapie der Universitätsmedizin Göttingen.

▶ **www.kohlhammer.de**

W. Kohlhammer GmbH · 70549 Stuttgart
Tel. 0711/7863 - 7280 · Fax 0711/7863 - 8430